GARA

Urtekaria 2023

Anuario 2023 Urtekaria
Genocidio en Palestina ante la mirada del mundo
Genozidioa Palestinan munduaren begien aurrean

© GARA. Baigorri Argitaletxe S.A.

EDIZIOA:
GARA. Baigorri Argitaletxe S.A.
Gran Vía, 2-4. A.
48001 Bilbo.
00 (34) 94 661 20 55
gara@gara.net

EKOIZPENA:
Astero. Herritar Berri S.L.U.
Portuetxe, 23-2.A.
20018 Donostia.
00 (34) 943 31 69 99
astero@astero.net

KOORDINAZIOA:
Fermin Munarriz

DISEINUA:
Asier Morras

EDIZIO HONEN TESTUAK:
Iñaki Soto, Ramon Sola, Iker Bizkarguenaga, Iñaki Iriondo, Beñat Zaldua,
Maite Ubiria, Ibai Azparren, Maddi Txintxurreta, Ion Salgado, Martxelo Diaz,
Aritz Intxusta, Maider Iantzi, Fermin Munarriz, Imanol Intziarte, Marcel Pena,
Pello Guerra, Isidro Esnaola, Asier Robles, Amai Ugarte, Iraitz Mateo,
Alaia Sierra, Dabid Lazkanoiturburu, Ingo Niebel, Ainara Lertxundi,
Daniel Galvalizi, Pablo Ruiz de Aretxabaleta, Alex Romaguera, Mirari Isasi,
Josep Solano, Asier Vera, Urtzi Urrutikoetxea, Aitor Agirrezabal, Ane Urkiri,
Arnaitz Gorriti, Manex Altuna, Joseba Iturria, Amaia U. Lasagabaster,
Imanol Carrillo, Natxo Matxin, Jon Ormazabal, Xole Aramendi,
Amaia Ereñaga, Amalur Artola, Iker Gurrutxaga eta Koldo Landaluze.

ARGAZKIAK:
Foku, AFP Photo eta Europa Press

AZALEKO IRUDIA:
AFP Photo

INPRIMATZEA:
Gráficas Zamudio Printek
Torrelarragoiti pasealekua 0, z/g
48170 Zamudio (Bizkaia)
00 (34) 94 452 03 00

ISBN: 978-84-123340-7-4
LEGE GORDAILUA: LG BI 158-2024

DETENER LA CRUELDAD Y GENERAR CONDICIONES NUEVAS

El año en el que la guerra de Ucrania tenía que haber entrado en el cauce de la negociación, sucedió todo lo contrario: se le sumó el genocidio contra el pueblo palestino. Dos guerras simultáneas que afectan a todo el mundo. En el caso de la ofensiva sionista, el nivel de crueldad es inédito en este siglo. 2023 quedará en la memoria colectiva global como el año en el que Israel perdió el juicio.

Desde una perspectiva vasca, en el año 2023 terminó oficialmente el alejamiento y la dispersión de las presas y presos políticos. Creemos firmemente que deberían estar en la calle. No obstante, sería de necios no aceptar el giro positivo que ese cambio ha supuesto en las vidas de las personas presas y de sus allegados. Lo mismo con las progresiones de grado y los permisos. En docenas de pueblos y hogares vascos se han vivido momentos humanamente emotivos y políticamente significativos.

Siempre que se pueda hay que denunciar la excepcionalidad. Sin ir más lejos, quedan 16 víctimas mortales por reconocer. Asimismo, hay que señalar la impunidad de la violencia del Estado y demandar avances rápidos y definitivos a favor de la justicia, de los derechos y de la libertad. Este relato es invencible.

Hubo otras noticias positivas. Por ejemplo, se hizo efectivo el mandato democrático y Joseba Asiron es de nuevo alcalde de Iruñea. Hay un cambio de ciclo en marcha en la política vasca, y las tendencias de este periodo deberán afianzarse y generar alternativas serias.

Los retos que afrontamos tienen carácter civilizatorio. Con nuestra escala, diminuta, hay que acelerar los debates de país, discernir conflictos de acuerdos, conjurarse en

Iñaki Soto
Director de GARA

estos últimos e invertir nuestra capacidad creadora en experimentar en todos los ámbitos posibles, desde los cuidados hasta el mundo empresarial. El cambio en Iruñea es un éxito, pero la Ley de Educación de la CAV, en el otro lado de la balanza, ha resultado un ensayo general fallido. Hay que hacer balance y aprender.

En cada suceso se pueden vislumbrar las condiciones que se crearon en periodos previos. Rebajar la escalada que conduce a una guerra, los acuerdos que ponen fin a una injusticia, el trámite de una ley positiva... pero también la grabación de un disco o los ensayos de una obra de teatro dan frutos con el potencial de mejorar la vida de las personas y las sociedades. Hay que concentrarse en ellos.

Índice

6   Euskal Herria

74   Ekonomia

eus:

2023
EUSKAL HERRIA

CHIVITE LOGRA REPETIR EN EL GOBIERNO
Y ASIRON RECUPERA IRUÑEA AL FINALIZAR EL AÑO

Toma de posesión como lehendakari de Nafarroa de María Chivite, a la izda. Junto a ella, la ministra Nadia Calviño y el presidente del Parlamento de Iruñea, Unai Hualde.   Idoia Zabaleta | Foku

Aritz INTXUSTA

Las elecciones forales de finales de mayo no castigaron el golpe de timón que dio María Chivite al PSN tras cuatro años de mandato, sino que lo refrendaron. El bloque de los aliados del Gobierno y oposición quedaron tal cual estaban: 60% de voto frente a 40%. Sin embargo, las variaciones en la correlación de fuerzas dentro de cada bloque lo cambiaron todo.

El PSN fue quien más escaños alcanzó (11) del bloque de 30 que lograron las fuerzas de progreso, calcando los números de 2019 (con una subida mínima del 20,63% al 20,68% del voto válido). Pero la segunda fuerza ya no fue Geroa Bai, que sacó 7, sino EH Bildu, que logró 9. Uxue Barkos, de hecho, acusó una notable merma de apoyo, perdiendo más de uno de cada cuatro votantes. Y, finalmente, el nuevo liderazgo de Begoña Alfaro consolidó los tres escaños para Podemos e IU, que acudieron dentro de la coalición Contigo-Zurekin.

UPN y PP llegaron a los comicios con un nivel de enfrentamiento altísimo, después de efectuar el PP una campaña muy agresiva de captación entre la militancia de UPN gracias a los tránsfugas Sergio Sayas y Carlos García Adanero. La victoria final se la llevó UPN por goleada (15 parlamentarios frente a 3), pero el PP salvó los muebles. Por su parte, Vox logró entrar con dos representantes.

De esta manera, aunque de forma muy ajustada, los números dieron para una segunda investidura de Chivite sin el apoyo directo de EH Bildu. El reparto del Ejecutivo y el programa se acordó entre PSN, Geroa Bai y Contigo-Zurekin. Las tres fuerzas dieron 21 síes que sirvieron para renovar a la presidenta en funciones, frente a los 20 noes de UPN, PP y Vox. EH Bildu se abstuvo.

El clima de la reelección resultó, sin embargo, tenso. El PSN trató de trasladar este esquema excluyente a los ayuntamientos, en los que pretendió gobernar con los mismos socios marginando a EH Bildu. La coalición abertzale se mantuvo firme y la situación desembocó en que en varios ayuntamientos donde había mayoría progresista acabara gobernando UPN, entre ellos, los consistorios de Iruñea, Eguesibar, Barañain y Lizarra.

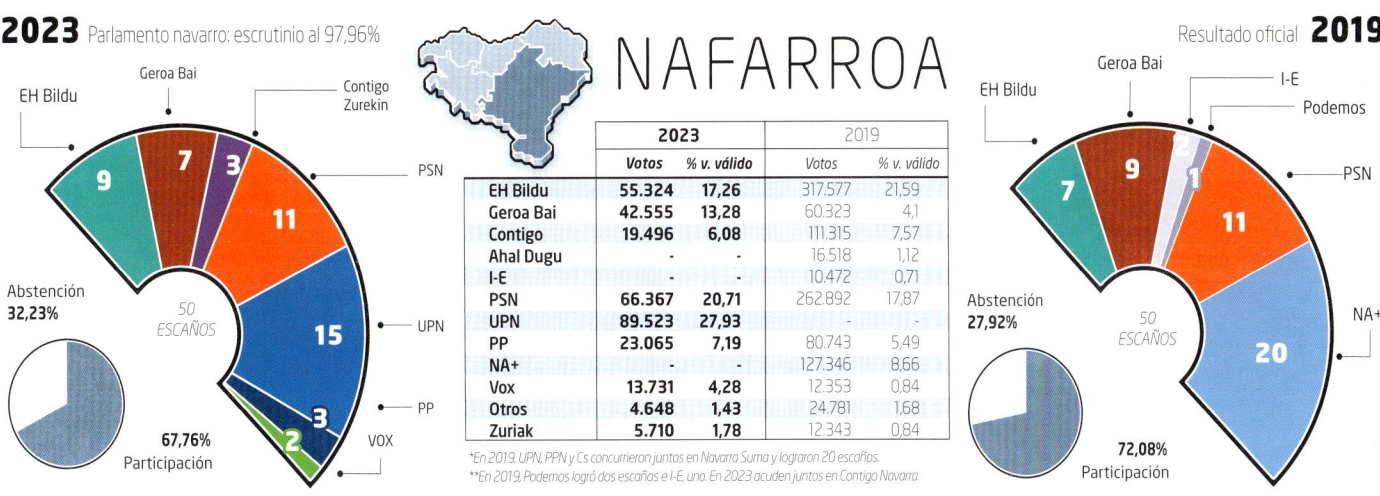

2023 Parlamento navarro: escrutinio al 97,96%

NAFARROA

Resultado oficial **2019**

EH Bildu — 9
Geroa Bai — 7
Contigo Zurekin — 3
PSN — 11
UPN — 15
PP — 3
VOX — 2

Abstención 32,23%
50 ESCAÑOS
67,76% Participación

EH Bildu — 7
Geroa Bai — 9
I-E — 1
Podemos
PSN — 11
NA+ — 20

Abstención 27,92%
50 ESCAÑOS
72,08% Participación

	2023		2019	
	Votos	% v. válido	Votos	% v. válido
EH Bildu	55.324	17,26	317.577	21,59
Geroa Bai	42.555	13,28	60.323	4,1
Contigo	19.496	6,08	111.315	7,57
Ahal Dugu	-	-	16.518	1,12
I-E	-	-	10.472	0,71
PSN	66.367	20,71	262.892	17,87
UPN	89.523	27,93	-	-
PP	23.065	7,19	80.743	5,49
NA+	-	-	127.346	8,66
Vox	13.731	4,28	12.353	0,84
Otros	4.648	1,43	24.781	1,68
Zuriak	5.710	1,78	12.343	0,84

*En 2019, UPN, PPN y Cs concurrieron juntos en Navarra Suma y lograron 20 escaños.
**En 2019, Podemos logró dos escaños e I-E, uno. En 2023 acuden juntos en Contigo Navarra.

Existió otro elemento distorsionador en el proceso de negociación y constitución de los ayuntamientos. Pedro Sánchez sorprendió con un adelanto electoral para el 23 de julio que sumió toda la negociación en la incertidumbre, hizo que los mensajes del PSN estuvieran influidos por la campaña electoral y marcara unas distancias con EH Bildu que no se correspondían con el entendimiento que había marcado la legislatura previa.

Una vez Sánchez logró en esas elecciones números que le permitían repetir al frente del Gobierno español, la situación en Nafarroa se distendió. Porque, además, EH Bildu volvió a ser un apoyo necesario para el PSOE en Madrid. El PSN comenzó poco después a cruzar algunas de las líneas rojas que se había autoimpuesto.

Joseba Asiron saluda desde el balcón consistorial tras asumir la alcaldía de Iruñea. JON URBE | FOKU

Tras salir trasquilado en septiembre en su intento de controlar la Mancomunidad de Iruñerria (debido al acuerdo logrado por EH Bildu, ayuntamientos independientes, Geroa Bai y Contigo Zurekin), el PSN cambió finalmente de estrategia en la elección del presidente de la Federación de Municipios y Concejos (FNMC). Ahí, por vez primera, decidió apoyar al candidato que había propuesto EH Bildu, Xabier Alkuaz, alcalde de Tafalla. Hasta ese momento, la tesis del PSN era que nadie de EH Bildu era apto para determinados puestos de responsabilidad (por eso no les podían hacer alcaldes en junio).

En diciembre –en fechas coincidentes con la tramitación de la Ley de Amnistía pactada con el independentismo catalán– se anun-

Reparto de concejalías en Iruñea

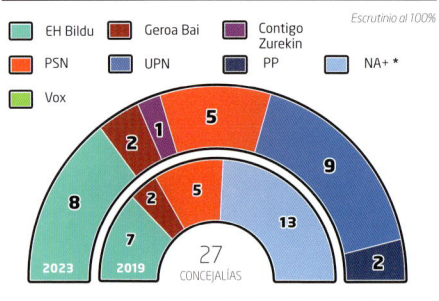

Escrutinio al 100%

EH Bildu · Geroa Bai · Contigo Zurekin
PSN · UPN · PP
Vox · NA+ *

27 CONCEJALÍAS

2023   2019

En 2019, UPN, PPN y Cs concurrieron juntos en Navarra Suma y lograron 13 concejalías.

ció un acuerdo de EH Bildu y PSN para una moción de censura en Iruñea, apeando del poder a Cristina Ibarrola, de UPN. Pese a su decisión de llevar a la alcaldía a Joseba Asiron (que había recabado en mayo un nivel de apoyo nunca visto en una fuerza de izquierdas en la capital), el PSN no entraría en el nuevo gobierno de la ciudad.

La decisión cobró notoriedad a nivel del Estado español, si bien la atención suscitada resultó efímera. UPN, envuelto en una crisis de liderazgo tras su tercer intento fallido de volver al gobierno, reaccionó con la ruptura total de relaciones con el PSOE, cayendo en una fase de insultos y descalificaciones. Sus diputados abandonaron el Parlamento en forma de protesta e incluso anunció su marcha de la FNMC, la asociación que coordina los ayuntamientos desde hace 40 años.

Asiron formó un gobierno inclusivo con Geroa Bai y Contigo Zurekin tras ser investido alcalde el 28 de diciembre, generándose así una peculiar simetría entre el Gobierno navarro y el ayuntamiento de la capital, donde PSN y EH Bildu se intercambian papeles.

Listas más votadas en las municipales en Nafarroa

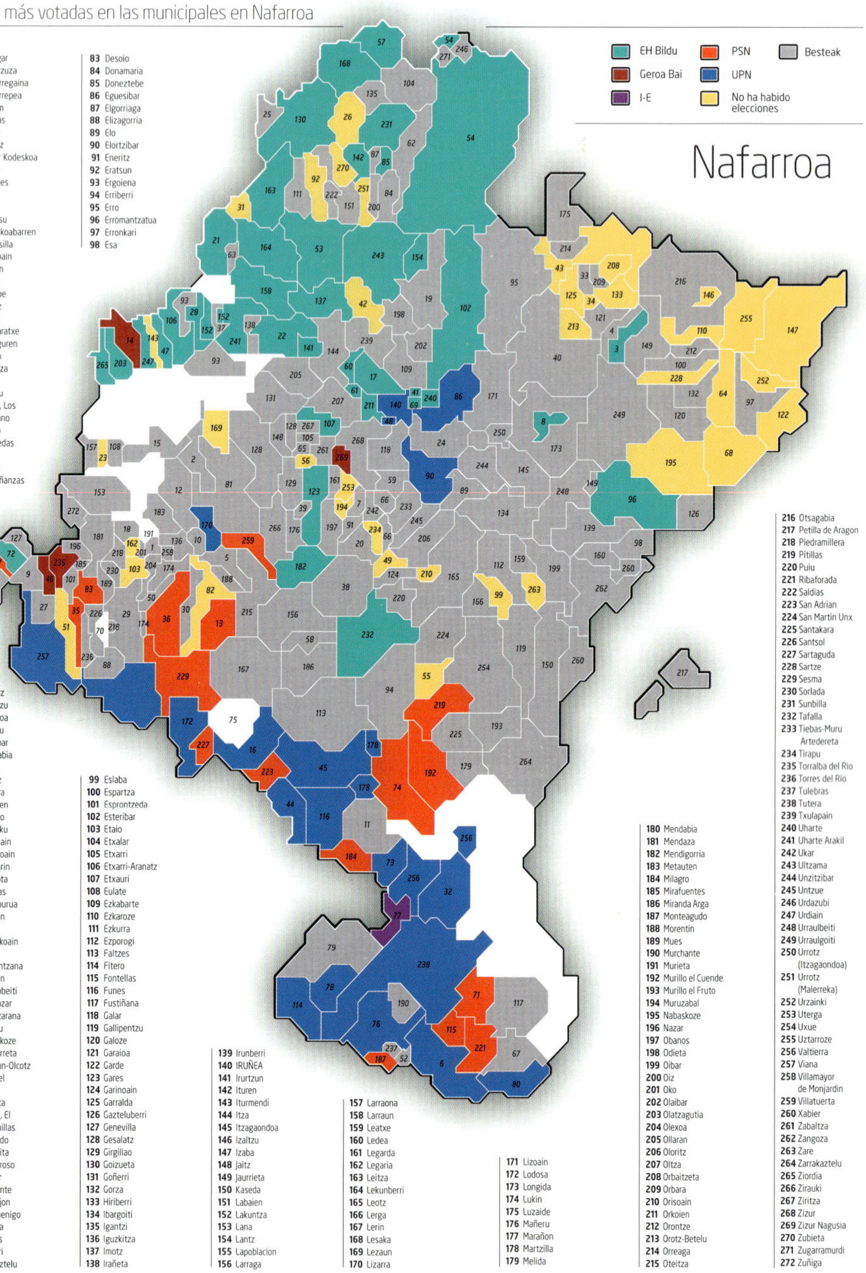

Nafarroa

EH Bildu · PSN · Besteak
Geroa Bai · UPN
I-E · No ha habido elecciones

CHIVITE LOGRA LOS NÚMEROS MÍNIMOS PARA SER INVESTIDA

15/08

EH Bilduren militantziaren %83k abstentzioaren aukera babestu du

11/08

El equipo de Gobierno de Asiron trabajará en base a consensos

22/12

Misión de presente, visión de futuro

Navarra es sinónimo de industria, prosperidad y calidad de vida

Oraineko xedea, etorkizuneko ikuspegia

Nafarroa industria, oparotasun eta bizi-kalitatearen sinonimoa da

Una economía poderosa
Ekonomia indartsua

Referente en datos macro y microeconómicos 2023 en el conjunto de España

Presente y futuro industral
Industrian errotutako etorkizuna

Histórico centro de grandes industrias de los más diversos sectores

Una conectividad absoluta
Erabateko konektibitatea

Mejores infraestructuras y comunicación tanto físicas como digitales

Una comunidad llena de talento
Talentuz betetako gizartea

Tres universidades de primer nivel con más de 20.000 estudiantes

Gobernanza compartida
Gobernantza partekatua

Navarra es pionera integrando valores en la gestión público - privada

Un entorno inigualable
Ingurune paregabea

Ubicados en un entorno físico que garantiza recursos naturales

Gobierno de Navarra   Nafarroako Gobernua

AGENDA 2030

Tasio

LA CONFIRMACIÓN DE UN CAMBIO
QUE VENÍA MASCÁNDOSE ANTES

Iñaki IRIONDO

Las elecciones forales y municipales del 28 de mayo supusieron un cierto shock en el mapa político de Araba, Bizkaia y Gipuzkoa, que se confirmó en los posteriores comicios del 23 de julio. Ya no está escrito en las tablas de la ley que el PNV tenga que ganar siempre, aunque todavía se las arregla para seguir gobernando. Pese a todo, la vulnerabilidad jeltzale y la posibilidad de victoria de EH Bildu en unas autonómicas ha pasado a formar parte del discurso mediático asentado, aunque demasiadas veces los titulares y los

Juan Karlos Izagirre y Maddalen Iriarte celebran en la sede de EH Bildu de Donostia los resultados electorales. ARITZ LOIOLA | FOKU

textos tengan mas de *clickbait* y especulación, que de análisis sereno de los datos.

La sorpresa saltó con la decisión del PNV de no presentar para la reelección a Iñigo Urkullu, cuando lo estaba deseando, y de sustituirlo por Imanol Pradales. Todo ello después de una filtración a la prensa y con evidentes muestras de nerviosismo e improvisación. Y al mirar atrás para buscar los motivos de la decisión del EBB, se apunta a las elecciones del 28 de mayo, cuando los jeltzales perdieron 86.431 papeletas, que son nada menos que el 70% de todos los que no acudieron a las urnas para votar a cualquier partido, comparado con cuatro años antes. Si miramos a las elecciones forales, fueron 86.058, el 64,52% del total. La caída se confirmó en las elecciones al Congreso, el PNV se

29/05   03/06   16/06

Reparto de concejalías en Gasteiz

Escrutinio al 100%

- EH Bildu
- EAJ-PNV
- Elk. Podemos
- PSE
- PP
- Vox

2023: 7 · 6 · 2 · 6 · 6
2019: 7 · 7 · 3 · 6 · 5 · 6

27 CONCEJALÍAS

2023 Juntas Generales. Escrutinio al 99,30%

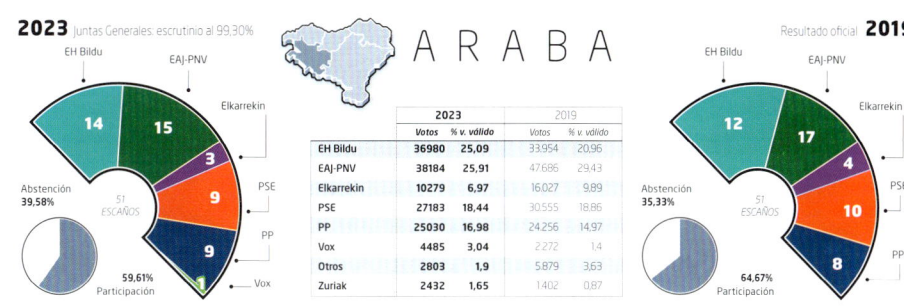

A R A B A

EH Bildu 14 · EAJ-PNV 15 · Elkarrekin 3 · PSE 9 · PP 9 · Vox 1

51 ESCAÑOS

Abstención 39,58%
Participación 59,61%

Resultado oficial 2019

EH Bildu 12 · EAJ-PNV 17 · Elkarrekin 4 · PSE 10 · PP 8

51 ESCAÑOS

Abstención 35,33%
Participación 64,67%

	2023		2019	
	Votos	% v. válido	Votos	% v. válido
EH Bildu	36980	25,09	33.954	20,96
EAJ-PNV	38184	25,91	47.686	29,43
Elkarrekin	10279	6,97	16.027	9,89
PSE	27183	18,44	30.555	18,86
PP	25030	16,98	24.256	14,97
Vox	4485	3,04	2.272	1,4
Otros	2803	1,9	5.879	3,63
Zuriak	2432	1,65	1.402	0,87

Arriba, Rocío Vitero, de EH Bildu, fue la candidata más votada para el Ayuntamiento de Gasteiz, pero la alcaldía quedó en manos de la candidata del PSOE, Maider Etxebarria, gracias a los votos del PNV y PP.

ENDIKA PORTILLO | FOKU

dejó 103.220 votos, casi la tercera parte de los que consiguió en 2019 (-27,23%).

El PNV empezó a dar muestras de agotamiento en las elecciones autonómicas del 12 de julio de 2020. Desde las elecciones autonómicas de 2016 a las de 2020, el PNV perdió 48.208 votos. En la última planta de Sabin Etxea lo atribuyeron al aumento de la abstención por causa de la pandemia, aunque un sondeo de Lehendakaritza habló de otras explicaciones para la baja participación. Además hubo candidaturas, como EH Bildu, que subieron 24.408 votos.

Listas más votadas en las municipales en Araba, Bizkaia y Gipuzkoa

CLAVE
- EH Bildu
- EAJ-PNV
- PP
- PSE-PSOE
- Besteak
- No ha habido elecciones

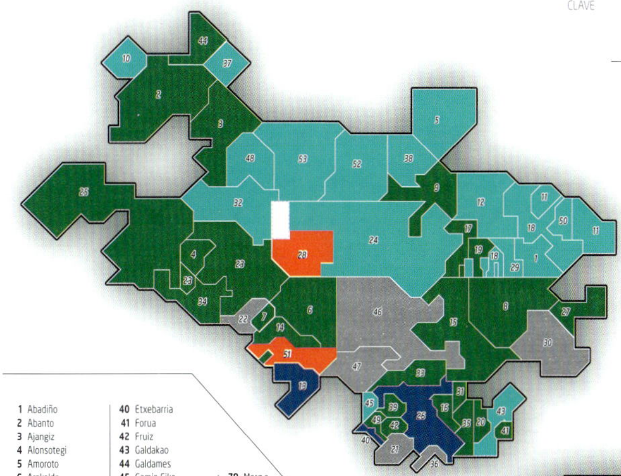

Araba

1 Agurain
2 Aiara
3 Amurrio
4 Añana
5 Aramaio
6 Argantzun
7 Armiñon
8 Arraia-Maeztu
9 Arratzu-Ubarrundia
10 Artziniega
11 Asparrena
12 Barrundia
13 Bastida
14 Berantevilla
15 Bernedo
16 Bilar
17 Burgu
18 Donemiliaga
19 Dulantzi
20 Ekora
21 Eltziego
22 Erriberabeitia
23 Erriberagoitia
24 GASTEIZ
25 Gaubea
26 Guarda
27 Harana
28 Iruña Oka
29 Iruraitz-Gauna
30 Kanpezu
31 Kripan
32 Kuartango
33 Lagran
34 Lantaron
35 Lantziego
36 Lapuebla de Labarca
37 Laudio
38 Legutio
39 Leza
40 Mañueta
41 Moreda
42 Navaridas
43 Oion
44 Okondo
45 Samaniego
46 Trebiñu
47 Urizaharra
48 Urkabustaiz
49 Villabuena
50 Zalduondo
51 Zanbrana
52 Zigoitia
53 Zuia

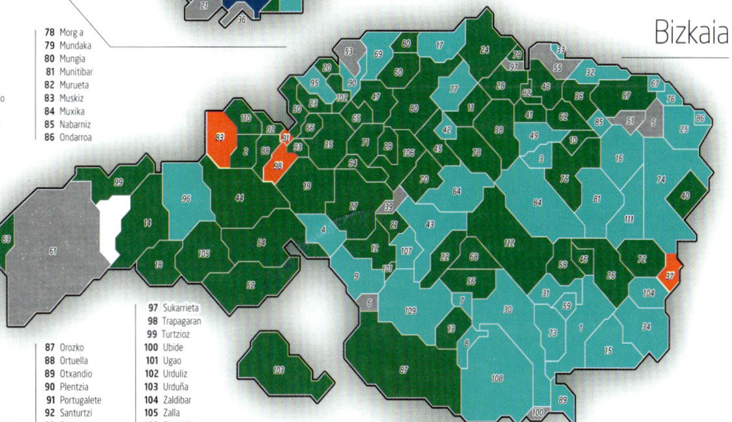

Bizkaia

1 Abadiño
2 Abanto
3 Ajangiz
4 Alonsotegi
5 Amoroto
6 Arakaldo
7 Arantzatu
8 Areatza
9 Arrakudiaga
10 Arratzu
11 Arrieta
12 Arrigorriaga
13 Arteaga
14 Artzentales
15 Atxondo
16 Aulesti
17 Bakio
18 Balmaseda
19 Barakaldo
20 Barrika
21 Basauri
22 Bedia
23 Berango
24 Bermeo
25 Berriatua
26 Berriz
27 BILBO
28 Busturia
29 Derio
30 Dima
31 Durango
32 Ea
33 Elantxobe
34 Elorrio
35 Erandio
36 Ereño
37 Ermua
38 Errigoiti
39 Etxebarri
40 Etxebarria
41 Forua
42 Fruiz
43 Galdakao
44 Galdames
45 Gamiz-Fika
46 Garai
47 Gatika
48 Gautegiz Arteaga
49 Gernika-Lumo
50 Getxo
51 Gizaburuaga
52 Gordexola
53 Gorliz
54 Gueñes
55 Ibarrangelu
56 Igorre
57 Ispaster
58 Iurreta
59 Izurtza
60 Jatabe
61 Karrantza
62 Kortezubi
63 Lanestosa
64 Larrabetzu
65 Laukiz
66 Leioa
67 Lekeitio
68 Lemoa
69 Lemoiz
70 Lezama
71 Loiu
72 Mallabia
73 Mañaria
74 Markina-Xemein
75 Mendata
76 Mendexa
77 Meñaka
78 Morg a
79 Mundaka
80 Mungia
81 Munitibar
82 Murueta
83 Muskiz
84 Muxika
85 Nabarniz
86 Ondarroa
87 Orozko
88 Ortuella
89 Otxandio
90 Plentzia
91 Portugalete
92 Santurtzi
93 Sestao
94 Sondika
95 Sopela
96 Sopuerta
97 Sukarrieta
98 Trapagaran
99 Turtzioz
100 Ubide
101 Ugao
102 Urduliz
103 Urduña
104 Zaldibar
105 Zalla
106 Zamudio
107 Zaratamo
108 Zeanuri
109 Zeberio
110 Zierbena
111 Ziortza-Bolibar
112 Zornotza

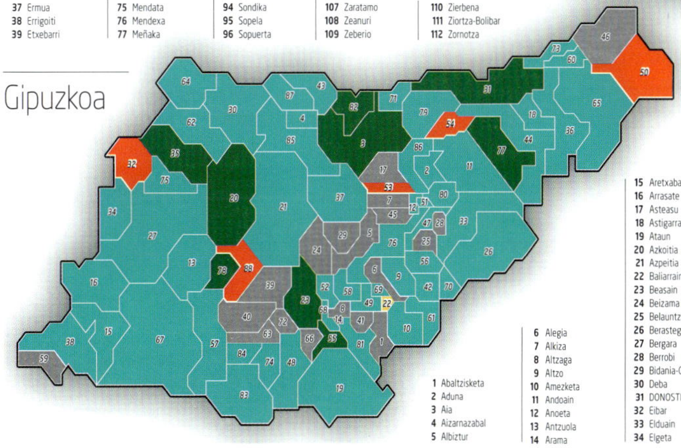

Gipuzkoa

1 Abaltzisketa
2 Aduna
3 Aia
4 Aizarnazabal
5 Albiztur
6 Alegia
7 Alkiza
8 Altzaga
9 Altzo
10 Amezketa
11 Andoain
12 Anoeta
13 Antzuola
14 Arama
15 Aretxabaleta
16 Arrasate
17 Asteasu
18 Astigarraga
19 Ataun
20 Azkoitia
21 Azpeitia
22 Baliarrain
23 Beasain
24 Beizama
25 Belauntza
26 Berastegi
27 Bergara
28 Bidania-Goiatz
29 Deba
30 DONOSTIA
31 Eibar
32 Elduain
33 Elgeta
34 Gabiria
35 Elgoibar
36 Errenteria
37 Errezil
38 Eskoriatza
39 Ezkio-Itsaso
40 Gaintza
41 Gaztelu
42 Getaria
43 Hernani
44 Hernialde
45 Hondarribia
46 Ibarra
47 Idiazabal
48 Ikaztegieta
49 Irun
50 Irura
51 Itsasondo
52 Larraul
53 Lasarte-Oria
54 Lazkao
55 Leaburu
56 Legazpi
57 Legorreta
58 Leintz-Gatzaga
59 Lezo
60 Lizartza
61 Mendaro
62 Mutiloa
63 Mutriku
64 Oiartzun
65 Olaberria
66 Oñati
67 Ordizia
68 Orendain
69 Orexa
70 Orio
71 Ormaiztegi
72 Pasaia
73 Segura
74 Soraluze
75 Tolosa
76 Urnieta
77 Uretxu
78 Usurbil
79 Villabona-Amasa
80 Zaldibia
81 Zarautz
82 Zegama
83 Zerain
84 Zestoa
85 Zizurkil
86 Zumaia
87 Zumarraga

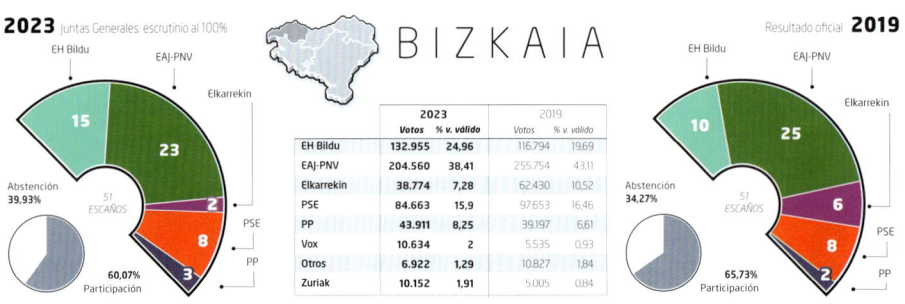

2023 Juntas Generales: escrutinio al 100%

EH Bildu · EAJ-PNV · Elkarrekin

15 · 23 · 2 · 8 · 3

51 ESCAÑOS

PSE · PP

Abstención 39,93%

Participación 60,07%

B I Z K A I A

	2023		2019	
	Votos	% v. válido	Votos	% v. válido
EH Bildu	132.955	24,96	116.794	19,69
EAJ-PNV	204.560	38,41	255.754	43,11
Elkarrekin	38.774	7,28	62.430	10,52
PSE	84.663	15,9	97.653	16,46
PP	43.911	8,25	39.197	6,61
Vox	10.634	2	5.535	0,93
Otros	6.922	1,29	10.827	1,84
Zuriak	10.152	1,91	5.005	0,84

Resultado oficial **2019**

EH Bildu · EAJ-PNV · Elkarrekin

10 · 25 · 6 · 8 · 2

51 ESCAÑOS

PSE · PP

Abstención 34,27%

Participación 65,73%

Resultado sobre voto válido por circunscripciones a las Juntas Generales de Bizkaia   escrutinio al 100%

	BILBO						ENKARTERRI						DURANGO-ARRATIA						BUSTURIA-URIBE					
	2023			2019			**2023**			2019			**2023**			2019			**2023**			2019		
	Votos	%	Esc.	Votos	%	Esc.	Votos	%	Esc.	Votos	%	Esc.	Votos	%	Esc.	Votos	%	Esc.	Votos	%	Esc.	Votos	%	Esc.
EH Bildu	27.982	18,89	3	24.401	14,55	2	27.876	20,58	3	22.885	14,9	2	34.057	32,32	4	30.394	26,23	3	43.040	29,96	5	39.114	25,06	3
EAJ-PNV	54.543	36,83	6	71.446	42,62	7	48.958	36,15	6	62.567	40,74	6	41.128	39,03	5	48.175	41,58	5	59.931	41,72	6	73.566	47,13	7
Elkarrekin	12.476	8,42	1	18.450	11,01	2	10.889	8,04	1	19.405	12,64	2	7.267	6,9	0	11.877	10,25	1	8.142	5,67	0	12.698	8,13	1
PSE	24.917	16,82	3	28.421	16,95	3	32.083	23,69	3	36.525	23,78	3	14.365	13,63	1	17.569	15,16	1	13.298	9,26	1	15.138	9,7	1
PP	18.221	12,3	2	15.999	9,54	1	7.283	5,38	0	7.497	4,88	0	5.397	5,12	0	5.332	4,6	0	13.010	9,06	1	10.369	6,64	1
Vox	5.197	3,51	0	2.078	1,24	0	3.032	2,24	0	1.253	0,82	0	0	0	0	841	0,73	0	2.405	1,67	0	1.363	0,8	0
Otros	2.013	1,35	0	5.422	3,24	0	2.808	2,07	0	2.212	1,45	0	1.193	1,13	0	602	0,52	0	908	0,63	0	2.591	1,66	0
Zuriak	2.762	1,86	0	1.433	0,85	0	2.510	1,85	0	1.224	0,8	0	1975	1,87	0	1.084	0,94	0	2.905	2,02	0	1.264	0,81	0

Arriba, expresiones de decepción en la valoración del PNV sobre las elecciones. Abajo, pleno de constitución del ayuntamiento de Durango. Mireia Elkoroiribe, del PNV, besa a Carlos García, del PP, tras ser elegida alcaldesa con sus votos y los del PSOE para arrebatar el cargo a EH Bildu.   RAÚL BOGAJO, ARITZ LOIOLA | FOKU

LAS MUNICIPALES Y FORALES DEL 28 DE MAYO DE 2023 TIENEN MUCHO DE HITO. Por primera vez en la historia, EH Bildu ganó las elecciones municipales en Gasteiz de la mano de Rocío Vitero. Y, lo que fue más llamativo, la candidata del PNV, Beatriz Artolazabal, nombrada para remontar las malas encuestas del alcalde, Gorka Urtaran, quedó en cuarto lugar. Es más, la izquierda independentista estuvo a apenas 1.261 papeletas de ganar en todo Araba. Y EH Bildu volvió a ganar en Laudio y se hizo con la alcaldía de Oion, municipio que linda con Logroño.

La victoria de EH Bildu sí se materializó en Gipuzkoa. Maddalen Iriarte cosechó 120.587 votos, el 37,32% de los emitidos y 22 escaños en Juntas Generales. El PNV, con Eider Mendoza al frente, bajó de 130.799 votos a 105.460, perdiendo también cerca del 20% de apoyos. Y se quedó en 17 escaños. Es decir, a nada menos que 5 de EH Bildu. En Donostia, durante buena parte del recuento, Juan Karlos Izagirre amenazó el primer puesto de Eneko Goia. Redujo a 1.153 papeletas la diferencia que en 2019 fue de 13.698.

En Bizkaia y en Bilbo se especula siempre con que el PNV alcance la mayoría absoluta, como tuvo con Iñaki Azkuna, pero lo que ocurrió el 28 de mayo fue que se alejó de ella más de lo esperado. Elisabete Etxanobe perdió 51.197 de los votos que tuvo Unai Rementeria. Un 20%. Y de 25 escaños bajó a 23. Todavía domina el territorio, pero tiene que tener en mente que, por ejemplo, EH Bildu subió de 10 a 15 procuradores. En Bilbao, Juan Mari Aburto repitió triunfo, menos contundente que cuatro años antes. En 2019 sumó 14 concejales, a punto de la mayoría absoluta. En 2023 cayó a 12. Mientras tanto, EH Bildu

19/06

EH Bildu supera al PNV en alcaldías de más de 10.000 habitantes

30/06

PPren botoak Eider Mendozaren aldera etzan du aginte-makila

21/06

PSE y PNV forman Gobierno en minoría en Gasteiz

PNV y PSE anuncian un pacto general, sin foto e intentando obviar al PP

Los ediles del PNV de Bastida dejan el partido con «impotencia y asco»

Otadui repite al frente de las Juntas de Bizkaia gracias a PNV, PSE y PP

03/06   18/06   23/06

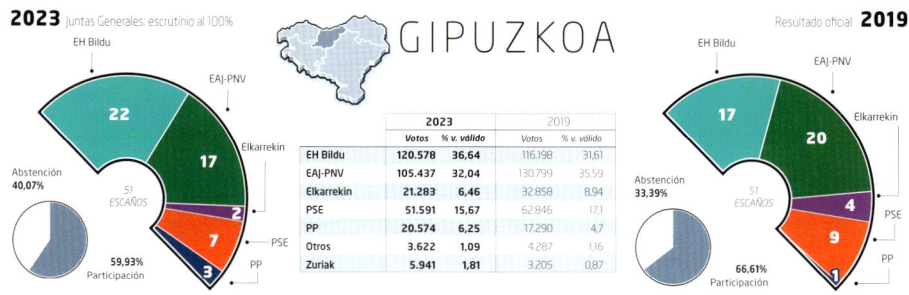

2023 Juntas Generales: escrutinio al 100%

GIPUZKOA

Resultado oficial **2019**

EH Bildu — 22
EAJ-PNV — 17
Elkarrekin — 2
PSE — 7
PP — 3

Abstención 40,07%
51 ESCAÑOS
59,93% Participación

EH Bildu — 17
EAJ-PNV — 20
Elkarrekin — 4
PSE — 9
PP — 1

Abstención 33,39%
51 ESCAÑOS
66,61% Participación

	2023		2019	
	Votos	% v. válido	Votos	% v. válido
EH Bildu	120.578	36,64	116.198	31,61
EAJ-PNV	105.437	32,04	130.799	35,59
Elkarrekin	21.283	6,46	32.858	8,94
PSE	51.591	15,67	62.846	17,1
PP	20.574	6,25	17.290	4,7
Otros	3.622	1,09	4.287	1,16
Zuriak	5.941	1,81	3.205	0,87

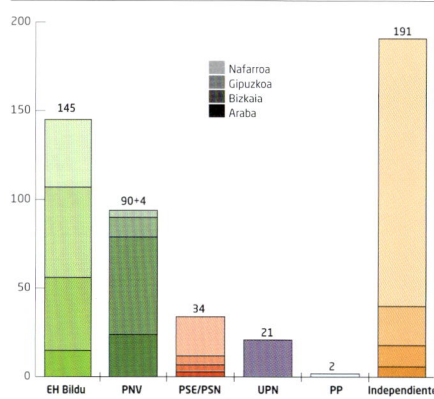

Resultado sobre voto válido por circunscripciones a las Juntas Generales de Gipuzkoa

escrutinio al 100%

	DONOSTIALDEA						BIDASOA-OIARTZUN						ORIA						DEBA-UROLA					
	2023			2019			2023			2019			2023			2019			2023			2019		
	Votos	%	Esc.	Votos	%	Esc.	Votos	%	Esc.	Votos	%	Esc.	Votos	%	Esc.	Votos	%	Esc.	Votos	%	Esc.	Votos	%	Esc.
EH Bildu	33.753	29,9	6	31.319	25,24	4	19.764	31,07	4	18.600	26	3	26.974	44,64	5	26.449	38,75	4	40.087	43,51	7	39.830	38,43	6
EAJ-PNV	33.443	29,62	5	41.651	33,56	6	17.837	28,04	3	21.553	30,13	4	20.265	33,54	3	26.131	38,29	4	33.892	36,78	6	41.464	40,01	6
Elkarrekin	8.796	7,79	1	12.544	10,1	2	5.209	8,18	1	9.116	12,74	1	3.094	5,12	0	4.660	6,82	0	4.184	4,54	0	6.538	6,3	1
PSE	20.427	18,09	3	25.072	20,2	4	13.796	21,69	2	16.695	23,33	3	7.272	12,03	1	8.655	12,68	1	10.096	10,95	1	12.424	11,98	1
PP	12.610	11,17	2	9.657	7,78	1	4.801	7,54	1	3.547	4,95	0	1.120	1,85	0	1.540	2,25	0	2.043	2,21	0	2.546	2,45	0
Otros	1.705	1,5	0	2.717	2,18	0	969	1,52	0	1.401	1,95	0	506	0,83	0	169	0,24	0	442	0,47	0	0	0	0
Zuriak	2.143	1,89	0	1.123	0,90	0	1.229	1,93	0	619	0,86	0	1.189	1,96	0	639	0,93	0	1.380	1,49	0	824	0,79	0

Alcaldías por partidos

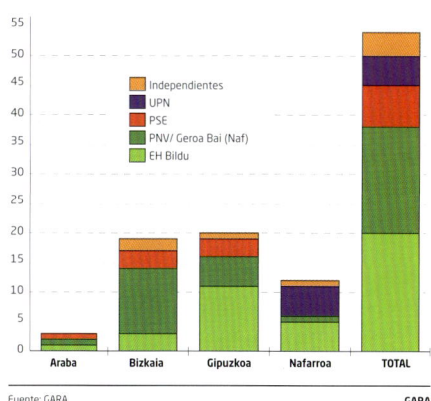

Leyenda: Nafarroa, Gipuzkoa, Bizkaia, Araba

EH Bildu: 145
PNV: 90+4
PSE/PSN: 34
UPN: 21
PP: 2
Independientes: 191

Alcaldías en municipios vascos con más de 10.000 habitantes

Leyenda: Independientes, UPN, PSE, PNV/ Geroa Bai (Naf), EH Bildu

Araba, Bizkaia, Gipuzkoa, Nafarroa, TOTAL

Fuente: GARA

GARA

Eider Mendoza, del PNV, toma el cargo de diputada general de Gipuzkoa gracias a los apoyos del PSOE y PP, pese a que la candidata de EH Bildu, Maddalen Iriarte, fue la ganadora. Gotzon Aranburu | FOKU

se convirtió en la segunda fuerza de la capital, dato también histórico.

A la hora de constituir cada una de las instituciones. Se daba por hecha la alianza entre PNV y PSE, a pesar de los discursos de Eneko Andueza. Pero ni en Gasteiz, ni en Gipuzkoa ni, por ejemplo, en Durango, la suma era suficiente para desbancar a las ganadoras: Rocío Vitero, Maddalen Iriarte e Ima Garrastatxu. Y ahí es donde aparece el PP para ofrecer su apoyo a PNV y PSE. A pesar de todo lo dicho en campaña, ninguna de las aupadas ni sus partidos tuvieron inconveniente en aceptar los votos de la derecha rojigualda española, esa a la que cada día criticaron en campaña.

En conjunto, en Hego Euskal Herria, con 1.399 concejales, EH Bildu es la primera fuerza municipalista del país. Logró 29 mayorías absolutas y 112 relativas. En número de concejales le sigue el PNV, con 986 ediles.

04/06 — Con el pacto con el PSE aún caliente, el PNV se abre a acuerdos con Feijóo

18/06 — ETXEBARRIA, ALCALDESA GRACIAS A LA DERECHA

08/06 — Lauko «gobernantza kooperatiboa» eratzeko deia zabaldu du Iriartek

29/05 — EH Bildu se convierte en la primera fuerza en el Ayuntamiento de Gasteiz

15/06 — «Ez dira sigla batzuei betoa jartzen ari, ideia politikoak betetzen ari dira»

30/05 — El PNV ha perdido 86.431 de los 124.722 votos municipales de menos

Distribución del voto válido al Congreso en Hego Euskal Herria   *Escrutinio al 100%*

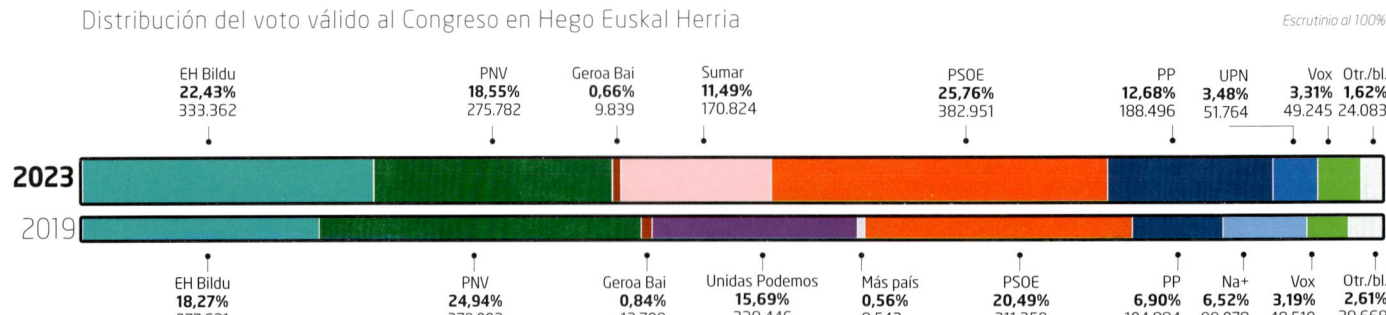

	EH Bildu	PNV	Geroa Bai	Sumar	PSOE	PP	UPN	Vox	Otr./bl.
2023	22,43% / 333.362	18,55% / 275.782	0,66% / 9.839	11,49% / 170.824	25,76% / 382.951	12,68% / 188.496	3,48% / 51.764	3,31% / 49.245	1,62% / 24.083

	EH Bildu	PNV	Geroa Bai	Unidas Podemos	Más país	PSOE	PP	Na+	Vox	Otr./bl.
2019	18,27% / 277.621	24,94% / 379.002	0,84% / 12.709	15,69% / 238.446	0,56% / 8.542	20,49% / 311.359	6,90% / 104.884	6,52% / 99.078	3,19% / 48.510	2,61% / 39.668

PSOE, SANCHEZEN OLATUA HARTU,
ETA HEGO EUSKAL HERRIAN GAILENDU ZEN

Reparto de los 16 escaños vascos al Senado   *Escrutinios sin concluir*

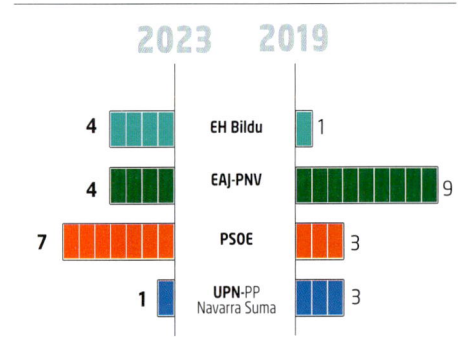

Iker BIZKARGUENAGA

Uztailaren 23an Pedro Sanchezek ustekabea eman eta espero baino emaitza hobeak eskuratu zituen eta Katalunian eta Hego Euskal Herrian izan zituen zenbaki onenak. Gurean, PSOEk hauteskundeak irabazi zituen, 383.000 bototik gora eta zazpi eserleku erdietsiz. Pozarren azaldu ziren Eneko Andueza eta Maria Chivite, eta bazuten horretarako arrazoirik.

Baina txanponak beti izaten du ifrentzua, eta U23an EAJri egokitu zitzaion hori. Maiatzeko udal eta foru hauteskundeak jeltzaleentzat txarrak izan baziren, udako hitzorduak ez zien zapore gazia kendu. Alderantziz, 2019koekin alderatuta 100.000 boto baino gehiago eta Kongresuan eserleku bat galdu zituzten Andoni Ortuzar eta enpa-

Estado español (reparto de escaños)

rauek, eta lehen indarra izatetik hirugarren postura pasatu ziren. Sabin Etxean aurpegi ilunak nagusi ziren hauteskunde gauean, eta beranduago jazotako gauza batzuk, lehendakarigaia aldatzea, adibidez, egun horretan josten hasi zirela pentsa daiteke.

2020an hasitako beheranzko bidearekin arduratuta daude jelkideak, are gehiago kontuan hartuta kontrako joeran doala EH Bildu. Koalizio independentistak emai-

tza bikainak lortu zituen, sei diputatu eta lau senatari eskuratuta. Gipuzkoan aise gailendu zen, ia hiru bototik bat jasoz, eta Hego Euskal Herrian 333.000tik gora lagunen babesa izan zuen. Testuinguru honetan aipagarria da EAEn ia berdinduta geratu zela EAJrekin –mila botoko aldea bakarrik egon zen–, eta haren aurretik bukatu zuela Araban eta Gipuzkoan. Jende askok nabarmendu zuen hori, Gasteizko Legebil-

07/24   07/22

07/24   07/11   07/24

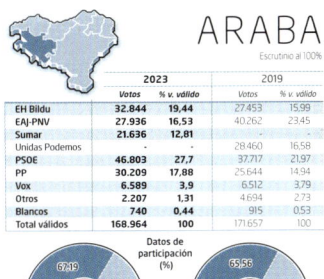

ARABA

Escrutinio al 100%

	2023		2019	
	Votos	% v. válido	Votos	% v. válido
EH Bildu	32.844	19,44	27.453	15,99
EAJ-PNV	27.936	16,53	40.262	23,45
Sumar	21.636	12,81	-	-
Unidas Podemos	-	-	28.460	16,58
PSOE	46.803	27,7	37.717	21,97
PP	30.209	17,88	25.644	14,94
Vox	6.589	3,9	6.512	3,79
Otros	2.207	1,31	4.694	2,73
Blancos	740	0,44	915	0,53
Total válidos	168.964	100	171.657	100

Datos de participación (%)
2023: 67,19 / 32,81   2019: 65,56 / 33,44
■ Participación ■ Abstención

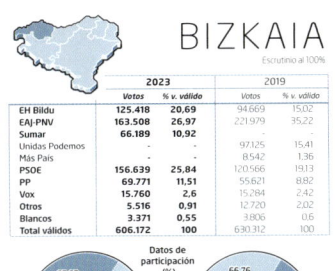

BIZKAIA

Escrutinio al 100%

	2023		2019	
	Votos	% v. válido	Votos	% v. válido
EH Bildu	125.418	20,69	94.669	15,02
EAJ-PNV	163.508	26,97	221.979	35,22
Sumar	66.189	10,92	-	-
Unidas Podemos	-	-	97.125	15,41
Más País	-	-	8.542	
PSOE	156.639	25,84	120.566	19,13
PP	69.771	11,51	55.671	8,82
Vox	15.760	2,6	15.284	2,42
Otros	5.516	0,91	12.720	2,02
Blancos	3.371	0,55	3.806	0,6
Total válidos	606.172	100	630.312	100

Datos de participación (%)
2023: 67,87 / 32,12   2019: 66,76 / 33,23
■ Participación ■ Abstención

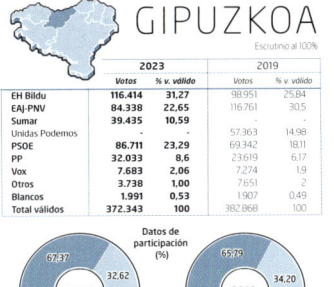

GIPUZKOA

Escrutinio al 100%

	2023		2019	
	Votos	% v. válido	Votos	% v. válido
EH Bildu	116.414	31,27	98.951	25,84
EAJ-PNV	84.338	22,65	116.761	30,5
Sumar	39.435	10,59	-	-
Unidas Podemos	-	-	69.342	18,11
PSOE	86.711	23,29	69.342	18,11
PP	32.033	8,6	23.619	6,17
Vox	7.683	2,06	7.274	1,9
Otros	3.738	1,00	7.651	2
Blancos	1.991	0,53	1.907	0,49
Total válidos	372.343	100	382.868	100

Datos de participación (%)
2023: 67,37 / 32,62   2019: 65,79 / 34,20
■ Participación ■ Abstención

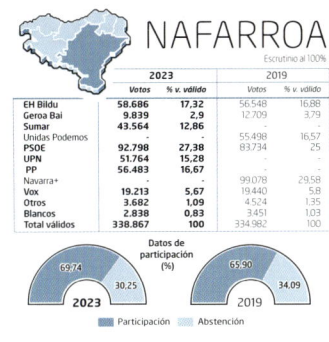

NAFARROA

Escrutinio al 100%

	2023		2019	
	Votos	% v. válido	Votos	% v. válido
EH Bildu	58.686	17,32	56.548	16,88
Geroa Bai	9.839	2,9	12.709	3,79
Sumar	43.564	12,86	-	-
Unidas Podemos	-	-	55.498	16,57
PSOE	92.798	27,38	83.734	25
UPN	51.764	15,28	-	-
Navarra+	-	-	99.078	29,58
Vox	19.213	5,67	19.440	5,8
Otros	3.682	1,09	4.524	1,35
Blancos	2.838	0,83	3.451	1,03
Total válidos	338.867	100	334.982	100

Datos de participación (%)
2023: 69,74 / 30,25   2019: 65,90 / 34,09
■ Participación ■ Abstención

Hego Euskal Herria (reparto de escaños y participación)

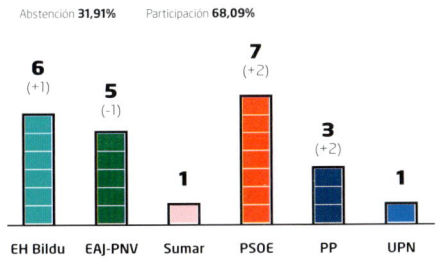

Abstención **31,91%**   Participación **68,09%**

EH Bildu	EAJ-PNV	Sumar	PSOE	PP	UPN
6 (+1)	5 (-1)	1	7 (+2)	3 (+2)	1

Rafaela Romero PSOEko hautagaia, bozketan. Ondoan, EH Bilduko hautetsiek emaitzak ospatu dituzte, eta Sumar-en kanpainako ekitaldi bat. Gorka Rubio, Aritz Loiola | foku

tzarrerako hauteskundeak gertu zeudela ikusirik.

Hauteskunde kanpaina hasi baino lehenago EH Bilduk bere ordezkariak eskuin muturrari aurre egiteko baliatuko zituela iragarri zuen, berezkoa duen izaera antifaxista ikur gisa erabiliz, eta argi dago mezu horrek emaitza onak eman zizkiola, nahiz eta batzuek erdeinuz aurpegiratu zioten Sanchez «musu-truk» babestuko zuela. Emaitzek eurek eta hurrengo hilabeteetan gertatutakoek bakoitza bere tokian utzi zuten.

Emaitza onak eskuratu ez zituena ezker estatalista izan zen. Kasu honetan Sumar marka erabilita, ez zuen azken urteetako gainbehera geratzea lortu, eta 2019an jasotako botoen %30 inguru galdu zituen. PP-UPNk –

elkar hartuta, nahiz eta oraingoan Nafarroan banatuta joan ziren– zenbakiak hobetu zituzten, baina ez zen nahikoa izan Nu-

ñez Feijoo Moncloara eramateko, eta eskuin (mutur) espainolistak Euskal Herrian gutxiengo txikia izaten jarraitzen du.

EH Bildu gana un segundo escaño en Bizkaia a costa de un tocado PNV

En Bizkaia, el PNV perdió ayer uno de sus escaños en el Congreso a favor de EH Bildu. La presencia vizcaina en el Madrid se distribuirá así: PNV, PSOE y EH Bildu, 2 escaños cada uno; y PP y Sumar, uno cada uno.

Gipuzkoan, EH Bildu aparretan eta EAJ saldoka amiltzen

El PNV se da por satisfecho con haber salvado su grupo parlamentario

Gana el PSN y EH Bildu se sitúa como segunda fuerza

Iturgaiz (PP) presume de haber duplicado escaños

CAMBIO DE CARAS,
AUNQUE DIFÍCIL PERO DESEADO CAMBIO DE POLÍTICAS

Iñaki IRIONDO

Iñigo Urkullu saluda a Imanol Pradales; al lado, Eneko Andueza en un acto del partido, Pello Otxandiano y Javier de Andrés. Marisol Ramírez, Aritz Loiola, Maialen Andrés, Oskar Matxin | FOKU

El 24 de noviembre, viernes, a las dos del mediodía, estalló una filtración-bomba: "El Correo" anunciaba que el PNV no iba a proponer a Iñigo Urkullu como candidato a lehendakari, pese a que este lo estaba deseando. Sabin Etxea respondió con un *«no coment»* y anunciando que las decisiones empezarían a tomarse el lunes. El sábado GARA publicaba que entre los mejor colocados para encabezar la lista jeltzale estaba el diputado foral vizcaino Imanol Pradales. Viendo que aquello ya era incontenible, el EBB anunció ese mismo día la candidatura de Pradales y para el domingo forzó la imagen del abrazo de relevo ante la tumba de Sabino Arana.

Entre tanto, EH Bildu tenía entretenido a un sector político y periodístico con el señuelo de que Arnaldo Otegi, libre ya de los injustos vetos judiciales, podía ser candidato a lehendakari, hasta que él mismo dejó claro, en una entrevista en GARA, que en realidad aspiraba a continuar como coordinador general de su formación. Surgieron nuevos nombres, pero nadie acertó con el elegido por la mesa política: Pello Otxandiano, director de programa y doctor-ingeniero en Telecomunicaciones y «mucho mejor candidato que yo», según el propio Otegi.

El PSE optó por Eneko Andueza como único candidato en sus primarias y el presidente del PP, Alberto Núñez Feijóo, eligió digitalmente a Javier de Andrés. El espacio Podemos-Sumar-IU-Equo-Más Euskadi preveía tener candidata antes del fin de año, pero la nominación se atascó por peleas internas.

Todo esto garantiza un cambio de caras en la próxima legislatura, otra cosa es que se dé el cambio de políticas que, según el Deustobarómetro, desea el 40,6% de los encuestados, aunque un 39% opina que no se producirá y un 35% lo veía posible.

26/11

12/12

El PNV fulmina a Urkullu y la noticia salta con apariencia de descontrol

El EBB elige a Pradales para tapar su crisis y el agujero que deja Urkullu

Pello Otxandiano, la apuesta de EH Bildu como candidato a lehendakari

Otegi no optará a Ajuria Enea: «Hay que estar donde te corresponde»

EUSKAL HERRIA

Eneko Andueza se convertirá en el primer candidato oficial a lehendakari

25/11   28/11   19/10

Zugazart

03/10ean argitaratua

KUPOA, TRAFIKOA ETA
GUARDIA ZIBILA

Martxelo DIAZ

Autonomia fiskalaren oinarri diren Kontzertua eta Hitzarmena berritu ditu Madrilek EAE eta Nafarroarekin. Soilik Vox eta Ciudadanos alderdiak agertu ziren Kongresuan horiek berritzearen kontra, baina Estatuaren jarrera zentralistazalea agerian geldituu zen beste behin. Akordio horien arabera, EAEk Estatuari ordaindu beharreko kupoa 1.472 milioi euroan ezarri zen. EH Bilduko diputatu Mertxe Aizpuruak kopurua kritikatu zuen, euskal herritarrek dagokiena baino gehiago ordaintzen dutela esanda. Gauzak horrela, sostengu kritikoa eman zien akordio hauei EH Bilduk. EAJk, berriz, sistema honen legitimitatea nabar-

Pedro Maria Azpiazu, Eusko Jaurlaritzako Ekonomia eta Ogasuneko sailburua, Madrilgo Kongresuan Kupoari buruzko osoko bilkuran. IREKIA

mendu zuen, Madrilen entzun ziren kritiken aurrean, Europar Batasunaren oniritzia duela azpimarratuz.

Nafarroan, Hitzarmenaren gaurkotzeaz haratago, Trafiko eskumenen berreskuratzea da aipagarriena transferentziei dagokienez. Eskaera historikoa da trafikoaren zaintza Foruzaingoaren esku uztearen ingurukoa. UPNk behin eta berriz aldarrikatu du eta Miguel Sanz presidente ohiak akordio bat sinatu zuen Madrilekin. Uxue Barkos lehendakaria ere akordio batera heldu zen, baina ez zen gauzatu. Maria Chivitek lortu du. Eta ezin da ahaztu Madrilen EH Bilduk egin zituen negoziazioak transferentziari ateak ireki zizkiotela. Honek, noski, UPN eta PPren kritikak eragin zituen.

Eskumen hori lortuta Guardia Zibila Nafarroatik joango zela bota zuten batzuek. Ez da hori gertatu. Are gehiago, Foruzaingoan sartzeko aukera eman zitzaien.

BILAKAERA INSTITUZIONALARI BURUZKO EZTABAIDA,
ITZALETIK ARGITARA

Elkargoaren batzarra Baionan.

Patxi Beltzaiz | FOKU

Maite UBIRIA BEAUMONT

2017an eratu zen Euskal Hirigune Elkargoak bere lehenengo legealdi osoari ekin zion 2022ko herriko bozen ondotik. Jean-Rene Etchegaray zentristaren gidaritzapean, hiru lurraldeetako tokiko hautetsiez osaturiko egiturak frantziar legeak aitorturiko gaitasunetik haratago jo du, profil baxua duen erakundeari ahal den eta etekin gehien atera nahian.

Horren adibide, etxebizitzaren krisiari erantzunez, alokairuen gaineko prezioak kontrolpean izateko dispositibo bat martxan jarriko da aurten Euskal Elkargoak eginiko eskaerari bide emanez.

Energia berriztagarrien edota hondakinen kudeaketari buruz, bere mailako beste erakundeak baino urrunago joateko nahikeria ere erakutsi du erakundeak, iaz lehen aldiz europar funtsetatik 10 milioiko partida kudeatzeko ardura hartu zuenak.

Izan ere, behin-behineko aitzinamendu horiek ezin dute estali arazoaren muinari heltzeko Euskal Elkargoak dituen mugak. Barne funtzionamenduak sortzen dituen kezkak areagotu egin dira, eta bi talde politikoren sorrerak –hautetsi ezkertiar eta abertzalez osaturiko Bil Gaiten eta jeltzaleen bultzadapeko eraturiko Elkarrekin Herriarentzat– trantsizio fasea ireki dela aditzera eman du.

Emmanuel Macronek Konstituzioa aldatzeko agerturiko asmoak eta, bereziki, Korsikan autonomiari buruz zabalduriko eztabaidak testuinguru berria sortu dute.

Hala, Ipar Euskal Herrian estatus politiko handiagoko erakundea sortzeko gogoeta itzaletik argitara eramateko parada izanen da 2024an.

04/10   11/21

12/12   11/19

MONDRAGON, pertsonak elkarlanean

MONDRAGONen jarduera-arloak dira Industria, Finantzak, Banaketa eta Ezagutza. Euskal Herrian sustraituta, beren kooperatibek presentzia handia daukate atzerrian.

Hainbat merkatutan marka liderrak ditu: Laboral Kutxa, Copreci, Danobatgroup, Eroski, Fagor, Maier, Orkli, LKS eta Orbea, besteak beste.

Enpresa-jarduraz gain, gestio demokratiko propioa duen sistema baten bidez garatzen da eta inguruko gizarteaz konprometituta dago.

Kultura, ohitura eta hezkuntza babestea izan du betidanik Korporazioak bere ezaugarririk aipagarriena.

www.mondragon-corporation.com/people/eu/

ACUERDOS COMO BASE Y REVISIÓN DEL AMEJORAMIENTO

María Chivite, durante la segunda jornada del pleno de investidura.   Jagoba Manterola | FOKU

Martxelo DÍAZ

Los acuerdos de EH Bildu con el Gobierno navarro que preside María Chivite (PSN) y del que también forman parte Geroa Bai y Contigo-Zurekin han dejado de ser algo anecdótico. Se ha confirmado que para alcanzar acuerdos que permitan articular mayorías denominadas progresistas todas las fuerzas son necesarias. También EH Bildu, que ha hecho valer su peso. Dicho de otra manera, los acuerdos amplios de los que forma parte EH Bildu son la única manera de impedir que la derecha tenga el control de centros de poder en Nafarroa.

Es el caso del Gobierno navarro, pero se ha podido ver en otras instituciones como la Mancomunidad de Iruñerria, la Federación Navarra de Municipios o Concejos (FNMC) o en el Ayuntamiento de Iruñea, cuando ya casi se escuchaban las campanadas del fin de año, recuperando la alcaldía de la capital para Joseba Asiron.

Los acuerdos presupuestarios son una de las bases sobre los que se asienta esta colaboración entre formaciones que siguen siendo distintas. EH Bildu permitió la aprobación de los cuatro presupuestos de la anterior legislatura de María Chivite y en esta el escenario que se anticipa es similar. Todo ello mientras UPN continúa automarginándose de cualquier proceso de negociación y se escora cada vez más a la derecha aumentando su aislamiento.

Tanto EH Bildu como el Gobierno navarro subrayan continuamente que estos acuerdos tienen un claro contenido social, que sirven de base para que se apliquen medidas en favor de la mayoría de la ciudadanía navarra, especialmente de los sectores más desfavorecidos. El fortalecimiento de los servicios públicos es un objetivo de las cuatro fuerzas.

Pese a los acuerdos, existen ámbitos en los que persisten las diferencias, incluso entre los socios del gobierno. El euskara es uno de ellos, con un PSN que se opone a dar nuevos pasos hacia la normalización que le son reclamados por EH Bildu y Geroa Bai en la línea de las demandas de euskalgintza. Uno de los quebraderos de cabeza del Gobierno es la situación de Osasunbidea.

14/03

GARA 2023 | 03 | 14 asteartea

EUSKAL HERRIA

Chivite: «Los acuerdos con EH Bildu han fortalecido los servicios públicos»

Con el horizonte electoral acercándose inexorablemente, la lehendakari navarra, María Chivite, realizó ayer su balance de la legislatura, marcada por la pandemia del covid-19 y sobre la que afirmó que los acuerdos alcanzados con EH Bildu «han servido para fortalecer los servicios públicos».

24/03

GARA 2023 | 03 | 24 ostirala

El Parlamento navarro adaptó ayer la Ley de Salud de 1992 para dar cabida a los acuerdos cerrados a varias bandas por el Departamento con el Sindicato Médico y otras centrales. El debate se caracterizó por las críticas a Carlos Artundo y la pérdida de confianza. La consejera Santos Indurain aseguró que fue «un buen día para la sanidad».

El Parlamento avala entre duras críticas las negociaciones de Salud con los sindicatos

31/10

GARA 2023 | 10 | 31 asteartea

El PSN revalida Skolae para cuatro años más y evaluará su aplicación

El consejero Carlos Gimeno presentó ayer su Plan de Coeducación para 2024-2028, que seguirá siendo Skolae con algunas variaciones, como la creación de herramientas de evaluación. Un 12% de los centros sigue sin coeducar y algunos de ellos son concertados.

A la izquierda, sesión de constitución de las comisiones del Parlamento. A la derecha, Javier Esparza, de UPN, en la primera reunión de la ponencia de reforma del *Amejoramiento.*   IÑIGO URIZ, JAGOBA MANTEROLA | FOKU

En este escenario, se ha abierto la puerta al debate sobre el Amejoramiento. EH Bildu quiere avanzar hacia una bilateralidad real con el Estado y Geroa Bai quiere reforzar el autogobierno, mientras que el PSN advierte de que no desea ir más allá de cambios cosméticos y no mover ni una coma del estatus de Nafarroa ni de la zonificación del euskara. UPN, PP y Vox siguen clamando que Nafarroa «se vende».

23/11

GARA 2023 | 11 | 23 osteguna

«Este es un Gobierno firme frente a la ola reaccionaria», proclamó la lehendakari navarra, María Chivite, al hacer balance de sus primeros cien días. Abogó por el diálogo entre diferentes en una Nafarroa diversa, pero obvió el euskara, fuente conflictos entre socios, a la hora de enumerar sus logros y sus planes.

Chivite tras cien días: «Este es un Gobierno firme frente a la ola reaccionaria»

25/11

GARA 2023 | 11 | 25 larunbata

EUSKAL HERRIA

«Bilateralidad real» con el Estado, eje de EH Bildu para renovar la Lorafna

EH Bildu apuesta por actualizar y llevar el Amejoramiento a 2023, apostando por una «bilateralidad real» con el Estado español. Defiende tres niveles de acuerdo político y social: Nafarroa, Nafarroa con el Estado español y Nafarroa con el resto de territorios vascos. La formación interpeló a los ciudadanos que tengan «una visión descentralizadora del Estado».

04/11

GARA 2023 | 11 | 04 larunbata

EH Bildu trasladó ayer al Gobierno de Nafarroa su disposición a «acordar e incidir con más ambición» en los próximos presupuestos forales, con el fin de lograr acuerdos «progresistas que permitan seguir mejorando las condiciones de vida de las navarras y navarros, tal y como ya hemos venido demostrando en los últimos años».

EH Bildu traslada a Chivite su disposición a acordar presupuestos, con «más ambición»

UN ABRUPTO FIN DE LEGISLATURA Y DE GOBIERNO

Pleno del Parlamento, el lehendakari Iñigo Urkullu responde a Nerea Kortajarena e Ikoitz Arrese, de EH Bildu, que le interpelaron sobre la Ley de Educación. Raúl Bogajo | foku

Iñaki IRIONDO

Era sabido que 2023 iba a ser el último año completo de la XII Legislatura de la CAV, a la espera de la prórroga que el lehendakari se diera durante el inicio de 2024. Pero lo que nadie esperaba, ni el propio Iñigo Urkullu, era que fuera a ser su fin de etapa en Ajuria Enea. Toda su estrategia comunicativa estaba centrada en potenciar su continuidad, pero chocó con los resultados electorales del

PNV en el último periodo electoral y el EBB mandó parar.

El Gobierno de Lakua y el PNV han ido comprobando cómo su fama de buen gestor se estaba viendo erosionada a pasos agigantados por la percepción social de la pérdida de calidad en los servicios públicos. Y a pesar de que el Ejecutivo autonómico se empeñaba en insistir en que estaba invirtiendo en Salud más que nunca, lo que la

ciudadanía se estaba encontrando al intentar acceder a Osakidetza era un incremento de las esperas, fuera para una primera cita con el médico de cabecera, con el pediatra o no hablemos ya de un especialista.

Al inicio de curso, y mientras se debatía todavía la nueva Ley de Educación, el consejero Jokin Bildarratz se enfrentó a un problema claro de imprevisión y a otro de mala elección. Por un lado, miles de estudiantes se quedaban sin transporte escolar, porque este no estaba regularizado. Además, después se supo que había contratado a Joanes Labaien –esposo de la presidenta del Parlamento, Bakartxo Tejeria– como abogado del Gobierno, para interceder con las empresas del sector, siendo él mismo miembro del consejo de administración de Autocares URPA, concesionaria de varias líneas en Gipuzkoa. Juez y parte, cobró 5.400 euros por sus gestiones. Después, a Bildarratz se le sumaron menús en mal estado, contratados a una firma riojana, en varios comedores escolares. Lo que tuvo que tragar con la Ley de Educación es otra cosa.

El discurso oficial se basa en que la mayor parte del presupuesto del Gobierno de Lakua va a parar a gasto social, pero esto se debe a que sus competencias están centradas en estas áreas y, además, si se rasca en los números, lo que se ve es que esa inversión está estancada. Se gasta algo más, pero porque se encarece la vida, no porque se haga una apuesta mayor.

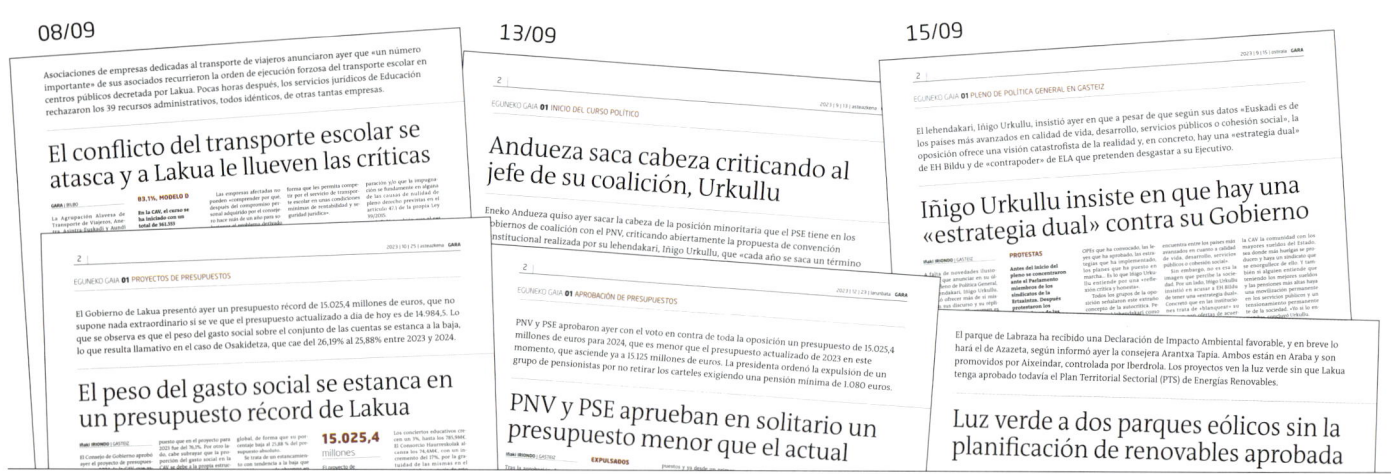

08/09

El conflicto del transporte escolar se atasca y a Lakua le llueven las críticas

El peso del gasto social se estanca en un presupuesto récord de Lakua

13/09

Andueza saca cabeza criticando al jefe de su coalición, Urkullu

PNV y PSE aprueban en solitario un presupuesto menor que el actual

15/09

Iñigo Urkullu insiste en que hay una «estrategia dual» contra su Gobierno

Luz verde a dos parques eólicos sin la planificación de renovables aprobada

25/10   23/12   18/01

El caso es que este deterioro de las políticas públicas suscitó durante 2023 numerosas movilizaciones, tanto de los trabajadores del sector, como de sus usuarios. Se han producido manifestaciones por la sanidad que nunca se habían visto antes.

Pero el todavía lehendakari, Iñigo Urkullu, lejos de hacer una lectura autocrítica de lo que tenía ante sus ojos, prefirió atribuirlo todo a una especie de contubernio marxista (¿Se acuerdan quienes peinan canas o no tienen ya nada para peinar?) que distorsiona la realidad y engaña a la sociedad en su contra.

En su primera entrevista al inicio de curso, el 5 de setiembre en Radio Euskadi, Iñigo Urkullu rebautizó a EH Bildu como «el socialismo vasco radical» al que, entre otras cosas, acusó de alentar la «insumisión» a las medidas adoptadas durante la pandemia del covid y de tener una cara «buenista» pero, junto a ELA, actuar como «contrapoder» y «acosar y desgastar» a su gobierno.

Poco después, ya en el Parlamento, insistió en que a pesar de que según sus datos «Euskadi es de los países más avanzados en calidad de vida, desarrollo, servicios públicos o cohesión social», la oposición ofrece una visión catastrofista de la realidad y, en concreto, hay una «estrategia dual» de EH Bildu y de «contrapoder» de ELA que pretenden desgastar a su ejecutivo.

Al poco tiempo, Iñigo Urkullu comprobó que quien de verdad estaba conspirando contra él se sentaban en la planta alta de Sabin Etxea.

Proposiciones de ley con medidas de control de la administración y transparencia

TITULO	FECHA	PROPONENTE	POSICIÓN GOBIERNO	RESULTADO
De modificación de la Autoridad Vasca de la Competencia	03.07.2017	Partido Popular	Desfavorable	Rechazada
De transparencia y participación ciudadana de la Comunidad Autónoma de Euskadi	26.09.2018	PNV-PSE	Favorable	Decae al final de la legislatura
Para la creación de la oficina de buenas prácticas y anticorrupción	26.07.2017	EH Bildu	Favorable Diputaciones recurrieron	Decae al final de la legislatura
Relativa a la protección a las personas que alerten de infracciones legales, abusos de derecho y malas prácticas contra el bien común en Euskadi	22.01.2019	Elkarrekin Podemos-IU	Desfavorable (Porque ya estaba la de transparencia de PNV y PSE)	Rechazada
De modificación del Tribunal Vasco de Cuentas Públicas	25.09.2020 (Hubo intentos anteriores)	Partido Popular-Cs EH Bildu (Dos iniciativas distintas)	Favorable	Aprobada (Muy cepillada con apoyo del PP)
Para la creación del Consejo Vasco Audiovisual	24.05.2021	EH Bildu	Desfavorable	Rechazada
Reguladora del Código de Conducta y de los Conflictos de Intereses de los Cargos Públicos, a fin de evitar las puertas giratorias	09.11.2021	EH Bildu	Desfavorable	Rechazada
Sobre la creación del Centro de Estudios de Opinión	05.01.2023	EH Bildu	Desfavorable	En tramitación
De creación de una oficina de buenas prácticas y anticorrupción	13.01.2023	EH Bildu	En tramitación	En tramitación

Fuente: ARCHIVO DIGITAL DEL PARLAMENTO VASCO

GARA

22/12

11/08

15/06

EH BILDU LOGRA DIFICULTAR LA DESLOCALIZACIÓN POR LEY

Urkullu y Andueza se enzarzan de nuevo por la Ley de Vivienda

EH Bildu se presta a poner ambición a una ley de cambio climático «pobre»

PNV, PSE y Vox impiden poder crear una oficina anticorrupción en la CAV

La contratación de Labayen, ética para Bildarratz y clientelar para la oposición

PNV y PSE también vetan debatir una ley para el control de los «lobbies»

24/03

05/10

29/09

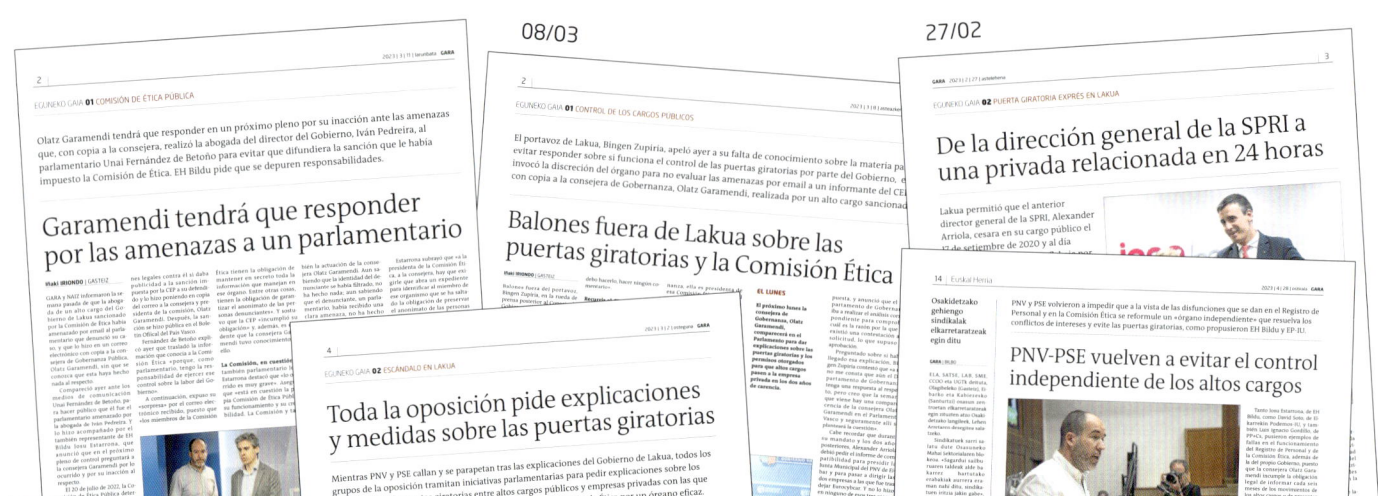

08/03

27/02

11/03   02/03   28/04

Descontrol ético **y puertas giratorias**

Iñaki IRIONDO

El Gobierno de Lakua presume de transparencia, aunque en 2023 confirmó que por tercera legislatura consecutiva no iba a pre-

La consejera Olatz Garamendi, durante un pleno del Parlamento.

JAIZKI FONTANEDA | FOKU

sentar a tiempo de ser aprobada una ley sobre la materia. También tiene a gala haber creado una Comisión de Ética Pública, pero lo cierto es que en diez años y en cerca de 90 casos denunciados, apenas ha habido un cese y dos sanciones. Demasiadas veces, si se leen sus resoluciones, se ve que parecen buscar siempre los recovecos para beneficiar al cargo público.

Y esto aparece como una constante en la actuación de (falta de) control del Gobierno. Por ejemplo, la ley fija que todo cargo público que pase al sector privado, tiene que informar de ello a la Administración, para que lo autorice, y evitar así que se den casos de incompatibilidad. Además de otros casos flagrantes, GARA detectó en marzo una docena de altos cargos que en esta legislatura habían pasado al sector privado sin esa comunicación a la que obliga la ley. Y el Registro de Personal del Departamento de Olatz Garamendi, encargado de vigilar y hacer cumplir esta obligación, no parece haberse enterado de nada.

Desde entonces, y ante las preguntas de EH Bildu en el Parlamento, el Ejecutivo estuvo jugando al escondite con esta cuestión, sin que al acabar el año hubiera ninguna resolución al respecto, salvo la regulación tardía de un par de casos. La consejera siempre se ha mostrado muy comprensiva con sus excompañeros, haciendo una lectura muy creativa del texto de la ley en unos casos o pretendiendo que la cosa no va con ella en otros.

Tasio

09/17an argitaratua

HEMEN ERABAKITZEA HELBURU

Martxelo DIAZ

Nafarroan Foru Hobekuntzaren egoera eta balizko aldaketak aztertzeko Parlamentuan batzordea eratu den bitartean, Lakuako Gobernuko lehendakari Iñigo Urkulluk konbentzio konstituzionalaren proposamena egin zuen, Madrilgo egunkari batean idatzitako artikulu baten bidez. Nafarroan alderdien parte hartzearekin eta erakundeetan garaturiko ekimena da, eta Urkulluren proposamena, aldiz, pertsonalista dela esan daiteke. Ez zuen erantzun handirik jaso eta Urkullu bera ez dela lehendakaria izango jakin zen hilabete gutxira. Nafarroako ekimenak zein bide lortzen duen ere ikusteko dago; EH Bilduk Estatuarekin maila berean negoziatzeko eskubidea egia bihurtzearen eta Geroa Baik autogobernua sakontzearen alde

egiten dute, baina PSNk argi eta garbi utzi du ez duela herrialdearen estatusa aldatu nahi eta euskararen normalizazioan pausoak ematearen aurka agertu da. UPNk eta PPk, berriz, ekimena abiatzea ere kritikatu dute.

Bi egitasmoetan nabarmentzen da egungo egitura instituzionala motz geratzen dela herritarren nahiak asetzeko. XXI. mendeko erronkei aurre egin ahal izateko bertan erabakitzeko eskubidearen aldeko aldarrikapenak indar handia hartu du azken urteotan. Erakundeen ardura da horri erantzutea.

Mediabask-en egindako elkarrizketa batean, Euskal Elkargoko lehendakari Jean-Rene Etchegarayk ere ahalik eta eskumen gehien lortzeko aldarria egin zuen eta Estatu frantsesaren jakobinismo zentralista kritikatu zuen.

Jean-René Etchegaray, Euskal Hirigune Elkargoko lehendakaria. PATXI BELTZAIZ | FOKU

25/03   25/02   19/08   08/01   23/07

DE 'EUSKAL HERRIRA' A 'ETXERA' 34 AÑOS DESPUÉS

Diversas movilizaciones organizadas por Sare a lo largo del año y en diferentes localidades. MARISOL RAMÍREZ,
GOKA RUBIO, ANDONI CANELLADA, MARISOL RAMÍREZ | FOKU

Ramón SOLA

El 24 de marzo de 2023 está ya en los anales de la lucha contra la represión política en Euskal Herria. Ese día el Gobierno español anunció la repatriación de los últimos cinco presos que quedaban en cárceles externas, con lo que se ponía fin a la política de alejamiento y dispersión que se ha cobrado la vida de 16 familiares y amigos durante 34 años. No por ser largamente esperada (los acercamientos habían comenzado a cuentagotas en 2018) la noticia perdió fuerza. Mensajes de alegría y de recuerdo corrieron por las redes sociales y los informativos acompañando al retorno a Euskal Herria de Irantzu Gallastegi, Faustino Marcos, Asier Borrero, Garikoitz Etxeberria y Gregorio Eskudero.

Sare ya se había adelantado a este último paso a principios de año, anunciando el cambio del logotipo y la reivindicación de base de sus campañas: conseguido el ansiado «kilómetro 0», era hora de actualizar la demanda, pasando del «Euskal Herrrira» al «Etxera». Y ahí también han corrido a reposicionarse los aparatos del Estado, obstaculizando el desarrollo de la vía legal a estos presos y presas vascas.

El detalle más flagrante de estas trabas es el reingreso en prisión durante 2023 de ocho personas que estaban en tercer grado por decisión del Gobierno de Lakua tras la propuesta de las Juntas de Tratamiento de Zaballa, Martutene o Basauri, anulado por la mera presentación de recursos de la

27/07

04/08

27/03

02/04

01/10

23/04

Fiscalía ante la Audiencia Nacional. Algunos de ellos han sido revocados incluso dos veces. Y hay tres casos especialmente lacerantes: Joseba Arregi Erostarbe, que ya tiene 77 años y lleva más de tres décadas preso; Juan Manuel Inziarte, encarcelado de nuevo pese a haber padecido un ictus; y Xabier Atristain, a quien los tribunales españoles se niegan a aplicar la sentencia europea que declaró injusta la condena de la Audiencia Nacional.

Con todo, esta es solo la punta del iceberg, porque más allá de las reversiones de grado asoman el escaso ritmo en su aplicación (19 libertades condicionales cuando deberían ser 55) o el mantenimiento de las leyes de excepción 7/2003 y 7/2014.

La valoración hecha por EPPK en abril, en el marco del Día Internacional del Preso Político, solo pudo ser agridulce. En ella destacaba la voluntad de facilitar nuevos avances: «En Euskal Herria acabar con el sufrimiento debería ser un objetivo, superando las consecuencias del ciclo anterior. Debemos respeto a todo aquel que ha sufrido y hay que aliviar el dolor todo lo posible. Y queremos expresar nuestro compromiso con ello».

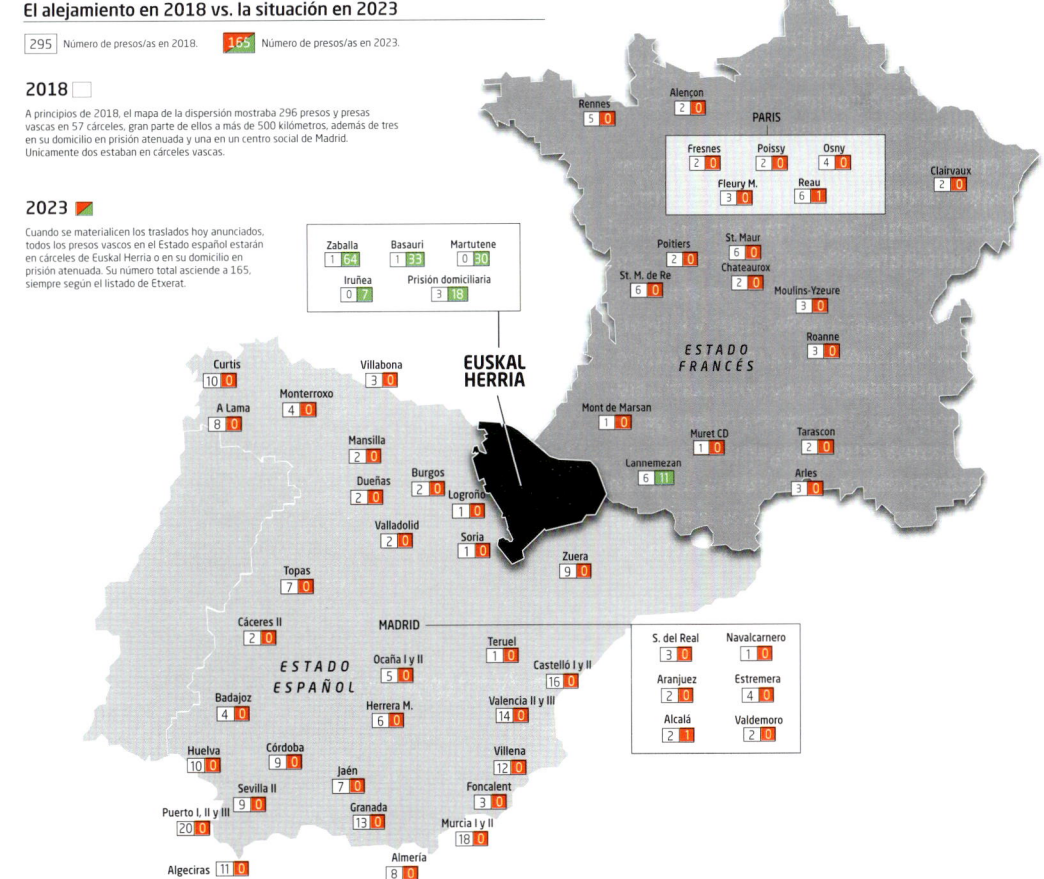

El alejamiento en 2018 vs. la situación en 2023

295 Número de presos/as en 2018.   165 Número de presos/as en 2023.

2018

A principios de 2018, el mapa de la dispersión mostraba 296 presos y presas vascas en 57 cárceles, gran parte de ellos a más de 500 kilómetros, además de tres en su domicilio en prisión atenuada y una en un centro social de Madrid. Unicamente dos estaban en cárceles vascas.

2023

Cuando se materialicen los traslados hoy anunciados, todos los presos vascos en el Estado español estarán en cárceles de Euskal Herria o en su domicilio en prisión atenuada. Su número total asciende a 165, siempre según el listado de Etxerat.

Fuente: Etxerat

GARA

25% en
otros casos

El porcentaje de recursos a progresiones de grado en estos casos triplica al habitual.

24 solo en
tercer grado

Los dos factores sumados hacen que todavía haya solo 24 en tercer grado frente a 128 en segundo.

Ni 50%
de lo posible

Podría haber 115 presos pisando la calle pero Lakua solo ha aprobado 57 progresiones por ahora, algunas dobladas.

16 con
enfermedades

Un 10% del total sufren enfermedades graves por las que, con la ley, deberían estar libres.

Presoen aldeko blokeoak, **zigorrik ez**

Ramón SOLA

2022ko uztailaren 23, uda betean, Ipar Euskal Herrian egindako trafikoa blokeatzeko ekimena presoen eskubideen aldeko indar erakustaldia izan zen. Ekintza oparoa izan zela argi geratu zen urte hartan bertan, bi adierazleengatik: batetik, 1.700 lagunek parte hartu zuten desobedientzia zibilaren ekimen hartan, eta, bestetik, aldarrikapen nagusia lortu zuten bi hilabete geroago, Ion Kepa Parot eta Jakes Esnal, biak aske geldutu zirelako. Horri zegokion zigor auzia amaitzea falta zen, ordea, 2023. urtean.

Bi epaiketa burutu ziren U23 horretan gertatutakoa argitzeko, eta zigorrik gabe amaitu zuten. Lehena Dax-en izan zen, bederatzi lagun auzipetuta: 800 euroko isunak agindu zituen auzitegiak, baina ordaintzeko beharrik gabe. Bigarrena Baionan deliberatu zen, martxoan, hamaika lagun aulkian zirela, eta honetan isunik ere ez zen ezarri. Honen ondorioz, ekintzaileen espedientean zigor aurrekaririk ere ez da agertuko.

Nabarmentzekoa da epaiketa hauetan Euskal Elkargoaren ordezkariek izan zuten ekintzaileen aldeko jarrera. Jean-Rene Et-

Ekintzaileen aurkako epaiketa Baionako Auzitegian. GILLAUME FAUVEAU | FOKU

chegaray presidenteak esan zuenez, berak kargu politikorik izan ez balu, segur aski ekintza horretan parte hartuko zukeen, aldarrikapena bidezkotzat hartzen zuelako. Daniel Oltzomendi Elkargoaren Turismo arloko arduradunak, bere aldetik, ekintza guztiz «garbia» izan zela erantsi zuen, moztu beharreko guztia aldez aurretik ezagutarazi ziotelako erakundeari, hiritarrei egindako kalteak murrizteko asmoz.

03/10

Euskal Preso Politikoen Nazioarteko Egunean, EPPK-ren agiria

EPPK

Gaur, apirilaren 17a, Preso Politikoen Nazioarteko Eguna dugu. Urtero lez, gure besarkada beroena bidali nahi diegu zapalkuntzari aurre egiteagatik eta askatasunaren alde borroka egiteagatik munduan zehar gatibu diren militante iraultzaile guztiei, kasu ia denetan oso baldintza gogorretan.

Gutxi batzuen interes ekonomikoen eta nagusitasunaren mesedetan, boteredun makurren zikoizkeriak milioika pertsona gerrara eta miseriara kondenatzen dituzten garai ilun hauetan, nabarmentzekoak dira militante horiek injustiziari aurre egiteko eta herri zein herritar zapalduen askatasuna lortzeko hamarkadotan izan duten adorea eta eskuzabaltasuna.

Gaurko agiri hau gure egoeraz ere aritzeko profitatu nahi dugu. Ezinbestean, espainiar Estatuan euskal preso politikoen urruntze eta sakabanaketa politikaren amaierari buruz izan berri dugun iragarpena aipatu behar dugu. Luzaz itxarondako albistea izan da.

Politika horrek sufrikarioa baizik ez du ekarri, eskubideak urratzeko presoon babesgabetasuna indartu duelako eta gure senideak gupidarik gabe zigortu dituelako. Jakin bazekiten, ondo baino hobeto, zer sortzen zigun ezinegona eta isolatzen saiatzen ziren bitartean. Ezin ditugu, beraz, aipatu gabe utzi gu bakarrik ez uzteagatik bidean bizia galdu duten hurkoak. Beti izango zaituztegu bihotzean.

Euskal Herrian sufrikarioa amaitzeak beharko luke izan helburu, aurreko zikloaren ondorioak gainditzu. Sufritu duen orori begirunea zor diogu eta mina ahal bezainbeste arindu behar dugu. Horrekin gure konpromisoa adierazi nahi dugu.

Guztion eskubide guztiak errespetatzeak gure herriarentzat erabat onuragarria litzatekeen egoera bat sortuko luke, baita etorkizunari begira dituen erronka politiko eta sozialei aurre egiteko ere: nazio gisa aitortzea zein garapena

lortzeko, euskal lurraldeek beren arteko harremana estutzeko, euskal herritarrek etorkizuna libreki erabaki ahal izateko eta hurbilen diren erakundeen eskumen nahiz botere gaitasuna handitzeko.

Sufrimenduarekin amaitzeko herri gogo horren islatzat hartu genuen joan zen urtarrilaren 7an Bilbon egindako manifestazio jendetsua. Gu etxeratzeko aldarria kaleratu eta zabaldu izana eskertu nahi diegu bertaratutako guztiei eta, mendekuan eta salbuespen legerian oinarritutako kartzela politikak indargabetu gabe segitzen duen arren, herri aldarri hori errealitate bilakatzeko EPPK-k abiarazitako bidean barrena.

ere, behar diren urratsak egiteko gure engaiamendua berretsi nahi dugu. Beste batzuek badute ere gure ziegen giltzarrapoen giltza, gure borondateak ez du hutsik egingo.

Horixe da oraintxe gure herriarekiko dugun betekizunik handiena, presorik gabeko Euskal Herriaren bidean.

Euskal Herrian, 2023ko apirilaren 17an

EPPK
Euskal Preso Politikoen Kolektiboa

Gora Euskal Herri independente, sozialista, feminista, batu eta euskalduna.

02/03

ERABAKI*
ETORKIZUNA

ehbildu

FISKALTZA, AUZIA BERRIZ EPAITZEAREN AURKA

Marcel PENA

2009an abiatutako «Bateragune auziak» oraindik zeresana eman du 2023. urtean Eta nolatan, espetxe zigorrak aspaldi bete baziren? Auzitegi Gorenak erabilitako trikimailua gatazka iturri da, Europako Giza Eskubideen Entzutegiak epaiketa ez zela bidezkoa izan agindu ondoren ere, auzia berriz epaitzeko saiakera abiatu baitu.

Zentzurik gabeko asmo honen aurka, Arnaldo Otegi, Rafa Diez, Sonia Jacinto, Miren Zabaleta eta Arkaitz Rodriguezen defentsak Entzutegi Konstituzionalera jo zuen. Eta Fiskaltzak iritzi garbia eman zuen maiatzean: auzia ez da berriz epaitu behar, honek jada zigortutakoei kalte larria eragin liekeelako. Konstituzionalaren erabakiaren zain amaitu da urtea.

Sententziaren inguruko balorazioa. Irudian, Iñigo Iruin abokatua eta bost auzipetuak.
Jon Urbe | foku

05/23

ESPIONAJE A MARÍA JOSÉ BEAUMONT Y PERSONAL DE LA UPV DENTRO DEL CASO KITCHEN

María José Beaumont, durante su periodo como consejera del Gobierno de Nafarroa.
Iñigo Uriz | foku

Marcel PENA

La abogada Mari José Beaumont y personal de la UPV-EHU descubrieron en 2023 que habían sido espiados dentro del "caso Kitchen", referente a la investigación por espionaje a rivales políticos del PP. En el caso de Beaumont, fue espiada por la cúpula del Ministerio español de Interior durante el Gobierno de Mariano Rajoy para ver si la exconsejera de Interior del Gobierno de Nafarroa tenía «cosillas». Por otro lado, el sindicato LAB denunció que el jefe de seguridad de la UPV-EHU colaboró en el espionaje del "caso Kitchen", informando a la Policía española del perfil político de algunos profesores del centro universitario. Ambos casos fueron destapados por el diario digital "Infolibre".

09/03

11/03

13/03

17/03

03/03

Zugazart

Publicado el 15/06

AGUR ETA OHORE, "SALU"

Marcel PENA

Jabier Salutregi Mentxaka falleció el 14 de junio de 2023 quedando como referente del periodismo vasco, pero también como imagen de la injusticia y crueldad del Estado español. Nacido en Bilbo en 1950, "Salu" tuvo el triste honor de ser el único director de un periódico europeo encarcelado por ejercer su oficio.

Al frente de "Egin" desde 1992, Salutregi lideró el proceso su renovación. Ser la imagen del nuevo periodismo vasco, sin embargo, lo puso en la mira de los poderes del Estado, como demostraría su posterior condena. Nadie mejor que Salutregi conocía los peligros que acarreaba trabajar en "Egin", ya que él mismo había sido testigo de la muerte de dos compañeros de redacción, Xabier Galdeano y Josu Muguruza, en acciones de terrorismo de Estado.

"Egin" se había convertido en un problema para los poderes estatales, pero también autonómicos. Voces contrarias como las del entonces lehendakari José Antonio Ardanza no hicieron otra cosa que allanar el camino represivo del Estado, que en 1998 cerraron "Egin" bajo el mantra del «todo es ETA». Tras 7 años y 6 meses de cárcel, cumplidos en tres periodos distintos, Salutregi quedó libre el 29 de octubre de 2015, convertido en un símbolo de la prensa libre que ni la represión pudo detener.

15/06

Agur «Salu», zuzendari

De innovador de la prensa a preso político por periodista

15/06

Tasio

Publicado el 18/06

ADIÓS A UNA DÉCADA DE FACILITACIÓN VASCA

Responsables del Foro Social en una comparecencia en Donostia sobre la memoria crítica inclusiva. Al lado, una reunión del Foro con agentes de la sociedad civil en enero de 2023. MAIALEN ANDRÉS | FOKU, FORO SOCIAL

Ramon SOLA

Una intensa y también emotiva jornada en el Kursaal en marzo puso fin a la trayectoria del Foro Social, tras una década de facilitación. El motivo había sido avanzado por su coordinador, Agus Hernán, unas semanas antes en GARA: las doce recomendaciones adoptadas por el primer Foro Social en marzo de 2013, y una década antes, estaban cumplidas o «maduras para materializarse». Y en las que todavía necesitaban cierto desarrollo, este núcleo de colaboración entendía que requieren «nuevos instrumentos».

Al acto de cierre acudió una amplia representación política y social, reflejo de la cooperación que ha marcado su trabajo: Joseba Egibar (PNV), Gari Mujika (EH Bildu), Arritxu Marañón (PSE), Arantza González (Elkarrekin Podemos), Mitxel Lakuntza (ELA), Garbiñe Aranburu (LAB), Raúl Arza (UGT), Alfonso Río (CCOO) o Nagore Iturrioz (Steilas).

Haciendo balance de sus sucesivas aportaciones, el Foro destacó la culminación del desarme y disolución de ETA «dentro de los estándares internacionales». En el capítulo de víctimas, certificó que se ha «empezado a concretar el consenso en torno al derecho de todas ellas a la verdad, la justicia y la reparación», comenzando además a corregirse el tratamiento «asimétrico» a las víctimas del Estado (informes oficiales de tortura, procesos de reconocimiento...).

En cuanto a las personas presas, al fin de la dispersión le sumó el logro de «un marco definido para su resolución», que se concreta en el desmontaje de la excepcionalidad.

Zugazart
10/04ean argitaratua

ERTZAINTZAREN AURPEGIA
GERO ETA AGERIAGO

Iker BIZKARGUENAGA

Urtea bukatzear zegoela, Lakuako Segurtasun Sailak eskuin muturrak eragindako istilu batzuetan parte hartzeagatik ertzain bat identifikatu zuela argitaratu zuen GARAk, eta gertaera horrek ondo laburbiltzen du 2023an Ertzaintzaren inguruan izandako hainbat albiste.

Izan ere, denbora luzez Gobernu autonomikoak eta zehazki jeltzaleek mimatu duten Polizia haren aurka jo zuen, eta horrek ez zituen bakarrik alarma politiko batzuk piztu, jende askoren aurrean agerian utzi

Uniformedun ertzainek txalotu egin dituzte Gasteizko Legebiltzarraren aurrean bildutako Ertzainas en Luchako kideak. RAUL BOGAJO | FOKU

zuen Arkautin hezitako uniformedun askoren benetako izaera.

Gauza jakina da sortu zenetik EAJren Polizia gisa ezagutu dena –eta horrela jokatu duena– eskuin muturrekoak diren eta espainiartasuna goresten duten pertsonez bete dela azken urteetan, eta lan-gatazka baten aitzakiak aukera eman die 2023an

lotsagabe agertzeko. Horiei eta baita beraien lankide askori ere. Mugimendu «asindikal» baten aterpean, besteak beste, Tourraren hasiera boikotatzeko saiakera egin zuten, hirietako sarrerak blokeatu zituzten, Segurtasun Saileko hainbat arduradunen argazkiak zabaldu zituzten eta lehendakaria bera iraindu zuten, Parlamentuan burututako mobilizazioan, beste edozein kolektibok eginez gero jazarria izango zena. Eta berez nahiko ultrak diren polizia-sindikatuek haiekin bat egin zuten.

Urtea gatazka bere horretan zegoela bukatu zen, hordagoa nork irabaziko zuen jakin gabe, baina inoiz baino argiago utziz poliziaereduaren gaineko eztabaida ezinbestekoa duela herri honek, berandu baino lehen.

06/16

Zugazart

Publicado el 26/03

LOS JUZGADOS SIGUEN MARCANDO LA PAUTA

Aitor AGIRREZABAL

La cifra de presos políticos vascos ha seguido su tendencia a la baja a lo largo de 2023. Sin embargo, el 1 de octubre Aitor Zelaia y Galder Barbado engrosaron esa lista tras ser detenidos por la Ertzaintza en Gasteiz. La Policía de la CAV aplicó la orden de ingresar en prisión que los dos jóvenes alaveses habían recibido 15 días antes.

El Supremo ratificó en mayo la condena de cuatro años de prisión impuesta dos años antes por la Audiencia Nacional por un delito de «depósito de armas y municiones». El hallazgo en Durana de un bidón con objetos que la Ertzaintza vinculó con la elaboración de artefactos puso en marcha en 2019 el proceso judicial contra Bar-

Detención en Gasteiz de Galder Barbado y Aitor Zelaia.
ARITZ LOIOLA | FOKU

bado y Zelaia. La inconsistencia de las pruebas y la «desproporción» de las penas, que han acabado en una condena de cuatro

años de cárcel, un año de libertad vigilada y diez años de inhabilitación para cada uno de los jóvenes alaveses, ha sobrevolado el proceso desde su inicio.

Sin salir de Araba ni de los tribunales, durante el otoño fueron juzgados varios huelguistas de Tubacex, así como vecinos de Aiaraldea, a quienes la Ertzaintza acusaba de «formar un grupo organizado para crear incidentes» y que se enfrentaron a peticiones de cuatro años y siete meses de prisión. Otro trabajador de la empresa llegó a un acuerdo con la Fiscalía.

NAFARROA, IKURRIÑA Y MILITARES

En Nafarroa, una paliza de tres militares a un joven a las puertas de una céntrica sala de

Zugazart

Publicado el 30/09

Iruñea corrió como la pólvora a través de las redes sociales, ya que un vídeo mostraba la brutalidad de la agresión. Los tres agresores, así como una cuarta persona, fueron citados para declarar, pero quedaron en libertad a las pocas horas con la obligación de comparecer semanalmente y una orden de alejamiento de la víctima.

Y sin salir del herrialde, el 2023 no se podía cerrar sin incidentes con la ikurriña como protagonista. UPN ha recuperado la Alcaldía de Lizarra como consecuencia de las pasadas elecciones y con ello volvió el acoso a la ikurriña. Tras el inicio de las fiestas de la localidad, el jefe de la Policía Municipal cargó con fuerza contra la concejala de EH Bildu, Elizabeth Ciordia, por haber exhibido desde el balcón del Ayuntamiento el símbolo vasco.

Las imágenes muestran cómo Ciordia se encontraba en un ambiente festivo desde el balcón del Ayuntamiento, con la

Concentración en Lizarra para denunciar la agresión del Jefe de la Policía Municipal en el chupinazo para arrebatar a una concejala la ikurriña. Al lado, trabajadores de Tubacex represaliados por manifestarse.

AITOR KARASATORRE, ENDIKA PORTILLO | FOKU

ikurriña en la mano y la gente de la calle celebrando el inicio festivo, cuando el policía municipal accedió al lugar para agarrar por detrás a la concejala por el cuello, levantarla y llevarla al interior del edificio.

En estos dos últimos casos parecen imprescindibles las imágenes grabadas. Lo mismo que en el caso de Silvia, una mujer

detenida en los calabozos de Getxo en 2018. Un agente de la Ertzaintza fue condenado a seis meses por agredir a la citada mujer en comisaria, detenida tras salir en defensa de una persona sin hogar que los agentes estaban identificando. La sentencia destaca la importancia de las grabaciones videográficas que evidenciaron la agresión.

12/06

01/12

05/08   19/10   29/05

Zugazart

Publicado el 12/02

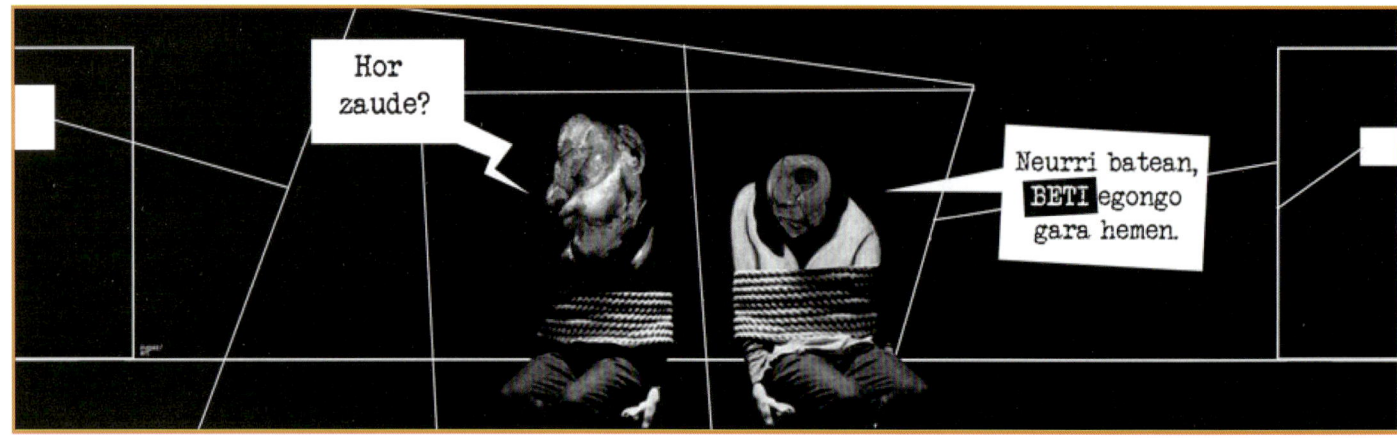

RECONOCIMIENTO OFICIAL DE LA TORTURA EN NAFARROA

Aitor AGIRREZABAL

El Instituto Vasco de Criminología de la UPV entregó el 9 de enero al Gobierno navarro el informe sobre las torturas sufridas por ciudadanos navarros en el periodo 1960-2015. El equipo liderado por el forense Paco Etxeberria acredita 1.068 casos.

El informe señala que entre 1979 y 2015 se han identificado 676 personas que denuncian haber sufrido torturas y otros malos tratos en Nafarroa. Se estima que el número de casos alcanzará la cifra de 825 (676 + 22%), dato que se proyecta como resultado de los expedientes actualmente analizados e insertados en la base de datos

Comparecencia masiva de personas torturadas.   ANDONI CANELLADA | FOKU

(532 casos registrados que corresponden a 434 personas). La suma de los datos obtenidos en la investigación anteriormente realizada (1960-1978) y la actual

(1979-2015), arroja una cifra final proyectada que superaría los 1.068 casos sobre 891 personas afectadas para el periodo de tiempo 1960-2015.

La Red de Personas Torturadas de Nafarroa ha seguido trabajando y se cuenta con un censo de 300 personas más, una cifra que es posible que siga aumentando, ya que tienen constancia de «otras 150 personas que sufrieron torturas, pero con las que no conseguimos contactar».

A su vez, 49 personas torturadas en las últimas décadas han sido reconocidas por el Gobierno de Lakua en función del informe de la comisión de valoración de este año. Hay unas 700 solicitudes sobre la mesa en total. Lejos de la realidad, porque el estudio inicial del Instituto Vasco de Criminología acreditó 4.113 casos ya en 2017.

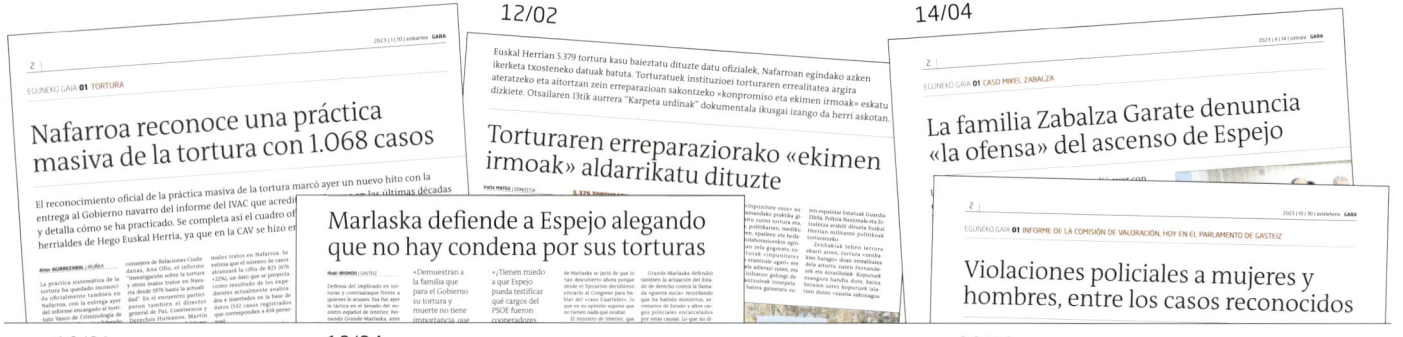

Zugazart

Publicado el 01/11

Entre julio de 2022 y julio de 2023, periodo de trabajo que abarca este informe, se resolvieron 131 expedientes, de los cuales 66 han concluido con la propuesta de reconocimiento como víctima, y de ellas 49 sufrieron torturas en diferentes décadas.

En el extremo contrario se pueden situar los ascensos en la Guardia Civil de agentes implicados en casos de tortura. El 30 de marzo, compareció en el Congreso de los Diputados el Mando de Apoyo de la Guardia Civil, el teniente general Arturo Espejo, para hablar de las presuntas irregularidades en las adjudicaciones de obras de reparación y reformas en trece cuarteles de la Guardia Civil.

El ahora teniente general participó en 1985 en la muerte por torturas de Mikel Zabalza. Siendo teniente en Intxaurrondo, era el instructor y uno de los tres guardias que, según la increíble versión oficial, acompañó a buscar el supuesto zulo de Endarlatsa a Zabalza. Hoy es oficialmente reconocido que Mikel Zabalza falleció a causa de las torturas que le infligieron.

El 15 de febrero la ministra española de Defensa, Margarita Robles, ascendió a Espejo a teniente general, que es el mayor rango de los existentes en la Guardia Civil. Tan solo hay cinco tenientes generales. Casi de inmediato, el ministro de Interior, Fernando Grande-Marlaska, lo nombró jefe del Mando de Apoyo, que es uno de los cuatro integrantes de la cúpula de la Guardia Civil.

44,2%

La violencia sexual fue descrita en el 44,2% de los casos denunciados. Además de la desnudez forzada, se han registrado humillaciones, golpes en los genitales, tocamientos y, de forma minoritaria, introducción de objetos por la vagina y el ano.

74,1%

En el 74,1% de los casos se recogen amenazas, que incluyen «simulacros de ejecución» en un 12,6%, así como «técnicas psicológicas específicas», obligación de ratificar confesiones falsas u ofertas de colaborar con los cuerpos policiales.

5 resoluciones

De las nueve resoluciones del Tribunal de Estrasburgo contra el Estado español por sumarios relacionados con la tortura, cinco corresponden a casos navarros que afectan a seis personas: Oihan Ataun, Jon Patxi Arratibel, Xabier Beortegi, Igor Portu, Mattin Sarasola e Iñigo González.

Casos de tortura en Nafarroa 1960 - 2015

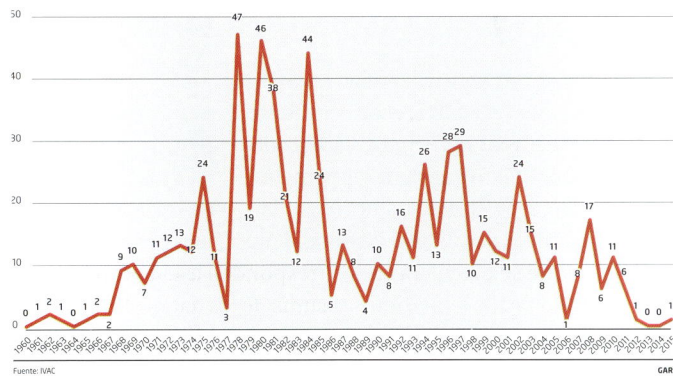

Fuente: IVAC

GARA

01/11

Con medio siglo de retraso en buena parte de los casos, el Gobierno de Lakua reconoció ayer como víctimas de violencia estatal a 66 personas, 49 de ellas torturadas. «Tardamos en escuchar y actuar», admitió la consejera de Justicia, Nerea Melgosa, en ausencia llamativa del lehendakari Iñigo Urkullu. Cuatro testimonios resumieron un dolor agravado por la desatención oficial.

«Tardamos en escuchar y actuar», dice Lakua a torturados, sin Urkullu

Torturaren Nazioarteko Egunerako deitua zegoen biktimak aitortzeko ekitaldia, baina «polemikarik ez sortzeko» eta «biktimak instrumentalizaziotik kanpo uzteko, atzeratu egin du Lakuako Gobernuak. Iñigo Urkullu atzo Legebiltzarrean adierazi zuenez. Miren Gorrotxategik erabaki uhertzea zaila dela aurpegiratu zion lehendakariari.

«Polemikarik ez sortzeko» atzeratu du Urkulluk torturatuak aitortzeko ekitaldia

03/02

Auzitegi Gorenak Iratxe Sorzabalen helegitea atzera bota eta iaz ezarri zitzaion 24 urteko zigorra berretsi zuen. Presoak salatutako tortura epaiketan ez direla frogatua gelditu argudiaturik igorri zuen ebazpena.

Sorzabalek jasandako torturak frogatu gabetzat jo dituzte

GARA 2023|7|29|Iruñea

Euskal Herria | 11

La ONU toma en cuenta los 5.379 casos de tortura y pide investigación a Madrid

El Comité contra la Tortura de la ONU estudia periódicamente...

30/09

Una Cruz de Plata impuesta, colofón a la tortura impune de Sánchez Corbí

Ramón SOLA | DONOSTIA

El guardia civil Manuel Sánchez Corbí pese a la condena por torturas dictada en 1998. Llene también cinco Cruces al Mérito de la Guardia Civil con distintivo rojo y la interrupción de su carrera, otro...

INDULTADO

Condecoraciones no le faltan a Sánchez Corbí pese a la condena por torturas dictada en 1992 al detenido Kepa Urra en Bizkaia. Ello no solo no supuso el apartamiento de sus funciones o la interrupción de su carrera, sino...

«No tener delitos» El reglamento de la concesión de con-...

el del rescate del secuestrado exjefe de ETA José Antonio Ortega Lara. Un sindicato policial ha definido como «el mayor del general Rodríguez Galindo»...

GARA 2023|4|5|astearte

13

EUSKAL HERRIA

Otros dos implicados en torturas entre los generales de la Guardia Civil

17/06

29/07

05/04

Tasio

NO ME LLAMES X

TASIO

EL RECONOCIMIENTO DE VIOLENCIA ESTATAL
AVANZA A TROMPICONES

Ramón SOLA

La botella ha empezado a llenarse, pero casi gota a gota, en el caso del reconocimiento oficial a las víctimas del Estado. Para empezar, llama la atención que no sea el perpetrador, el Estado, el que la haga, sino los gobiernos autonómicos de Lakua e Iruñea, si bien

Plataforma ciudadana para defender la memoria del militante Josu Mujika, muerto en 1975, que este año fue reconocido por Lakua como víctima. JON URBE | FOKU

ello llena al menos el vacío y el desprecio que han acompañado desde siempre a estas personas. En este sentido, es una noticia que la consejera de Justicia de Lakua, Nerea Melgosa, proclamara en el acto del Kursaal de octubre que «con la tortura tardamos en escuchar y en actuar».

Ese día fueron reconocidas oficialmente 66 personas víctimas de crímenes de Estado, heridas en cargas o torturadas. Entre ellas está Joxi Zabala, aunque no todavía Joxean Lasa por cuestión de plazos; un caso «fácil» en el fondo porque es de los pocos que cuenta con sentencia judicial. Más importancia puede tener, por ejemplo, el de la muerte de Iñaki Etxabe en Kanpazar en 1975, ahora reconocida como obra del Estado.

El proceso arranca ahora también en Nafarroa, tras no pocas trabas como recursos judiciales. Y se acompaña al fin de un informe oficial sobre la tortura, que recoge un millar de casos cinco años después de que el mismo equipo del IVAC refiriera más de 4.000 en la CAV.

Volviendo a Gasteiz, el informe de la Comisión de Valoración de estos casos destacó por su contundente denuncia de que faltan medios y sobran boicots judiciales, lo que amenaza con que el proceso pueda alargarse hasta 2030 y quedar incompleto. Demandaron además cambios no solo en procedimientos sino en la ley de base, que por ejemplo no contempla indemnizar a personas torturadas si no se acreditaran daños permanentes.

Las dudas sobre la implicación real de la Administración que dirige Iñigo Urkullu con estas víctimas del Estado aumentaron a

Concentración para exigir justicia por la masacre de Pasaia; comparecencia de Egiari Zor y de la Red de Torturadxs de Nafarroa; Comisión de Valoración de Víctimas Estatales, que ha reconocido 66 casos; y el teniente general Arturo Espejo, de civil, en su comparecencia en el Congreso.

<small>Gorka Rubio, Idoia Zabaleta, Jaizki Fontaneda | foku / Eduardo Parra | europa press</small>

raíz del episodio de la bahía de Pasaia: las familias no habían sido informadas de que existía un informe oficial que acreditaba la que se trató de una «ejecución extrajudicial», por lo que pidieron explicaciones y hubo una especie de disculpa oficial.

No obstante, es el Estado que ejerció esa violencia quien tiene la asignatura principal pendiente. Este año ha seguido sin reformarse la Ley de Secretos Oficiales (vigente desde 1968) que podría arrojar algo de luz sobre estos casos. Y causó estupor, o no, conocer en abril que a la cúpula de la Guardia Civil ha sido incorporado el teniente general Arturo Espejo, uno de los implicados en la muerte de Mikel Zabala en Intxaurrondo.

07/08

03/04

05/06

26/06   01/04   11/11

Zugazart

04/15ean argitaratua

LEGE BERRIA AURRERA,
HERRIEN LANA ATZERA

Ramón SOLA

Gorabehera handiak ditu oraindik ere memoriaren aldeko lanak, «kontakizunaren bataila» delakoak etenik ez duelako. Aurrerapausoen artean, Gasteizko Legebiltzarrak onartutako Oroimen Historiko eta Demokratikoaren Legea nabarmendu behar da, baina atzerapausotzat har daitezke zenbait herritako ekarpenei jarritako oztopoak.

Kanpaina politiko-mediatiko zalapartsuak bete-betean jo zuen EAJko eta EH Bilduko zenbait udaletxek egindako lana, Erandio eta Galdakao esaterako. Aranzadi zientzia elkartea ere susmopean jarri zuten, indarkeria mota ezberdinetako biktimak nahasi edo maila berean jartzen zituela leporatuz. Lana Gogoraren irizpideetan oinarritzen bazen ere, azkenean liskarrak indargabetzeko hautua gailendu zen, eta web orri horiek itzali egin zituzten udal gehienek. Atzean dagoen elkarlana zabala eta luzea den arren, «kontakizunaren bataila» horren aitzindariek ezabatu egin zuten inolako damurik gabe.

PP, Vox eta Cs-k ezin izan zuten eragotzi, hala ere, Gasteizko Legebiltzarrak erdietsitako lege berria, eta aurkako botoa ematearekin konformatu behar izan zuten. Nerea Melgosa Justizia arloko sailburuak nabarmendu zuenez, arau berriak «biktimak banaka eta modu pertsonalizatuan aintzatestea» ahalbidetuko du, «printzipio eta askatasun demokratikoen alde borrokatu ziren erakunde politiko eta sindikalei bidalitako dokumentu ofizial baten bidez».

Era berean, 1936ko Gerran desagertutakoak DNA Banku bat sortzea ekarriko du, bai eta Memoria Historikoaren Dokumentazio Zentroa eratzea ere. Honekin, beraz, azkenik arlo instituzionaletik bultzada handia ematen zaio bere garaian herri ekimen bidez bereziki abiatu zen lanari.

Azken hau oso nabaria izan da Nafarroan azken hamarkadetan. Gaur ere Maria Chivite buru duen Gobernuak hartu du lan hauen gidaritza. Horren ondorioz, 1936an desagertu eta hurrengo urteetan agertutako gorpuzkiak identifikatzen ari dira etengabe, eta beren senideei ematen, emozio handiko ekitaldi xumeez.

Herri ekarpenak osatzen du ahalegin ofizial hori. Esaterako, maiatzean, urtero bezala, Ezkabako iheseko hildakoak omendu

Tasio

04/16ean argitaratua

zituzten gotorleku zaharrean. Emakumezkoek preso haiei eman zieten laguntza nabarmendu behar izan zuten, ikerketek frogatu dutenez sostengu hura askori bizitza salbatzeko erabakigarria izan baitzen.

Hilabete bat lehenago Gernikan bonbardaketa oroitu zuten, eta aurreneko aldiz ministro espainiar bat ekitaldira etorri zela albiste bilakatu zen. Felix Bolañosek, Presidentzia arloko arduradunak iragarri zuen Gernika izango dela Estatu osoko «lehenengo Memoria Lekua».

04/17   04/27   10/21

11/11   05/22

Tasio

Publicado el 15/01

EL CASO "DE MIGUEL" EUSKADI: AUZOLANA.

TRECE AÑOS DESPUÉS,

DE MIGUEL DEJÓ LAKUA Y ENTRÓ EN PRISIÓN

Ion SALGADO

En marzo de 2010 agentes de la Ertzaintza detuvieron en Gasteiz a Alfredo de Miguel, diputado de Administración Local, por delitos de corrupción. Trece años después, el 6 de julio de 2023, el dirigente jeltzale entró en Zaballa para cumplir una pena de 12 años y 4 meses, con un máximo efectivo de 9 años.

También fueron encarcelados en el penal alavés Xabier Sánchez Robles, exdirector de Juventud de Lakua, condenado a 7 años y 1 mes de cárcel por prevaricación, malversación, tráfico de influencias y asociación ilícita; y Koldo Ochandiano, exburukide sobre el que pesa un castigo de 7 años y 6 meses de prisión, que quedan limitados a 6 años y 9 meses de cumplimiento efectivo.

Su entrada en prisión se produjo después de que el Tribunal Supremo ratificase las principales penas impuestas por la Audiencia de Araba a los implicados en el "Caso De Miguel", entre los que figura Aitor Telleria. Condenado a 5 años, 1 mes y 15 días de prisión, ingresó en Zaballa en noviembre, después de que los jueces rechazasen suspender la pena por motivos de salud.

Según la nota del Tribunal Supremo, De Miguel, Ochandiano y Telleria, «prevaliéndose de su capacidad de influencia política como miembros de la ejecutiva alavesa del PNV y de su compañerismo político con personalidades que ocupaban puestos de relevancia en la administración autonómica y municipal, se concertaron para favorecer que determinados organismos de la administración adjudicaran contratos de obras o de servicios a empresarios que estuvieran dispuestos a pagarles una comisión».

La condena en firme dejó sin trabajo a De Miguel, que desempeñaba un cargo de responsabilidad en la entidad pública Itsas Garapen Elkartea, con un suelo anual de 57.000 euros.

El "Caso De Miguel" dejó en un segundo plano otras corruptelas, como la protagonizada por Ana Urchueguía, alcaldesa de Lasarte-Oria por el PSE entre 1986 y 2010.

En verano fue condenada a 18 años de inhabilitación para el ejercicio de cargo público por prevaricación y malversación de fondos públicos en la gestión de las ayudas destinadas a proyectos de cooperación en Somoto (Nicaragua). Evitó la prisión gracias a un acuerdo con la Fiscalía y las acusaciones, ejercidas por el Ayunta-

11/01   18/05   06/07   07/07   23/03

Zugazart

Publicado el 17/03

Publicado el 10/02

miento de Lasarte-Oria y el exalcalde de EH Bildu Pablo Barrio.

Está por ver qué ocurrirá en Alonsotegi, donde han sido procesados tres exalcaldes del PNV. En 2022 fue condenado José Luis Erezuma, primer edil entre 2011 y 2015, que llegó a un acuerdo con la acusación ejercida por EH Bildu. Ahora será Aitor Santisteban, alcalde entre 2007 y 2011, quien se siente en el banquillo por el cobro de 2,2 millones en subvenciones por obras que no se ejecutaron. La Fiscalía pide 7 años de cárcel.

El Ministerio Público también investiga a Amaia Barredo, diputada de Medio Ambiente de Araba, por un delito de prevaricación relacionada con Valogreene Paper, una planta prevista en Bergara para revalorizar residuos de la industria papelera.

18/12   21/08

EN BUSCA
DE SU ESPACIO

Martxelo DÍAZ

UPN llega al reto de sustituir a Javier Esparza como líder en uno de los momentos más complicados de su historia. En el congreso previsto para abril de 2024 deberá además redefinirse y analizar sus políticas de alianzas. Ha sufrido fugas de militantes hacia el PP encabezadas por Sergio Sayas y Carlos García Adanero. Ha perdido cotas de poder, ya que esta es la tercera legislatura fuera del Gobierno navarro. Además, ha perdido el Ayuntamiento de Iruñea. La reacción furibunda y exacerbada de sus líderes le escora a la derecha impidiendo llegar a acuerdos más allá del PP y Vox, insuficientes para gobernar. Frente a ellos, el resto sabe dialogar.

Concentración de UPN en Iruñea contra la moción de censura a la alcaldesa Cristina Ibarrola. Iñigo Uriz | FOKU

VIEJOS ROSTROS
PARA RENOVAR AL PP VASCO Y NAVARRO

Javier de Andres y Alberto Nuñez Feijóo en el Congreso del PP.
Jaizki Fontaneda | FOKU

Aritz INTXUSTA

Los exdirigentes de UPN Carlos García Adanero y Sergio Sayas ingresaron en el PP navarro en enero. Acto seguido, iniciaron una agresiva política de captación entre militantes regionalistas con relativo éxito en Iruñea. Los resultados en los comicios de mayo fueron, a pesar de entrar Adanero en el ayuntamiento de Iruñea y tres escaños en el Parlamento foral, mediocres conforme a las expectativas. Mejor le fue a Sayas, que superó al candidato de UPN en las españolas de julio. El PP vasco, por su parte, asumió el fracaso de la recuperación de Carlos Iturgaiz y se renovó a la búlgara para encarar las elecciones de 2024. Javier de Andrés, exdelegado del Gobierno con Mariano Rajoy y exdiputado general de Araba, salió elegido líder.

04/10   14/10

PASOS EN LAS URNAS Y EN LAS CALLES HACIA LA «NACIÓN VASCA»

Aberri Eguna en Iruñea organizado por EH Bildu. JAIZKI FONTANEDA | FOKU

Ion SALGADO

EH Bildu ha vivido un excelente año electoral. Fue la primera fuerza en los comicios locales, rozando los 370.000 sufragios; y obtuvo 56.000 votos más que hace cuatro años en las elecciones estatales.

Este apoyo se ha dejado notar en las calles, con marchas multitudinarias en Iruñea, con motivo de Aberri Eguna, y Bilbo, donde el 19 de noviembre miles de ciudadanos convirtieron la calle Au-

tonomía en «la calle de la nación vasca, de Santi y Josu, de la independencia, de la izquierda, la calle de Palestina».

«Zuok, utopikoak, ekarriko duzue Euskal Herriaren askatasuna!», proclamó Arnaldo Otegi empleando las palabras de Telesforo Monzón.

10/04

19/11

«AITZINA GOAZ»,
IPAR EUSKAL HERRIAN AGENDA PARTEKATU BERRI BAT ADOSTEKO GIDA

Maite UBIRIA BEAUMONT

Erabakimen ahalik eta handiena lortzeko xedez, «estatus politiko-instituzionalaren aldaketa» bideratzea ezinbestekotzat jo zuen Euskal Herria Baik «Aitzina goaz» dokumentuan.

Erabakimen ahalik eta handieneko xedez, «estatus politiko-instituzionalaren aldaketa» bideratzea ezinbestekotzat jo zuen Euskal Herria Baik «Aitzina goaz» dokumentuan.

Batera plataforma erreferente gisa harturik, «agenda partekatu eta berritu» bat adosteko beharra defendatu zuten ezkerreko abertzaleek 2022ko azaroaren 26an Baio-

nan eginiko I. Kongresuan onartu zuten txosten horretan.

Bide-orria zehazte aldera, joan den abenduan Hazparnen eginiko Biltzar Nagusian 2023-2026 epealdirako plangintza onartu zuen EH Baik.

Euskal Elkargoa gaindituz bilakaera instituzionalari buruzko «proposamena fintzeko eta adosteko lana» hobetsiko dute ezkerreko abertzaleek hasi berri den urtean.

EH Bairen Biltzar Nagusia Hazparnen.
GUILLAUME FAUVEAU | FOKU

12/05

09/10

ESKUINARENGANDIK BEREIZTEKO LEHEN KEINUA?

Maria Chivite eta Ramon Alzorriz.   JAGOBA MANTEROLA | FOKU

len, eta horren adibide nagusia da Nafarroako hiriburuan izandako zentsura mozioa. Joseba Asiron subiranista Iruñeko alkate berria da, PSNren botoekin. Babes horrek agerian utzi du badagoela bestelako aliantzak sortzeko aukera. Izan daiteke eskuinarengandik bereizteko lehen keinua?

06/16

03/28

Ion SALGADO

PSEk eta PSNk harreman estua izan dute eskuinarekin historikoki. Maiatzeko hauteskundeen ondoren, PSEk eta EAJk be-

rritu egin zuten bien arteko akordioa, aldundietan eta hiriburuetako udal gobernuetan eserlekuren bat izateko, eta Nafarroan eskuinaren esku utzi zi-

tuzten Eguesibar, Barañain, Lizarra eta Zangozako alkatetzak, baita Iruñekoa ere.

Udaz geroztik, ordea, aldaketa sumatu da Madri-

DE LA UNIÓN
AL DIVORCIO
EN APENAS MEDIO AÑO

David Soto, Pilar Garrido y Garbiñe Ruiz, en una rueda de prensa.
JAIZKI FONTANEDA | FOKU

Ion SALGADO

El fin de la legislatura estatal marcó la desaparición de Unidas Podemos y la irrupción de Sumar en el Congreso. El proyecto liderado por Yolanda Díaz se presentó a los comicios del 23J de la mano de la formación morada, que mostró sus primeros recelos en la elaboración de las listas, denunciando el «veto» a Irene Montero.

Lejos de mejorar, la situación empeoró tras la formación del Gobierno, y el 5 de diciembre los cinco diputados de Podemos decidieron pasar al Grupo Mixto. «Hemos intentado hacer todo lo posible pero se ha demostrado imposible», dijo Javier Sánchez Serna.

El divorcio se confirmó en Galiza, a la espera de lo que pueda ocurrir en la CAV.

14/11

06/12

07/28   09/30

AITZAKIAK
DATUEN AURREAN

Ion SALGADO

EAJk 86.000 boto baino gehiago galdu zituen maiatzean izandako udal hauteskundeetan. Eta beherakada nabariagoa izan zen uztailean egindako hauteskunde orokorretan. Jeltzaleek 103.220 boto galdu zituzten Hego Euskal Herrian, 2019ko hauteskundeekin alderatuz.

Alderdiko buru Andoni Ortuzarrek uko egin zion autokritika egiteari. «Polarizazio baten erdian egoteak kalte egin digu», adierazi zuen hasiera batean, eta ondoren Iñigo Urkullu lehendakariak EAJren aurkako kanpaina bat sumatu zuen: «Gure bila datoz».

Azkenean, EAJk hautagai zerrenda berritzea erabaki zuen aurten izango diren hauteskundeei begira. Hala, Urkullu ez da hautagai izango, ezta Joseba Egibar ere. Ortuzarrek, oraingoz, jarraitu egingo du.

Itsaso Atutxa, Iñigo Urkullu eta Andoni Ortuzar, Sabino Aranaren heriotzaren 120. urteurreneko ekitaldian. Marisol Ramirez | FOKU

BATACAZO ELECTORAL DE GEROA BAI, ## QUE CONSERVA COTA DE PODER

Acto de Geroa Bai durante la campaña electoral autonómica.
Iñigo Uriz | FOKU

Aritz INTXUSTA

Geroa Bai perdió en las elecciones forales la primacía entre las fuerzas abertzales. El *sorpasso* por parte de EH Bildu (que sacó 9 parlamentarios, frente a los 7 de Geroa Bai) se intuía en los sondeos y era un hecho consolidado en las elecciones españolas y en las municipales previas. Los resultados en clave interna para la formación de Uxue Barkos tras cuatro años coliderando el gobierno fueron preocupantes, pues perdieron más de uno de cada cuatro votantes. Aun así, repitieron como segunda fuerza en el segundo gobierno de coalición de María Chivite. Barkos, la figura política en torno a la cual se sostiene la coalición, dejó su puesto como parlamentaria foral para marcharse de senadora autonómica a Madrid.

01/08   23/05

12/21   09/24

AUKERA BERRIAK,
NAZIO KONFERENTZIAN AIPAGAI

Ramón SOLA

Sortuk irailean VI. Nazio Konferentzia ospatu zuen Arrasaten. Krisi ezberdinek ezaugarritutako agertokia marraztu zuen Arkaitz Rodriguez idazkari nagusiak bere hitzaldian, baina aukera berriak mahai gainean direla erantsi zuen.

Sortuk «positibotzat» jotzen ditu maiatzaren 28ko eta uztailaren 23ko hauteskundeetako emaitzak, Euskal Herrian eraldaketa aukera indartu delako eta ultraeskuinari bidea itxi zaiolako, hurrenez hurren. Gainera, lurralde auziari Estatu mailan heldu beharko zaiola ondorioztatu du. Horretan eragiteko indarrak metatzen segitzeko apustua berretsi du Sortuk. Herri aktibazioari dagokionez, udazkeneko mobilizazio ziklo oparoa iragarri du.

Sorturen Nazio Konferentzia Arrasaten.   ARITZ LOIOLA | FOKU

10 URTEZ ERNAI

Ernairen Gazte Topagunea Elorrion.   JAIZKI FONTANEDA | FOKU

Iraitz MATEO

«Bizitzeko modu bat» aldarrikatuz hasi zuen urtea Ernai Gazte Antolakundeak. Martxoan bete zituen 10 urte, eta milaka gazte independentistekin urtemuga ospatzeko Elorriora itzuli zen Gazte Topagunea. Arrakastak erakutsi zuen euskal gazteria bizirik dagoela. Urte guztian zehar «bizitzeko modu» hori berretsi zuten, bizitza konprometitu eta militantean. Gazteei «bizi espektatiba guztiak lapurtu» dizkietela salatu zuten, sistemak prekaritatera eta osasun mental kaskarrera kondenatu dituztela. Horri aurre egiteko, herriz herri antolatzeaz gain, bestelako ekimenekin bat egin zuten, zorrotz eta irudimentsu: A30eko greba orokor feministaren bezperan «neska gazteak salgai» zeudela erakutsi zuten.

04/07   10/25

EH BILDU PRESIDE POR PRIMERA VEZ LA FNMC

A la izquierda, Xabier Alkuaz, alcalde de Tafalla, al ser elegido presidente de la FNMC. A la derecha, toma de posesión de la nueva presidenta de Eudel, Esther Apraiz. Íñigo Uriz, Jon Urbe I foku

Asier ROBLES

Xabier Alkuaz, alcalde de Tafalla por EH Bildu, fue elegido en octubre como presidente de la Federación Navarra de Municipios y Concejos (FNMC). Lo hizo con 755 votos, frente a los 443 de Alejandro Toquero, alcalde de Tutera que proponía UPN, y los 40 que recibió la alcaldesa de Barañain. Además de numerosos apoyos de independientes y de Geroa Bai, Alkuaz fue respaldado por los ayuntamientos del PSN, lo que supuso un giro sustantivo en la estrategia de pactos de este partido, que dos meses más tarde se confirmó con la moción de censura de Iruñea. Además, en su pataleta UPN anunció que se marchaba de la federación.

Alkuaz marcó sus objetivos en torno a la despoblación, el desarrollo económico equitativo y la adecuada financiación local. Defendió como una de sus prioridades fomentar la participación ciudadana, así como la defensa de los derechos lingüísticos.

En la CAV también hubo un gran acuerdo a la hora de elegir a la presidenta de Eudel. PNV, EH Bildu, PSE y entidades independientes acordaron una candidatura conjunta para nombrar a Esther Apraiz, alcaldesa jeltzale de Derio. En virtud del mismo acuerdo, fueron elegidos vicepresidentes la alcaldesa de Azpeitia, Nagore Alkorta (EH Bildu), y el de Irun, José Antonio Santano (PSE).

Apraiz propuso «trabajar conjuntamente todos los municipios por nuestros objetivos comunes, el bienestar de la ciudadanía y la calidad de vida». Alkorta apostó por mejorar la financiación municipal para mejorar y hacer más eficientes los servicios.

300
de partida

EH Bildu partía con unos 300 votos ponderados de partida. Esto refleja que no solamente tuvo con los apoyos de PSN y Geroa Bai, sino que además de ello cuenta con la simpatía de la mayoría de las candidaturas independientes.

1.547
votos totales

Nadie se esperaba ayer que la presidencia de la FNMC se fuera a decidir en una única votación. Solo se logra eso cuando se obtiene mayoría absoluta no de los votos emitidos, sino de todos los posibles (incluyendo los pueblos que no acuden) que son 1.547. Sin embargo, Alkuaz se quedó tan cerca de esos 774 que se decidió no proceder a la segunda vuelta.

690
votos en 2019

En la elección del presidente de la FNMC de 2019, el independiente Juan Carlos Castillo recibió 690 votos, 65 menos que Alkuaz. Por su parte, Toquero perdió 39 votos con respecto al candidato que presentó UPN en 2019, Mario Fabo (443 frente a 492)

20/09

07/10

GASTEIZKO LEGEBILTZARREAN %77
ERABAKITZEKO ESKUBIDEAREN ALDE

Gure Eskuren batzar nagusia etorkizuneko lana zehazteko eta zuzendaritza berria aurkezteko.

RAUL BOGAJO | FOKU

Iraitz MATEO

Herri izaera ikusarazi eta erabakitzeko eskubidea aldarrikatzea txirrindularitzarekin lotuta joan dira 2023. urtean. Gasteizko Legebiltzarrean abiatu zen etapa, eta oraindik ez da helmugara iritsi; denek badakite ez dela erlojupeko lasterketa, baina Gure Esku epe mugak markatzeko beharra nabarmendu du.

Urtarrilaren 5ean, Juan Carlos Borboikoaren urtemugan, Elkarrekin Podemos-IUk diktadura frankistaren oinordekoa den monarkiaren aurkako proposamen bat aurkeztu zuen Gasteizko Legebiltzarrean. Eztabai-

dak martxoan izan zuen jarraipena, EAJk, EH Bilduk eta Elkarrekin Podemos-IUk erabakitzeko eskubidearen eta errepublikaren aldeko ituna sinatu zuten: «Estatuaren forma politikoa aldatzeko aukera, errepubliken aukera gehituz».

Legebiltzarraren %77aren babesa jaso zuen proposamenak. «Estatuaren izaera plurinazionala eta, ondorioz, herrien erabakitzeko eskubidea aitortzea» jasotzen zuen. Uztailaren 23ko hauteskundeek markatu zuten hurrengo etapa. Euskal Herriko zein Kataluniako alderdiek bertan egin zuten Estatu espainolaren izaera aldatzeko aldarria; eta askok diote bertatik igarotzen dela helmugara iristeko bide laburrena. Hauteskunde emaitzek erretratatu zuten egoera, Euskal Herriak zein Kataluniak kolore berezia eta berezitua baitzuten emaitzen mapan. Hala ere, udazkena heltzean, Alberto Nuñez Feijook Gernikara bisita egin zuen, erabakitzeko eskubidearen inguruan zabaldutako ikuspegi baikorra suntsitzeko asmoz aritu zen: «Euskal Herriak ez du erabakitzeko eskubiderik».

Lasterketa batean baino gehiagotan jokatu behar izaten du txirrindulariak, ordea, eta Gure Eskuk ere bere etapa propioak markatuak zituen urte hasieratik. Otsailean, Gasteizko Legebiltzarrean 21.389 sinadura aurkeztu zituen: «Erreferendum bidez erabakitzearen aldeko atxikimendu eta konpromiso pilaketa masiboa izan zen».

Gure Esku, hamar urte betetzean, Irlandara, Eskoziara eta Kataluniara begira jarri

zen, ingurukoek lasterketak nola prestatzen dituzten jakitea beharrezkoa izaten baita. Gauza bera egin zuen EH Baik irailean, «Estaturik gabeko nazioan aitortza lortzeko estrategiak» izeneko topaketak antolatu baitzituen Itsasun. Estatu frantsesak 2024. urtean aitzineratu dezakeen Konstituzio aldaketaren testinguruari begira jarri ziren, etapa esangurasua izan daitekeen ustean. Eta Frantziaren menpeko herrialdeetan aitortza politikoa lortzeko martxan jarri diren egitasmoak partekatu eta bateratzeko baliatu zuten hitzordua.

Frantziako Tourraren eta Espainiako Vueltaren txanda iritsi zen gero; «Euskal Herritik igarotzean, ikurrinez osatutako olatu bat» sortzeko asmoa jarri zuen mahai gainean Gure Eskuk, eta baita lortu ere. 584,5 kilometro ikurrinez bete eta erabaki-

Goian,Gure Eskuk antolatutako kalejira Tourrean. Ondoan, Josu Etxabururen agerraldia Gasteizko Legebiltzarrean, eta erabakitzeko eskubideari buruzko eztabaida Parlamentuan.

GORKA RUBIO, JAIZKI FONTANEDA, RAUL BOGAJO | FOKU

tzeko eskubidearen aldarria zabaldu baitzuten. Hori izan zen munduko txirrindularitzaren jarraitzaileei helarazitako mezua: hemen herri bat dago.

Ez da etapa bukatu, are gutxiago lasterketa. Baina Gasteizko Legebiltzarrean %77aren babesa, 21.389 sinadura eta 584,5 kilometro ikurrinaz beterik, ez da emaitza makala.

12/03

09/17

10/24   09/11   07/05

Tasio

Publicado el 23/04

OSAKIDETZA SE HA CONVERTIDO EN UN PROBLEMA

Iñaki IRIONDO

La Sanidad Pública de la CAV, que fue en su momento «la joya de la corona» de la Administración Pública, se ha convertido en un problema que durante 2023 pasó del comentario en familia o en la cuadrilla a las encuestas de opinión. Tanto el Sociómetro del propio Gobierno de Lakua como el Deustobarómetro señalaron Osakidetza como el segundo problema para la ciudadanía, después del paro.

La respuesta del lehendakari, Iñigo Urkullu, fue negar la realidad y negar que se esté dando un declive en Osakidetza. Para él todo son obsesiones de la oposición –sobre todo de EH Bildu–. Por ejemplo, ante esos datos, aseguró en el Parlamento que en los diez últimos años el presupuesto de Sa-

lud ha crecido un 43%. Pero si esa es su respuesta, debería preguntarse por qué en esa década quienes ven Osakidetza como problema han crecido nada menos que un 483%.

En 2023 la imagen pública y los datos que ofrece el propio Departamento de Salud no han hecho más que empeorar. Se alargan las listas de espera y se multiplican las quejas firmadas ante Osakidetza. En el Pleno de Política General que abrió en setiembre el curso político, el lehendakari esbozó una especie de autocrítica y anunció una corrección, por ejemplo, de las listas de espera.

Pero la cuestión está en cómo lo está haciendo. GARA ya dio cuenta de que, por ejemplo en Gipuzkoa, la «solución» de Osakidetza era enviar lotes de pacientes a clínicas privadas para que fueran operados allí.

Se solicitó a las OSI que estimaran el número de estos lotes en distintas especialidades como oftalmología y prótesis. Después,

la Consejería de Gotzone Sagardui vino a confirmar esa información con el dato brutal de que solo entre el 14 de julio y el 14 de noviembre había derivado a la privada 651 operaciones, que ya son en solo cuatro meses un 1.128,3% más que en todo el año pasado.

Situación en las listas de espera de Osakidetza

> LISTA DE ESPERA QUIRÚRGICA	31 de diciembre de 2021	31 de diciembre de 2022	Variación anual
Total de pacientes	21.707	23.029	+1.316
Tasa por 1000 habitantes	9,73%	10,29%	+0,56%
Espera de más de 6 meses	7,0%	7,1%	+0,1%
Tiempo medio de espera	71 Días	73 Días	+2 Días

> LISTA PARA PRIMERA CONSULTA CON EL ESPECIALISTA	31 de diciembre de 2021	31 de diciembre de 2022	Variación anual
Total de pacientes	32.703	56.179	+23.476
Tasa por 1000 habitantes	14,66%	25,11%	+10,45%
Espera de más de 60 días	14,5%	28,6%	+14,1%
Tiempo medio de espera	34 Días	48 Días	+14 Días

Fuente: Ministerio de Sanidad-Sistema de Información sobre Listas de Espera · **GARA**

DECLARACIONES

«Es el momento de que la sanidad pública se convierta en una verdadera prioridad para el Gobierno Vasco»

ESTHER SAAVEDRA
Portavoz de ELA

«No hay ni un solo caso en el que un servicio de titularidad pública se haya privatizado»

GOTZONE SAGARDUI
Consejera de Salud

«La ciudadanía está notando la pérdida de servicios en la sanidad y la situación del personal»

AMAIA MAYOR
Portavoz de Satse

«Se ha orquestado un desmantelamiento progresivo de nuestra sanidad para que no funcione»

ANA TERE ÁLVAREZ
Portavoz de LAB

Movilizaciones en Bilbo e Iruñea por una sanidad pública fuerte. ARITZ LOIOLA, IÑIGO URIZ I FOKU

Evolución de las listas de espera en Osakidetza

	JUNIO 2019	JUNIO 2021	JUNIO 2022	JUNIO 2023
PARA PRIMERA CONSULTA DE ESPECIALISTA				
Total	34.221	24.179	39.034	69.532
Tasa por 1.000 habitantes	15,51	10,85	17,48	31,08
Media de días de espera	23	24	29	44
% de espera de más de sesenta días	63,7	6,7	11,8	27,0
ESPERA QUIRÚRGICA				
Total	18.357	19.327	22.277	24.333
Tasa por 1.000 habitantes	8,39	8,67	9,98	10,88
Media de días de espera	49	62	64	68
% de espera de más de seis meses	0,0	4,0	3,9	4,5

FUENTE: Ministerio de Sanidad   GARA

Reclamaciones y quejas de pacientes recibidas por Osakidetza

TIPO DE GESTIÓN	2017	2018	2019	2020	2021	2022*
Reclamaciones	22.184	24.472	24.217	20.189	24.726	35.178
Quejas	12.407	11.362	8.229	9.612	10.230	12.250
Total	**34.591**	**35.834**	**32446**	**29.801**	**34.956**	**47.428**
Agradecimientos	1.165	1.183	1.383	1.612	1.606	1.887

Fuente: Departamento de Salud   * En 2022 faltan los datos del mes de agosto   GARA

43%
problema

A la pregunta de cuáles son los principales problemas de la CAV, el 43% de las personas menciona la atención sanitaria. En invierno lo mencionaba el 39%, y hace un año, el 20%. Es el segundo principal problema, solo por detrás de la subida de los precios (45,5%) y a mucha distancia de las demás opciones.

26%
confía igual

Solo el 26% afirma que confía y que «nunca ha dejado de confiar» en Osakidetza, mientras que un 38,3% confía, «pero menos que antes», el 19% está «a punto de perder la confianza», el 13,2% la ha perdido en los dos últimos años y el 3,5% la perdió antes.

82,7%
presencial

Ser atendido presencialmente cuando la situación lo requiere es lo más valorado en la atención sanitaria; un 82,7% lo considera «muy importante». Le sigue, con un 75,8%, «que el personal médico dedique tiempo suficiente a cada paciente», y «lograr una cita médica con cierta rapidez», con un 73,5%.

Además de las protestas sociales de los pacientes que se ven afectados por este deterioro de Osakidetza, que eran difíciles de imaginar en años anteriores, sus trabajadores protagonizaron durante 2023 varias huelgas. En consonancia con la teoría conspiranoide del lehendakari, la consejera de Salud, Gotzone Sagardui, aseguró sobre una de ellas que «esta huelga, en estos momentos, sabemos que se entronca dentro de una estrategia de actuación que a nosotros no nos corresponde valorar, pero no lo olvidemos que estamos en una campaña elecciones municipales». Si esto fuera cierto, la conclusión debería ser más preocupante para el Gobierno. Supondría que miles de profesionales estaban dispuestos a perder dos días de sueldo solo para fastidiar al PNV. ¿Qué les habrán hecho para ello?

29/03

Suben un 220% las quejas al Ararteko por el funcionamiento de Osakidetza

El comité de empresa de la Fundación Miguel Servet, que gestiona la actividad del centro de investigación sanitaria pública, Navarrabiomed, denuncia el proceso para que sea Idisna, que da cabida a la universidad privada, quien gestione la investigación sanitaria pública.

Plante de científicos de Navarrabiomed ante la privatización de la investigación

Aritz INTXUSTA | IRUÑEA

09/06

04/08

Una guía para 57 casuísticas, solución de Sagardui para centros sin médico

Enfermeras de Osakidetza en ambulatorios y PAC están recibiendo una guía que les explica cómo deben actuar si no hay médicos en sus centros de salud, ofreciéndoles pautas para 57 motivos de consulta diferentes. Supone un nuevo paso en la estrategia que verbalizó la consejera de Salud de lakua, Gotzone Sagardui, hace un año y luego intentó rectificar.

EUSKAL HERRIA

Denuncian que Osakidetza cubre la falta de médicos con enfermeras

Osasun Publikoaren Aldeko Herri Plataformak denunció ayer que «Osakidetza ha optado por suplir la falta de personal médico con personal de enfermería» esta Semana Santa. H B

09/04

25/04

EUSKAL HERRIA

Osakidetza dejó en la calle a 3.705 de sus empleados de enero a febrero

Osakidetza tenía 45.323 trabajadores en enero, de los que 38.405 estaban empleados a jornada completa. Apenas un mes después, en febrero, eran 41.618, y de ellos 35.356 trabajaban toda la jornada. Esto supone que en un mes dejó en la calle a 3.705 personas, de las que 3.049 habían estado trabajando a jornada completa. Son datos oficiales firmados por la consejera de Salud.

Zugazart

Publicado el 03/11

RESPONDIENDO A LAS OFENSIVAS
Y FOMENTANDO UNA NUEVA POLÍTICA LINGÜÍSTICA

Maider IANTZI GOIENETXE

En 2023 se intensificaron los ataques judiciales a las vascoparlantes. El año comenzaba con un fallo del Tribunal Superior de la CAV en el que prohibía al Ayuntamiento de Barakaldo pedir el conocimiento del euskara a las y los trabajadores de empresas privadas que ofrecerán servicios municipales. A esta decisión le siguieron las senten-

Multitudinaria manifestación en Bilbo para denunciar los ataques judiciales al euskara. ARITZ LOIOLA | FOKU

cias de Uliazpi y Erandio. En julio, el mismo tribunal anuló la orden de la Ley Municipal de Araba, Bizkaia y Gipuzkoa que abría la posibilidad a los ayuntamientos de funcionar únicamente en euskara. En la misma línea, basándose en los recursos de PP y Vox, en

Zugazart

Publicado el 19/09

octubre derogó varios artículos del decreto sobre la normalización de la utilización de las lenguas oficiales en las instituciones y administraciones de la CAV.

La sociedad tomó conciencia de la gravedad de esas ofensivas judiciales, que no son nuevas en Euskal Herria y que no se pueden separar de las agresiones políticas y mediáticas. Muchos miles de personas salieron a la calle a defender el euskara unido a la justicia social y a la igualdad y la convivencia entre distintas culturas. Una imagen de gran fuerza simbólica fue la de las 125 alcaldesas y concejales de UEMA reunidas en Usurbil para decir «nahikoa da, gu euskaraz gara».

Otra fotografía que guardaron nuestras retinas fue la gran manifestación del 4 de noviembre que llenó la calle principal de Bilbo. 70.000 personas sostuvieron el lema «Oldarraldiaren aurrean, euska-

rarekin bat, euskaraz bat» (ante la ofensiva, junto al euskara, juntas en euskara). La secretaria general de Kontseilua, Idurre Eskisabel, señaló todo el movimiento que está surgiendo de los pueblos, desde los que partieron decenas de autobuses, como muestra del acuerdo social. Añadió que el reto ahora es llevar esa unanimidad a la política. Esa marcha puede ser una buena base, ya que participaron parlamentarios de Iruñea y Gasteiz, sus presidentas, las diputadas generales de Araba y Gipuzkoa, la portavoz de la Diputación vizcaina y los alcaldes de Bilbo y Donostia, entre otras.

El mismo mes tuvo lugar una reunión que no se había celebrado desde hacía 20 años, en el contexto del cierre de "Euskaldunon Egunkaria". Kontseilua acudió a Lehendakaritza para mostrar a Iñigo Urkullu la nece-

sidad de una nueva política lingüística. Le propuso para ello dos cimientos: la universalización del conocimiento del euskara y la creación y ampliación de espacios para utilizar cómodamente este idioma.

Fue la misma petición que le realizó el movimiento en favor del euskara de Ipar Euskal Herria a Euskal Elkargoa: que inicie un diálogo con el Gobierno francés para poner en marcha una nueva política lingüística. Estas declaraciones se escucharon en una manifestación celebrada en abril en Baiona en la que se movilizaron más de 3.000 personas. Antes de partir desde la Suprefectura, recibieron con un fuerte aplauso a las alumnas que salieron en bicicleta desde Bordele para reivindicar su derecho a realizar los éxamenes de *baxoa* en euskara.

30/03   08/07

04/09   23/04   29/11

Zugazart

04/27an argitaratua

HEZKUNTZA,
AKORDIORAKO ESPARRUTIK GUDU-ZELAIRA

Iker BIZKARGUENAGA

Ez da ohikoa izaten Parlamentu bateko gehiengoak lege bat onartzen duenean aurpegi goibelak poz adierazpenak baino gehiago izatea, eta, hala ere, horixe gertatu zen 2023ko abenduaren 21ean Gasteizko Ganberak Hezkuntza Lege berria bozkatu zuenean. EAJren eta PSEren botoek aurrera atera zuten ekimena, baina txalorik ez zen izan eta Jokin Bildarratz sailburuaren keinuak argi utzi zuen hura ez zela hiru urte lehenago ibilbidea hasi zuenean espero zuen bukaera, nahiz eta gero, hedabideen aurrean, besterik esan zuen.

Egia esan, inor gutxik espero zuen halakorik 2022ko apirilean Legebiltzarrak, ia aho batez, Hezkuntza Akordioa onartu zuenean, nahiz eta ordurako ikusten zen Exekutiboko kide batek, PSEk, ez ziola gogo handiz ekin irekitako bideari. Elkarrekin Podemos ere oso azkar jaitsi zen akordio esparru horretatik, sistema publikoaren kalterako zela argudiatuta, baina Eneko Anduezaren alderdiak baldintzatu zuen legearen azken bilakaera.

Gerta zitekeenaren lehenengo pista apirilaren 26an ezagutu genuen, Gobernu Kontseiluak lege proiektua onartu zuenean. Egun horretan, EH Bilduk hobetu beharreko gauzak zeudela uste arren balorazio positiboa egin zuen une berean, PSEk, gobernukide gisa proiektua onartu zuenak, salatu zuen ez ziela «Parlamentuak ezarritako helburuei erantzuten». Aldeko botoa jaso-

tzeko aldaketak egon beharko liratekeela adierazi zuen, eta horrek, noski, alarma batzuk piztu zituen, baina zaila zen egindako sukalde lan sakona Hezkuntza Sailak galtzen utziko zuela pentsatzea.

Irailean, ordea, Iñigo Urkulluk argi esan zuen: legea onartzeko nahikoak dira EAJren eta PSEren botoak, hortik aurrera, beste inork beraiekin bat egin nahi badu, ondo; eta bestela, ere bai. Lehendakariak hor zapuztu zuen ordura arte egindako lan komuna, eta behin betiko epaia urriaren hasieran heldu zen, bi indar politiko horiek legeari zuzenketa partzialak aurkeztu zizkiotenean. Deigarriena, hizkuntza ereduen aldekoa, 2022ko Akordioan eta proiektuan agertzen ez zena eta hezkuntzaren euskaldun-

10/04

10/05

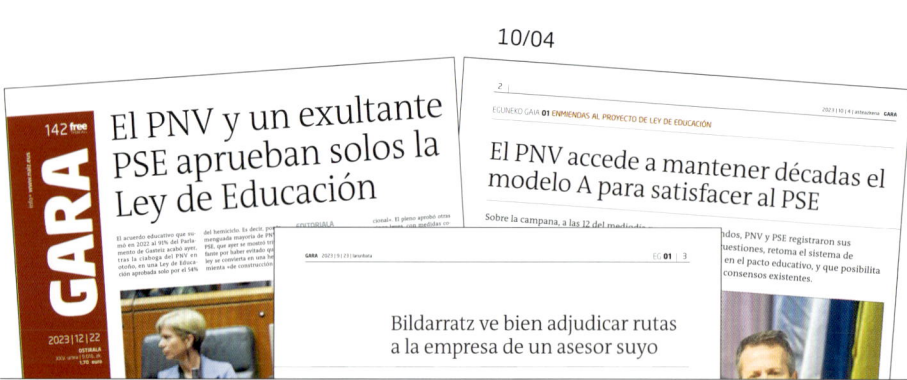

12/22   09/23   11/01

12/19

10/19

11/28

11/29

09/26

Ezkerretik eskuinera: EH Bilduko parlamentaria Ikoitz Arrese Hezkuntza batzordean; Jokin Bildarratz, Hezkuntza sailburua, Bingen Zupiriarekin batera Hezkuntza Legearen proiektuaren aurkezpenean; EH Bilduko Pello Otxandianok, EAJk eta PSEk hezkuntza akordioari egindako «ustekabeko zuzenketa»-ri buruzko iritzia eman du; eta Euskal Eskola Publikoaz Harro elkarteak hezkuntza lege honen aurka deitutako mobilizazioa. RAÚL BOGAJO, ENDIKA PORTILLO, MAIALEN ANDRES, GORKA RUBIO | FOKU

tze lana kolokan jartzen duena.

EH Bilduk proposamen desberdinak egin zituen egoera bideratzeko, baina ordurako alferrik zen dena. Urkulluk PSEri bere neurrira egindako legea oparitu zion, haren babesa mantentzearen truke. Ez zuen espero berarentzat alferrik izango zela, Sabin Etxeak erretiroa eman baitzion ustekabean.

Aukera galdu baten istorioa da EAEn jazotakoa. Nafarroan, ordea, aukera hori irekitzeko dago oraindik. Dena den, herrialde horretan ere albisteak izan dira hezkuntza arloan; adibidez, ikasleak sexuen arabera banantzeagatik Opusen bi ikastetxeri kontzertua kendu izana. Ez da nolanahiko pausoa, aurrekariak eza-

gututa, eta Nafarroako Auzitegiak ontzat eman zuen udazkenean.

Ipar Euskal Herrian, Beskoitzeko Herriko Etxeak ikastolari egindakoak erakusten du euskarazko irakaskuntzak eta ikastolek oztopoz beteriko bidea dutela oraindik, baina argi uzten du ere bide horri gogoz ekiteko eta trabei erantzuteko jenderik ez dela faltako.

Zugazart

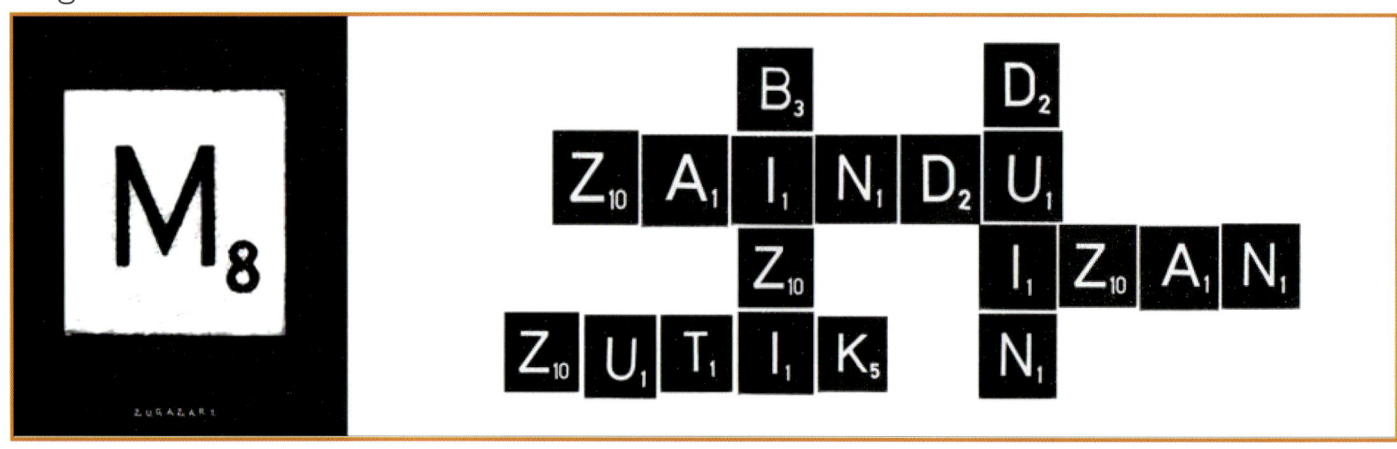

ENTRE POCO HABITUAL E INÉDITO

Maddi TXINTXURRETA

No es habitual que un movimiento popular, compuesto por decenas de grupos con sendas formas de pensar y de actuar, como es el movimiento feminista de Euskal Herria, consiga movilizar a tal cantidad de gente, tal y como se vio una vez más el 8 de marzo de 2023, una de las mayores movilizaciones del año. Tampoco es común que logre abrirse a tantos espacios nuevos en tan poco tiempo. De aquellas gotas, este aluvión.

No es que no sea habitual, es que es inédito, conseguir situar en el centro del debate social y político el derecho colectivo al

Arriba, bloque de las trabajadoras del hogar en la manifestación del 8 de Marzo en Gasteiz. En la página siguiente, manifestación en Donostia durante la huelga feminista del 30 de noviembre y agentes de la Ertzaintza desalojan y detienen violentamente a mujeres encadenadas ante la Diputación de Gipuzkoa. RAÚL BOGAJO, ANDONI CANELLADA | FOKU

11/11

01/12

09/03

14/10

cuidado y hacerlo, además, con una huelga general. El 30 de noviembre, se realizó por primera vez en Euskal Herria una huelga general feminista. Fue, según el movimiento feminista, líder de la convocatoria a la que se sumaron una treintena de asociaciones y la mayoría sindical, un «hito» a mitad de camino de una larga lucha, que comenzó cuando la pandemia evidenció que el actual sistema de cuidados no funciona –que perpetúa la precariedad de las mujeres (más en el caso de las mujeres migrantes) y delega sobre ellas gran parte del trabajo– y que tiene en su horizonte un sistema público y comunitario.

Piquetes y manifestaciones con mujeres al frente interpelaron a los hombres para que se responsabilicen y renuncien su privilegio de no cuidar, exigieron a los empresarios que dejen de contribuir a la precarización de las mujeres, llenaron las calles para reclamar un primer paso a las instituciones de todos los niveles: que formen una mesa intersectorial para debatir los puntos del Acuerdo Social que los convocantes habían consensuado desde hacía meses. Dejaron los deberes hechos.

No es habitual que un movimiento popular, como el movimiento feminista, evolucione y escale a través de generaciones, en sentido ascendente y descendente, pero tampoco es casual: suele reflexionar y sabe reinventarse. En octubre, del día 13 al 15, alrededor de 800 mujeres jóvenes que militan por todo el país en la red Euskal Herriko Neska* Gazteak se reunieron en Usurbil para estrechar alianzas, compartir saberes, pensar alternativas a la «distopía» que les ha tocado vivir y diseñar estrategias para construir un futuro habitable.

UN GESTO

Hay cuestiones que, aunque siempre han sido inadmisibles, cada año que pasa duelen más porque se convierten en homenajes al inmovilismo, en manos desfasadas por resistirse a soltar clavos ardiendo. Tras veintiún legislaturas como alcalde de Irun, en su último año en el cargo, Jose Antonio Santano, saludó por primera vez desde el balcón consistorial a la compañía igualitaria Jaizkibel. Un gesto que llegó increíblemente tarde, que no cierra la herida de las mujeres que desde 1996 se deciden a desfilar en el Alarde junto a los hombres y sufren el rechazo de vecinos, vecinas e instituciones. Un gesto que se dio solamente cuando los fieles defensores del Alarde discriminatorio han llegado a ser clara minoría, cuando el plástico negro ya sirve más para enfundar rubores que para hostigar. Pero un gesto.

EXCEDENCIAS POR CUIDADOS FAMILIARES

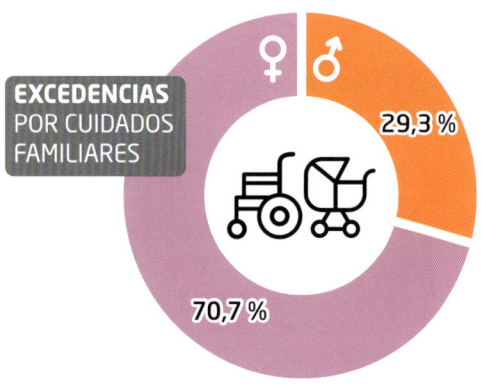

♀ ♂
29,3 %
70,7 %

AZAROA NOVIEMBRE **30** GARA

POBLACIÓN DE HEGO EUSKAL HERRIA MAYOR DE 16 AÑOS

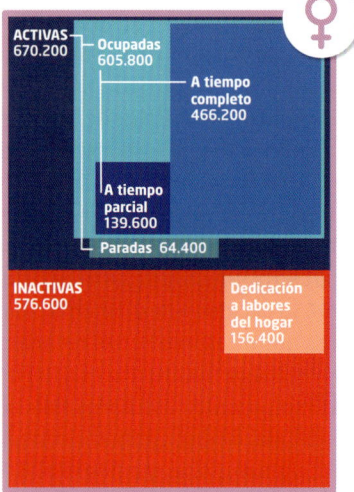

♀

ACTIVAS 670.200
Ocupadas 605.800
A tiempo completo 466.200
A tiempo parcial 139.600
Paradas 64.400

INACTIVAS 576.600
Dedicación a labores del hogar 156.400

♂

ACTIVOS 722.700
Ocupados 668.000
A tiempo completo 629.900
A tiempo parcial 38.000
Parados 54.700

INACTIVOS 441.800
Dedicación a labores del hogar 40.200

TIEMPO MEDIO SOCIAL **DEDICADO A CUIDADOS** (tiempo en minutos)

♀ ♂

Preparar comidas
64
29
Limpieza
16 43
28
16
2
15 16
Cuidados a menores y adultos
27
Compra básica
Ropa

TAREAS **DOMÉSTICAS**

■ Siempre ■ La mayor parte de las veces ■ La mitad de las veces

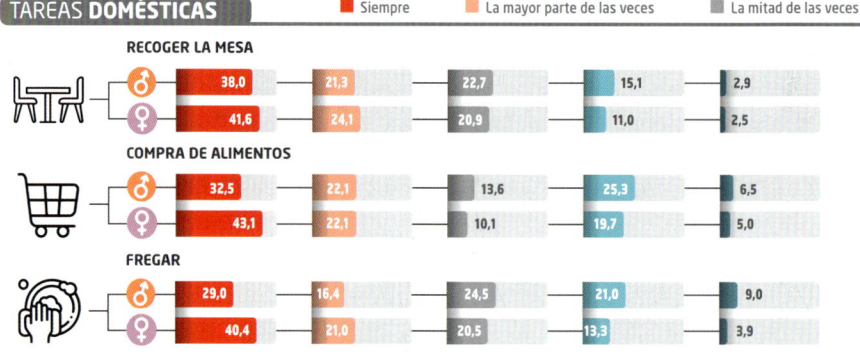

RECOGER LA MESA
♂ 38,0 | 21,3 | 22,7 | 15,1 | 2,9
♀ 41,6 | 24,1 | 20,9 | 11,0 | 2,5

COMPRA DE ALIMENTOS
♂ 32,5 | 22,1 | 13,6 | 25,3 | 6,5
♀ 43,1 | 22,1 | 10,1 | 19,7 | 5,0

FREGAR
♂ 29,0 | 16,4 | 24,5 | 21,0 | 9,0
♀ 40,4 | 21,0 | 20,5 | 13,3 | 3,9

Analizar el reparto de los cuidados arroja una cruda radiografía de la desigualdad de base sobre la que opera la sociedad. En el ámbito profesional, se trata de un sector profundamente feminizado, racializado, con sueldos bajos y condiciones precarias. Hablamos de las residencias -operadas sobre todo por empresas privadas en un sistema laboralmente injusto para las trabajadoras y económicamente insostenible para los usuarios-; y sobre todo de las trabajadoras del hogar. La peor parte se la llevan las internas.

TIEMPO **LIBRE**

DÍAS LABORABLES
♀ < ♂
Menos
43 min/día

FIN DE SEMANA
♀ < ♂
Menos
65 min/día

GREBA FEMINISTA OROKORRA

RESIDENCIAS

SALARIOS **BAJOS**

Salario de una trabajadora de residencia en Gipuzkoa **16.870€**

Salario de un peón de la construcción en Gipuzkoa **24.513€**

PERSONAL FEMINIZADO

84% ♀
16% ♂

GASTO ANUAL POR PERSONA USUARIA

16.616€

GESTIÓN PRIVATIZADA

- 25% Titularidad y gestión pública
- 9% Titularidad pública y gestión privada
- 66% Titularidad y gestión privada

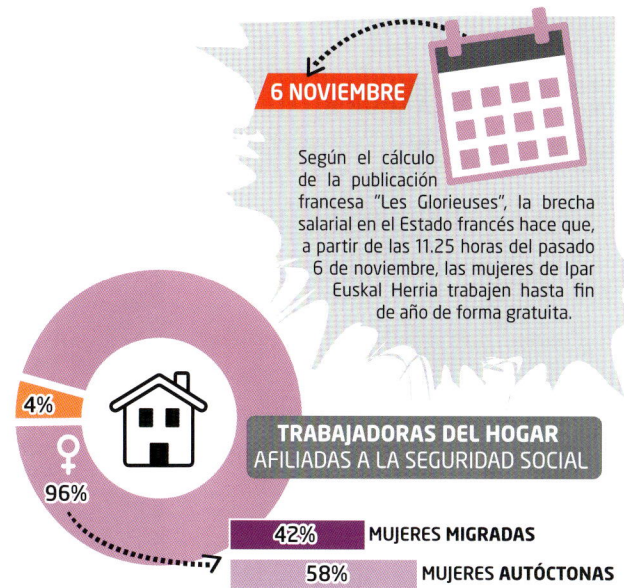

6 NOVIEMBRE

Según el cálculo de la publicación francesa "Les Glorieuses", la brecha salarial en el Estado francés hace que, a partir de las 11.25 horas del pasado 6 de noviembre, las mujeres de Ipar Euskal Herria trabajen hasta fin de año de forma gratuita.

4%
96% ♀

TRABAJADORAS DEL HOGAR
AFILIADAS A LA SEGURIDAD SOCIAL

42% MUJERES **MIGRADAS**
58% MUJERES **AUTÓCTONAS**

TRABAJADORAS INTERNAS

24H

- 30% TRABAJADORAS INTERNAS **SIN PAPELES**
- 73% JORNADAS SUPERIORES **A LAS 60H LEGALES**
- 41% COBRAN EL SALARIO **EN MANO**
- 39% DE LAS TRABAJADORAS EN SITUACIÓN IRREGULAR COBRAN MENOS DE 1.000€
- 33% SIN ESTAR DE ALTA EN LA **SEGURIDAD SOCIAL**

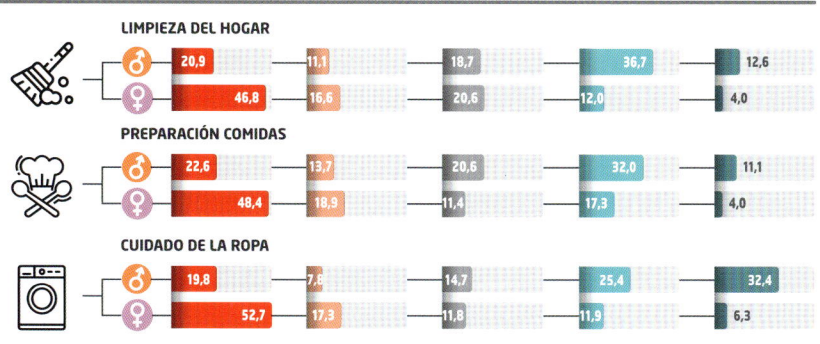

■ Ocasionalmente ■ Nunca

LIMPIEZA DEL HOGAR				
♂ 20,9	11,1	18,7	36,7	12,6
♀ 46,8	16,6	20,6	12,0	4,0

PREPARACIÓN COMIDAS				
♂ 22,6	13,7	20,6	32,0	11,1
♀ 48,4	18,9	11,4	17,3	4,0

CUIDADO DE LA ROPA				
♂ 19,8	7,8	14,7	25,4	32,4
♀ 52,7	17,3	11,8	11,9	6,3

BRECHA **SALARIAL**

23.201€ ♂ < ♀ 15.737€
Menos
-7.464€

En el ámbito no remunerado, las tareas del hogar y los cuidados a menores y dependientes acostumbran a recaer sobre las mujeres, que son las que mayor tasa de trabajo parcial tienen y las que más excedencias piden. Si los cuidados no remunerados se monetizasen, supondrían el 27,7% del PIB de Bizkaia, Gipuzkoa y Araba, según Eustat. El resultado es una sociedad profundamente desigual en la que la mitad de la población dispone de menos tiempo de ocio y menor renta por haber nacido mujer.

NOTA METODOLÓGICA: La fragmentación administrativa hace difícil recopilar indicadores comunes para toda Euskal Herria. Los datos, en cualquier caso, son concordantes. El tiempo dedicado a los cuidados proviene de la encuesta de presupuestos de tiempo de Eustat (2018). El reparto de las tareas domésticas –y el gráfico mismo– viene de la encuesta social y de condiciones de vida de Nastat (2020). La estructura de la población proviene del INE (tercer trimestre de 2023). El dato de las excedencias es de la Seguridad social y abarca Hego Euskal Herria, igual que el de la afiliación de trabajadoras del hogar. Los datos sobre las internas son de la Asociación de Trabajadoras del Hogar de Bizkaia y se refieren a las empleadas que atendieron durante 2022 –no hay estadísticas oficiales fiables, dado lo opaco del sector–. La información sobre las residencias viene de Eustat, a excepción de la comparativa de sueldos (Ipar Hegoa Fundazioa) y la información sobre residencias públicas de gestión privada (Manu Robles-Arangiz Fundazioa).

POLIZIA ETA INSTITUZIOEN HUTSAK BATETIK,
IZEN ETA IZANEN FALTAK BESTETIK

Maddi TXINTXURRETA

Orion gertatutako hilketa matxistaren aurkako elkarretaratzea. GORKA RUBIO | FOKU

Lourdes del Hoyo, Maialen Mazon, Maria Begoña, Zhen Jiang eta Mateo. Horiek dira 2023an indarkeria matxistak bizia erauzi dien izen eta izanak.

Maiatzaren 16arekin, bikotekide ohiak eskopeta tiroz hil zuen Del Hoyo, egun argiz, Orioko haurrentzako jolas-parke batetik metro gutxira. Bere buruaz beste egin zuen gero.

Hilabete batzuk lehenago, urtearen hasierarekin, jakin genuen Lakuako Gobernuak indarkeria matxistaren biktimak artatzeko akordioa berritu zuela, instituzioen arteko koordinazioa arautzen duena. Hamalau urtez (2009tik) mantendu zuten dokumentua bere horretan; hau da, hamalau urtean, sortu, areagotu edo aldatu diren indarkeriei instituzioetatik erantzuteko oinarri eguneraturik ez da egon EAEn.

Lourdes del Hoyori egindakoa salatzeko eta haren galerari negar egiteko denborarik eman gabe, maiatzaren 28an, urruntze agindua urratu eta 32 urteko Maialen Mazon hil zuen bikotekide ohiak Gasteizko apartahotel batean. Bikiez haur-

dun zegoen Mazon, eta bikotekide ohiak hil zuenean, berarekin zen hiru urteko alaba. Aurretik, gizonak birritan urratu zuen urruntze agindua, baina Ertzaintzak ez zuen atxilotu, Lakuako Gobernuaren arabera, emakumeak elkartze horiek onartu zituelako.

Gerora, Poliziaren koordinazio «akatsak» onartu zituen Exekutiboak, eta Mazonen heriotzaren ostean saiatu zen hutsa konpontzen. Arabako Fiskaltzak «gomendio» bat zabaldu zuen, esanez Ertzaintzak urruntze agindua urratu duen oro atxilotu behar duela, baita biktimek elkartzeak onartzen dituztenean ere.

Biktimen kopuruak gora egin zuen 2022an Hego Euskal Herrian. Zehazki, 2021ean baino %18,5 gehiago ziren beren bikotekideek edo bikotekide ohiek egindako tratu txarren ondorioz babes-neurriren bat zuten emakumeak. Datuek genero-indarkeria kasuak areagotzen ari zirela erakutsi bitartean, Lakuako Gobernuak murriztu egin zuen biktimen babes pertsonalerako diru partida, aurrez iragarritako 6,7 milioi eurotik 5 miliora, %25,37ko murrizketa.

06/08

12/19

11/23   05/18   01/11

Ertzaintza, biktimak babesteko bitartekari bainoago, indarkeria matxisten aliatu izan da zenbaitetan. Ohartarazpen larria egin zuen Arartekoak: Manu Lezertuak adierazi zuen Ertzaintzak, baita tokiko polizia batzuek ere, genero-indarkeriagatik jarritako salaketa batzuk errefusatu zituztela, hori egitea legez kanpokoa izanda ere, eta, zenbaitetan, agenteek modu desegokian tratatu zituztela biktimak.

Eta iritsi zen uztailaren 1a, gizon batek Zhen Jiang hil zuen eguna. Elkarrekin bizi ziren Iruñeko Arrotxapea auzoan, eta taberna bat zeukaten Ermitagainean. Bertan hil zuen 47 urteko emakumea. Eta ekainaren 1a, 28 urteko gizon batek 89 urteko amona,

Indarkeria matxistaren aurkako manifestazioak Baionan eta Gasteizen. Ondoan, osasun-langileak eta ertzainak Lurdes del Hoyoren hilketaren lekuan, Orion.

PATXI BELTZAIZ, JAIZKI FONTANEDA, GORKA RUBIO | FOKU

Maria Begoña, hil zuen eguna. Eta azaroaren 7a, Urbasa inguruko amildegi batetik behera jauzi eginda zazpi urteko semea, Mateo, hil zuen gizona, umearen ama mintzeko eginahalez.

2023an indarkeria matxistak bizia erauzi dien bost izen eta izanak ez dira ezeren salbuespen. Fokua zabalduz gero, milaka izen eta izanekin osatuko da patriarkatuaren egituraren alderik ankerrena. Nazio Batuen Erakundeak eman zuen datua: 2022an, munduan 89.000 emakume eta neska hil zituen indarkeria matxistak. Zifra «askoz altuagoa» izan daitekeela ohartarazi zuen erakundeak eta, beti esaten den eran, kasu hauek icebergaren punta besterik ez direla.

Iker BIZKARGUENAGA

Gizakion defentsa-tresna omen da gertakari txarrak azkar samar ahazteko gaitasuna, eta, agian horregatik, baten bati arraroa egingo zaio urtekari honetan covid-19ari eskainitako tarte bat izatea. Askorentzat iraganeko kontua da, nahiz eta Osasunaren Mundu Erakundeak 2023ko maiatzera arte ez zuen bertan behera utzi larrialdi egoera, eta urte hasieran musukoak derrigorrezko izaten jarraitzen zuen Hego Euskal Herriko garraio publikoetan. Otsailaren 8an utzi genion erabiltzeari, eta uztailean ospitale eta osasun zentroetan.

Koronabirusa ez da desagertu, gure artean dago eta jendea kutsatzen jarraitzen du, baina haren eraginak ez du zerikusirik 2020 edo 2021ean izan zuenarekin. Gizartearen zati oso handi bat txertatuta egoteak, eta gehienok noizbait kutsatu

KORONABIRUSA
GURE EGUNEROKOTASUNEAN TXERTATU DUGU

Musukorik gabeko lehen eguna garraio publikoan hiru urteren ondoren; irudian, Orioko geltokia. GORKA RUBIO | FOKU

izanak –behin baino gehiagotan ziurrenik– birusaren kaltegarritasuna izugarri apaldu du, zorionez. Edonola ere, asko dira oraindik long covid edo iraupen luzeko covidaren ondorioak pairatzen dituztenak, osasun sistemaren eta instituzioen babesa behar dutenak.

Egia esan, pandemiari dagokionez, haren kudeaketagatik irekitako auzi judizialak eta emandako epaiak izan dira beste ezer baino gehiago albiste gai 2023an. Nahiko adierazgarria da hori.

Normala da koronabirusaren pandemiaren oroitzapena zokoratzen saiatzea, hain izan baitzen ikaragarria, baina ahazteko gaitasuna bezala, gizakion defentsa-tresna izan beharko luke bizitakoaren gainean lezioak ikasteak ere. Ez baitakigu etorkizunak zer ekarriko dugun.

02/21

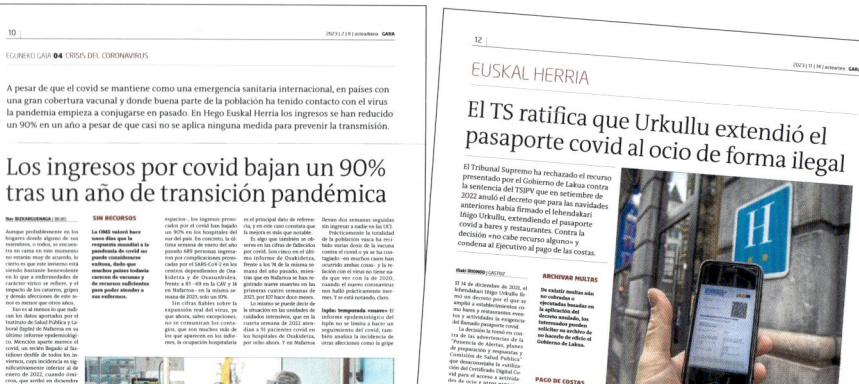

Zugazart

Publicado el 22/03

SE ABRIÓ LA MUGA, PERO SIN GARANTIZAR LA LIBRE CIRCULACIÓN

Solicitudes de asilo en Hego Euskal Herria (2012-2022)

	2012	2013	2014	2015	2016	2017	2018	2019	2020	2021	2022
Araba	8	4	9	14	116	257	386	n/d	674	296	1.044
Bizkaia	62	50	80	132	285	592	973	n/d	1.767	879	2.023
Gipuzkoa	8	8	10	17	99	121	237	n/d	644	550	1.019
EAE	78	62	99	163	500	970	1.596	4.827	3.085	1.725	4.086
NAFARROA	5	3	26	26	79	175	325	709	972	594	982
HEGO EH	**83**	**65**	**125**	**189**	**579**	**1.145**	**1.921**	**5.536**	**4.057**	**2.319**	**5.068**

Fuente: Oficina de Asilo y Refugio del Ministerio de Interior

GARA

Maite UBIRIA BEAUMONT

A punto de cumplirse el tercer aniversario del cierre, las autoridades francesas retiraron las barreras de los cuatro pasos que seguían sellados en Ipar Euskal Herria. Fue el 30 de octubre de 2023. .

Todo un alivio para los vecinos que franquean los Pirineos desde los altos de Larraine, Aldude o Izpegi, y también para los que transitan a pie entre Irun y Hendaia por el puente peatonal Avenida.

No obstante, la retirada de las barreras, solicitada de manera paciente y mediante las más diversas formas, de la recogida de firmas a la desobediencia civil, por la ciudadanía, no despeja completamente esos pasos, al no llevar aparejada la garantía de la libre circulación de personas.

El año se cerró con esa imagen menos abrupta de la muga que, sin embargo, sigue estando vigilada de manera permanente por las fuerzas policiales de ambos estados, ya que fue ese compromiso de realizar «patrullas conjuntas» para impedir la «inmigración ilegal» el que llevó a París a aceptar la retirada de las barreras.

Al menos nueve migrantes han muerto por efecto de esa política de «frontera dura» que se ha aderezado del hostigamiento, incluso con detenciones, hacia las personas que ejercen la solidaridad con quienes tratan de buscar una vida mejor.

El futuro no se anuncia más halagüeño ya que, aunque el Consejo Constitucional retoque la nueva ley, Macron ha cruzado ya la última frontera al prestarse a aplicar una política migratoria bendecida por la ultraderecha.

Homenaje a los migrantes fallecidos en el Bidasoa convocado por Ongi Etorri Errefuxiatuak, Bidasoa Etorkinekin y Harrera Sarea. MAIALEN ANDRÉS | FOKU

28/01

Milioi bat euro arteko isuna ezar diezaiokete Aita Mari ontziari

22/03

Migranteei laguntzeagatik, Poliziak hiru lagun atxilotu ditu Urruñan

Infradenuncia en los casos de **abuso laboral a migrantes**

03/02

PLANTAR CARA AL FASCISMO
PARA COSECHAR AVANCES

Maddi TXINTXURRETA

Después de tres años de debate y tramitación, en los que sorpresivamente coincidieron en el discurso antiderechos los sectores ultras del Estado español, el PSOE y hasta una pequeña parte del feminismo, el Congreso español aprobó definitivamente la "Ley Trans", un texto que al fin reconoce a las personas trans la libre autodeterminación de género que permite cambiar el nombre y la mención de sexo en el Registro Civil sin ningún requisito, sin hormonación obligatoria, sin diagnósticos de enfermedades que no existen.

La ley, sin embargo, dejaba una sensación agridulce a las asociaciones LGTBIQ+, pues en el trayecto desde la propuesta inicial impulsada por Unidas Podemos hasta la aprobación del texto definitivo –apoyado en Euskal Herria por PNV y EH Bildu– la ley fue perdiendo contenido importante –por ejemplo, deja fuera a las personas no binarias y a las menores de 12 años–, a medida que el clúster antiderechos descargaba bulos sobre las personas trans.

Por ello, el 28 de junio, día de la diversidad sexual y de género, colectivos

Manifestación en Gasteiz con motivo del Día Internacional de la comunidad LGTBIQ+. JAIZKI FONTANEDA | FOKU

Concentración ante el Ayuntamiento de Baiona para denunciar la homofobia y la transfobia.

GUILLAUMEN FAUVEAU | FOKU

transmaribibollo alertaron de que ciertos sectores de izquierdas difunden los mismos argumentos que la ultraderecha, y reiteraron de que la lucha no se trata de adornos de colores, sino de plantarle cara al fascismo.

Porque el fascismo regurgita LTBIQ+fobia y viceversa, como en mayo, cuando un grupo de jóvenes atacó a dos hombres en Villabona por «mariquitas» y «extranjeros», según los insultos de los propios agresores.

28/06

25/03

La comunidad LGTBI, contra la amenaza del retroceso en derechos

Harrotasunaren eguna, faxismoari aurpegia emanez

Gehitu pide casi 18 años en el primer juicio por las muertes de 2021 en Bilbo

Más derechos para las personas trans en Hegoalde y un aborto más libre

La Ertzaintza investiga una agresión homófoba y racista en Villabona

29/06

17/02

17/05

14/11

10/11

23/02   24/11   25/11

LA IGLESIA ESPAÑOLA POR FIN
SE DECIDE A INDEMNIZAR A LAS VÍCTIMAS DE ABUSOS

Exposición fotográfica en Bilbo sobre víctimas de abusos sexuales en Europa.

<small>ARITZ LOIOLA | FOKU</small>

Pello GUERRA

En la recta final del año y bajo una intensa presión política y social, por fin la Iglesia española se decidió a indemnizar a las víctimas de abusos, según anunció la Conferencia Episcopal. Su secretario general, Carlos García Magán, dio a conocer un plan de reparación integral que incluye indemnizaciones económicas con independencia de que haya sentencia o no.

El pago será asumido por los victimarios o, en su caso, las instituciones implicadas (diócesis o institutos de vida consagrada), pero, «en principio», la propia Conferencia Episcopal no lo va hacer.

Antes de ese anuncio, la diócesis de Bilbo había confirmado 32 expedientes de abusos sexuales y entrevistas con medio centenar de víctimas en la presentación de la memoria de 2022. Todos los autores identificados, en concreto 14, habían fallecido.

La cascada de casos ya había generado una respuesta desde el ámbito político, de tal manera que el Parlamento de Gasteiz aprobó por unanimidad un catálogo de medidas sobre la violencia sexual contra menores que incluye un registro de víctimas y victimarios, además de actualizar los protocolos para evitar esta forma de violencia y atender a quienes la sufren.

Por su parte, en Nafarroa, el servicio de justicia restaurativa llevó a cabo este pionero programa con dos víctimas de abusos en la Iglesia católica en el herrialde. Un proceso en el que estaban interesadas en participar otras diez víctimas.

SALAKETEK
EZ DUTE ETENIK

Martxelo DIAZ

Zubietako errauste-plantaren inguruan salaketa ugari egin dira. Ekopol taldearentzako Gorka Bueno ingeniariak egindako ikerketa baten arabera, kutsadura saihesteko araua ez zuen bete. Horrekin batera, errauskailua martxan jartzeko beharrezkoak diren baimenak ere zalantzan jarri izan dira eta Guardia Zibilari informazioa ezkutatu izan zaiola salatu da. Ekopolen txostenak, horrez gain, Zubietako errauskailuan izandako geldialdiak gomendatzen direnak baino askoz ere ugariagoak izan direla nabarmendu zuen. Hogei aldiz gehiago gelditu izan da hondakinak erretzeko prozesua, zehazki. Geldialdi hauetan eragiten den erregai kontsumoa eta airera botatzen diren partikulak martxa normalean dagoenean baino askoz ere handiagoak dira.

Errauskailuaren alde ilunak epaitegietara ere heldu dira.

Gorka Bueno adituaren agerraldia Erraustegiari buruzko Legebiltzarreko batzordean, eta Jose Ignacio Asensio, Gipuzkoako Jasangarritasuneko diputatua. JAIZKI FONTANEDA, JON URBE | FOKU

240 PARADAS

El informe publicado por Ekopol detalla que los hornos de la Incineradora de Zubieta tuvieron al menos 240 paradas no programadas en los dos primeros años de funcionamiento. En 2021, la incineradora de Zabalgarbi en Bizkaia no tuvo más que tres.

OCULTACIÓN

Los datos del estudio son de Lakua, pero algunos han tenido que ser requeridos a través de la Comisión Vasca de Acceso a la Información Pública y alguna intervención del TSJPV. También fueron ocultados a la Guardia Civil. Y según el estudio, se están maquillando cifras.

Izan ere, Donostiako Instrukzioko 5. Epaitegia GHK-ko (Gipuzkoako Hondakinen Kontsorzioa) buru eta Aldundiko agintari Jose Ignacio Asensioren (PSE) jarduera ikertzen ari da. Ingurugiroaren kontrako delitua eta dokumentu faltsuak erabiltzea izan daitezke Asensiori leporatu ahal dizkiotenak, Fiskaltzaren arabera.

GHK-k tratamendurik gabe hondakinak erre zituela onartu zuen, baina gaineratu zuen jar-

duera hori behin-behinekoa izan zela eta mantentze lanak egiten ari zirelako izan zela.

Salaketen aurrean ikertzea izaten da gomendagarriena. EAJk eta PSEk, ordea, Ekopolen txostenaren egilearen ahalmen zientifikoa zalantzan jartzea erabaki zuten.

EGUNEKO GAIA 01 IRREGULARIDADES EN LA INCINERADORA DE ZUBIETA

Un juzgado investiga a Asensio por delito medioambiental y falsedad

El Juzgado de Instrucción número 5 de Donostia ha abierto diligencias como investigado contra el diputado foral de Sostenibilidad de Gipuzkoa y presidente de GHK, José Ignacio Asensio, a instancias de la Fiscalía, al que se le podría imputar un posible «delito contra el medio ambiente» y otro de «falsedad documental», según dio a conocer ayer la asociación GuraSOS.

EGUNEKO GAIA 01 INFORME CIENTÍFICO SOBRE LA INCINERADORA

Un estudio revela el funcionamiento ilegal y contaminante de Zubieta

Un informe científico del ingeniero Gorka Bueno, publicado ayer por Ekopol, determina que la incineradora de Zubieta ha «incumplido gravemente» la Ley de Prevención y Control Integrados de la Contaminación. Comenzó a operar de forma irregular y multiplica por 20 las paradas aconsejadas por la UE. Los datos están en poder de la Fiscalía de Gipuzkoa.

02/15

EGUNEKO GAIA 01 INFORME SOBRE ILEGALIDADES Y CONTAMINACIÓN DE LA INCINERADORA DE ZUBIETA

Tapia y GHK se contradicen a sí mismos sobre la parada automática

Después de que el lunes se conociera el informe científico sobre la incineradora de Zubieta...

GHK reconoce que incineró residuos sin pretratamiento durante 42 días

El Consorcio de Residuos de Gipuzkoa (GHK) reconoció ayer, a través de un comunicado, que ha estado incinerando residuos sin pretratamiento durante 42 días. Explicó que fue «provisionalmente» y debido a «labores de mantenimiento». Niega que haya incumplido

Euskal Herria | 13

Científico pide una auditoría externa sobre Zubieta ante los ataques de PNV y PSE

El ingeniero Gorka Bueno expuso ante el Parlamento dos informes científicos que determinan que la incineradora de Zubieta «ha incumplido gravemente» la ley y que ni siquiera está clasificada como una instalación de valoración. PNV y PSE atacaron dudando de su capacidad y objetividad, ante lo cual él propuso una auditoría externa.

Zugazart

Publicado el 03/02

LAS OBRAS LLEGAN A SU MAYORÍA DE EDAD
SIN UN HORIZONTE DEFINIDO

Imanol INTZIARTE

Cuando se van a cumplir 18 años del inicio de las obras, el Tren de Alta Velocidad (TAV) continúa siendo un sumidero de dinero público –solo en once meses las obras de Gipuzkoa se encarecieron un 18,63%– cuyo final, tantas veces anunciado y tantas veces postergado, no se atisba en el horizonte.

Un proyecto con diferentes frentes abiertos. Uno de ellos es el de su entrada en las capitales. La más avanzada es la de Donostia, que prevé tener su estación construida para 2025. Otra cosa es que el tren pueda llegar a

Comparecencia de varios ayuntamientos navarros por la afectación del TAV. Íñigo Uriz | FOKU

ella. En Gasteiz e Iruñea ni han arrancado las obras, mientras que en Bilbo el consejero Arriola apuntó una fecha, 2033, como lo más pronto posible.

Fuera de las ciudades se mantienen demasiadas incógnitas sobre las conexiones con

el sur y con el norte, hasta el punto de que el lehendakari Urkullu se enfadó en marzo pasado con la falta de compromiso del presidente francés, Emmanuel Macron. Tampoco se ha decidido aún cómo y por dónde será el enlace entre el trazado de la Y y Nafarroa.

Los trabajos han causado afecciones al patrimonio. En Jundiz (Araba), el trazado sepultará de nuevo un tramo de la calzada romana que conectaba Astorga y Burdeos, junto a la cual apareció un poblado neolítico que existió 3.000 años antes de la llegada de los romanos.

En Gipuzkoa, un grupo de espeleólogos denunció los destrozos en la cueva de Lezetxiki (Arrasate), donde se han hallado restos de neandertales adultos, aunque las autoridades aseguraron que no ha habido daños en los yacimientos arqueológicos.

26/01

Adif anuncia expropiaciones para 12 vertederos junto a las vías del TAV

02/02

26/10

Las obras del TAV en Gipuzkoa se han encarecido un 18,63% en once meses

AHTaren lanek Arrasateko Lezetxikin eragindako kalteak, argitara

18/03

Urkullu se enfada con el parón de París al TAV y lo tilda de «caprichos»

Arriola ve «muy aventurado» fijar fecha para la llegada del TAV a Bilbo

22/11

MEDIDAS PARA TRATAR DE PALIAR UN PROBLEMA CON TINTES CRÓNICOS

Manifestación en Baiona en favor del derecho a la vivienda digna y accesible.

PATXI BELTZAITZ | FOKU

Imanol INTZIARTE

La vivienda, o mejor dicho, la dificultad para acceder a ella, sigue siendo uno de los grandes problemas del país. Como dato representativo de esta situación, un reciente estudio elaborado por el Observatorio de la Vivienda del Gobierno de Lakua apuntaba que el 55% de la población de Araba, Bizkaia y Gipuzkoa reside en zonas residenciales tensionadas.

Una calificación que se otorga si se cumplen dos requisitos: que el incremento del precio entre 2017 y 2022 sea superior al IPC más tres puntos y que la carga media de los gastos de la vivienda supere el 30% de la renta media de los hogares. En román paladino, precios muy altos en relación a los ingresos.

Esta declaración supone para las personas arrendatarias a quienes se les acaba el contrato la posibilidad de prórroga extraordinaria anual tras finalizar el contrato, en los mismos términos y condiciones que el contrato en vigor, así como prórrogas anuales, con un máximo de tres. Una pequeña prórroga para tomar aire.

Esta medida se suma a otras como la prórroga de la prohibición de desahucios a personas vulnerables al menos hasta 2025 o el establecimiento de un tope del 3% de incremento de los contratos de alquiler.

En abril se aprobó en el Congreso de Madrid una nueva Ley de Vivienda, pactada por el Gobierno español con EH Bildu y ERC, y que tuvo en contra PP, Vox, Ciudadanos, Junts, PDeCAT y PNV. Los jeltzales desoyeron la petición de Stop Desahucios de que respaldaran esta norma y argumentaron que «esta ley se extralimita en sus facultades e invade competencias de las comunidades autónomas».

La ciudadanía de Hego Euskal Herria ante la política de vivienda

Muy de acuerdo | De acuerdo | Ni de acuerdo ni en contra | En contra | Muy en contra

Las administraciones públicas deberían intervenir en los precios del alquiler	33,2	44,5	5,9	11,8 · 4,7
No hay que construir nuevas viviendas, sino sacar al mercado las vacías	18	42,7	12,7	21,3 · 5,2
Hay que subir los impuestos (IBI) a propietarios de viviendas vacías	14	29,5	15,7	29,5 · 11,3

0   20   40   60   80   100

Fuente: Aztiker

GARA

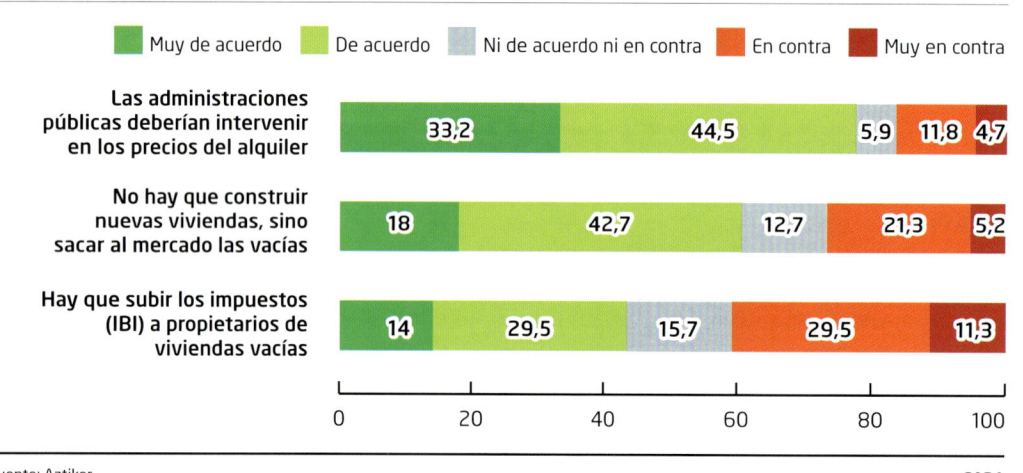

18/04

02/04

La prohibición de desahucios a vulnerables se prorroga hasta 2025

Stop Desahucios pide a los grupos vascos que voten a favor de la ley

Baionak «aski!» esan die etxebizitza eskubidea urratzen duten politikei

EH Bildu y ERC consiguen fijar topes al alquiler en la Ley estatal de Vivienda

El 55% de la población de la CAV vive en zonas residenciales tensionadas

27/12   15/04   15/12

09/07   09/14

AP1EKO AUZIA ITXITA,
IKERTU GABE

Ramon SOLA

Zortzi urte lozorroan egon ondoren, irailean Azpeitiko Auzitegiak ezagutzera eman zuen AP1eko lanak ikertzeko salaketetako bat itxi egin duela, inor epaitu gabe. «Bidegi auzia» delakoa 2015. urtean abiatu zuen Gipuzkoako Aldundiak (orduan Bilduk gidatzen zuena), Eibar eta Gasteiz arteko autopistak irregulartasunen zantzuak deskubritu eta gero, bereziki egin ez ziren lanengatik enpresei dirutza ordaintzea.

Kontuek lehenengo egunean bezala jarraitzen dute, ia hamarkada bat pasaturik, ilun-ilun. Izan ere, Fiskaltzak eskatutako adituen txostena alboratu egin zuen epaileak, «garestiegia» zelako, eta, egindakoa eta ez-egindakoa argitu ezinean dela, «ikerketaren» zati hori ezertan uztea erabaki du.

AP-1 autopistaren irudia, Etxabarri-Ibiñako ordainlekuaren parean.
JUANAN RUIZ | FOKU

XABIER AMURIZA,
BEHARREZKO EUSKAL UTOPIKOETAKO BAT

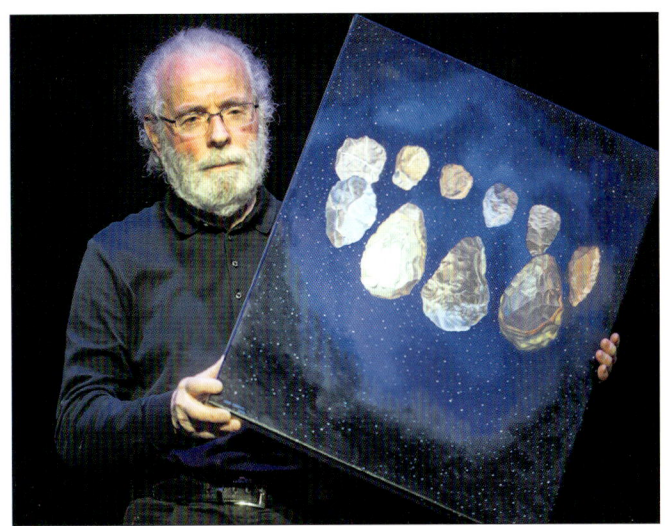

Xabier Amuriza saria jasotzeko unean. JAIZKI FONTANEDA | FOKU

Iraitz MATEO

Olaso Dorreak eta Bergarako Udalak Xabier Amuriza bertsolari, idazle eta euskaltzaleari eman zioten III. Monzon-Ganuza Euskal Utopikoei saria. Euskal Herriari bizi osoko lana eskaini dioten herritarrak omentzea da sariaren helburua; Monzoni erreferentzia eginez, askatasunerantz bidea egin duten utopikoei.

Bertsolariak, jaio ordez, egin egiten direla erakusteko bertso eskolak sortu zituen Amurizak. Frankismo garaian apaizen mugimenduaren sustatzailea izan zen. Politikagintzan ere ibili zen, Zornotzako Udalean zein Gasteizko Legebiltzarrean. Eta isilpeko hamaika ekarpen egin zituen. Hankak lurrean baina utopiei jarraika ibili da beti, eta espero ez zuen baina bere neurrira egindako saria jaso zuen.

03/16   03/17

eko:

2023

EKONOMIA

Tasio
Publicado el 19/03

EL PRECIO DE LOS ALIMENTOS
CENTRA LA SUBIDA DE LA INFLACIÓN

Marcel PENA

Después de un 2022 marcado por la crisis económica derivada de la guerra en Ucrania, la inflación mantuvo en 2023 una subida constante, si bien en septiembre detuvo el proceso de encarecimiento del dinero. A pesar de esta moderación, los alimentos registraron la subida más elevada.

A principios de año, las previsiones de la OCDE avisaban de un contexto de gran volatilidad, en el que contener el aumento de la inflación debía ser el principal objetivo. El paso de los meses acabó dando la razón al organismo internacional, ya que en mayo la inflación ya se había disparado, en parte debido a la subida del precio de los carburantes y una menor caída de la electricidad. En julio, en cam-

Estanterías de un supermercado francés. DIMITAR DILKOF | afp

bio, la inflación en la eurozona bajó dos décimas respecto al mes anterior, situándose en el 5,3%. Esto supuso el menor encarecimiento de precios desde enero de 2022.

La tendencia negativa se mantuvo hasta los últimos meses del año, debido al abaratamiento de los carburantes, los paquetes turísticos y porque los alimentos moderaron su crecimiento. Pre-

01/08

27/07

15/11

29/08

18/03

01/12

07/09

13/05   30/06   15/12

cisamente, el precio de los alimentos fue uno de los protagonistas del año, con un encarecimiento del 9% respecto a los anteriores doce meses. Mientras el precio de la energía y los carburantes decaía, los alimentos se situaban por encima del índica general. Concretamente, el aceite de oliva encabezaba la lista de los productos más encarecidos en el último año.

En el caso de Euskal Herria, según los datos de 2022 conocidos el año anterior, la inflación ocasionó una mayor desigualdad en la distribución de las rentas en la CAV, con una Tasa Arope, que mide la población en riesgo de pobreza, situada en el 16%.

RESULTADO ORDINARIO NETO
Tasas de variación. Contribución de los distintos sectores de actividad.

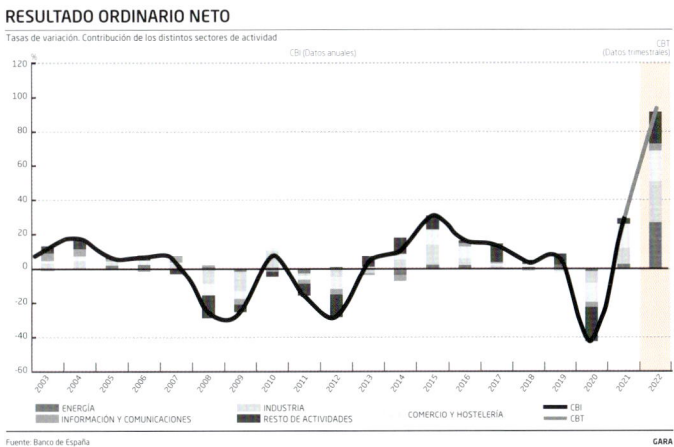

Fuente: Banco de España

Además, los sindicatos reivindicaban que, en el otro lado de la balanza de la inflación, se sitúan los beneficios empresariales.

Los datos apuntan que el impacto de las ganancias de las grandes compañías tiene relación directa con el alza de los precios.

En Ipar Euskal Herria, la Cámara de Comercio e Industria (CCI) de Baiona se mostró preocupada por la inflación persistente y por una posible escalada en los precios de la energía, tal como reflejaba el cuestionario semestral del organismo. Con todo, en Lapurdi, Nafarroa Beherea y Zuberoa los sueldos subieron un 5,1%, algo por debajo de la media de la región de Aquitania (5,7%) y del conjuntos del Estado francés (5,4%), y con un nivel de desempleo próximos a mínimos históricos, concretamente del 5,8%. Una cifra que, según el presidente de la CCI, se sitúa cerca de «niveles de pleno empleo».

KRISIAREN BELDUR, **BAINA ETEKINAK GORA**

Asier ROBLES

Silicon Valley Bank-en (SVB) porrotak alarma guztiak piztu zituen martxo hasieran. 200.000 milioi dolar baino gehiago aktiboak zituen bankuak, eta AEBetako historiako banku baten bigarren porrot handiena izan zen, 2008an Lehman Brothers erori ondoren. Izan ere, mundu osoan urte hartakoa bezalako krisi baten beldur izan ziren, milioi askoko galerek Ipar Amerikako eta Europako beste banku batzuei ere eragin baitzieten, hala nola Credit Suisseri.

Adituen arabera, Estatu Batuetako Erreserba Federalak 2022aren erdialdetik martxan jarritako interes-tasen gorakadaren ondorioz sortu zen krisia.

Jurisdikzio askotako banku-erregulatzaileek, besteak beste, AEBetako Erreserba Federalak, Kanadako Bankuak, Japoniako Bankuak, Europako Banku

Ezkerrean, segurtasun zaindari batek kazetariak lekualdatu ditu Silicon Valley Bankuaren aurrean Santa Claran, Kalifornian. Eskuinean, Credit Suisseren erakusleihoa Genevan.

<small>JUSTIN SULLIVAN</small>
<small>ETA FABRICE COFFRINI | AFP</small>

Zentralak eta Suitzako Banku Nazionalak esku hartu zuten aparteko likidezia emateko eta krisiak banku gehiagori ez eragiteko. Bestalde, Europar Batasuneko liderrak bankuen erregulazioa indartzeko plan bat bultzatzeko bildu ziren.

Hala ere, horrek ez zuen ekarri banku handien irabaziak murriztea, guztiz kontrakoa. Estatu espainiarrean, sei banku handienek (Santander, BBVA, CaixaBank, Bankinter, Banco Sabadell eta Unicaja) 12.385 milioi euroko irabazi agregatuak izan zituzten 2023ko lehen seihilekoan; hau da, 2022ko aldi berarekin alderatuta, % 20,7 gehiago.

Kutxabankek 250,2 milioi euroko irabazi garbiak izan zituen 2023ko lehen seihilekoan, aurreko urtean baino %53,4 gehiago. Laboral Kutxak 109,7 milioi euroko irabazi garbiak izan zituen, %68,8 gehiago.

GARA 2023 | 7 | 28 | ostirala | 5

EGUNEKO GAIA **03** POLÍTICA MONETARIA

El BCE culmina un año de subidas y eleva el tipo de interés hasta el 4,25%

Como estaba anunciado, y coincidiendo casi en el tiempo con la decisión adoptada en el mismo sentido por la Reserva Federal en Estados Unidos, el Banco Central Europeo anunció ayer una subida de los tipos de interés, hasta el 4,25%. De esta forma, culmina un año de incrementos del precio del dinero, que se sitúa en su nivel más alto en 16 años y que busca frenar la inflación.

GARA | FRANKFURT

El Consejo de Gobierno del Banco Central Europeo (BCE) decidió ayer elevar los tipos de interés en 25 puntos básicos, tal y como se esperaba, de forma que la tasa de referencia para sus operaciones de refinanciación se situará en el 4,25%, mientras que la tasa de depósito alcanzará el 3,75% y la de la facilidad de préstamo, el 4,50%. De esta forma, el organismo regulador culmina un año de subidas –esta es la novena consecutiva– y sitúa el precio del dinero en niveles de hace casi dos décadas. En concreto, con esta última subida de un cuarto de punto, es línea con la adoptada en junio, el BCE ha elevado los tipos en 425 puntos básicos

15/09

EKONOMIA   2023 | 9 | 15 | ostirala   GARA

El Banco Central Europeo decidió ayer subir sus tipos de interés por décima vez consecutiva, en un cuarto de punto porcentual, hasta el 4,5%, para frenar el alza de precios y pese a que la economía se estanca. Lagarde estima que ese ascenso, «de mantenerse por un tiempo lo suficientemente prolongado», devolverá la inflación al entorno del 2%.

El BCE sube los tipos de interés hasta el 4,50%, el nivel más alto en 20 años

GARA | FRANKFURT

El Consejo de Gobierno del Banco Central Europeo decidió

28/06

El euríbor roza el 4% y alcanza su mayor tasa mensual en 15 años

El euríbor a doce meses roza el 4% de tasa mensual en junio, según los datos provisionales, lo que supone su nivel más alto en quince años. Tras el anuncio del BCE de que mantendrá su política monetaria, los expertos dieron por descontado que alcanzaría esos porcentajes.

GARA | BILBO

El euríbor a doce meses, indicador más utilizado en el Estado español para calcular las cuotas de las hipotecas variables, roza el 4% en tasa mensual en junio, su nivel más alto en quince años. Según los datos recogidos ayer

HIPOTECAS

Las hipotecas variables van a volver a verse incrementadas. Para una hipoteca de un importe medio de 150.000 euros, a un plazo de 25 años y un euríbor más un interés del 1%, la cuota

18   2023 | 7 | 23 | igandea   GARA

EKONOMIA

Las cuentas de las empresas ya notan los altos tipos de interés

Empresas de todo tipo, desde inmobiliarias hasta acerías o empresas de distribución, se encuentran en una situación

20   2023 | 3 | 17 | ostirala   GARA

EKONOMIA

La crisis bancaria no cambia la hoja de ruta del BCE, que sube los tipos al 3,5%

La tensión de los últimos días en el sector bancario y en los mercados no han provocado un cambio de rumbo, ni siquiera de ritmo, en el Banco Central Europeo

28/07   23/07   17/03

EL BCE SUBE LOS TIPOS DE INTERÉS HASTA SU TOPE EN 20 AÑOS

Marcel PENA

Los tipos de interés alcanzaron en 2023 el 4,5%, el nivel más alto de los últimos 20 años. El Banco Central Europeo tomó esta decisión para tratar de frenar el alza de precios y devolver la inflación al entorno del 2%.

Desde inicios de año, el BCE ya apostó por aumentar los tipos medio punto, hasta el 3,5%, alcanzando entonces máximos de los últimos 15 años. Las subidas fueron constantes en los siguientes meses, ya que en junio el euríbor rozaba el 4%. Esto provocó que empresas de todo tipo, desde inmobiliarias hasta acerías o empresas de distribución, vieran aumentados sus gastos financieros, trayendo consigo también un aumento de los impagos.

En su búsqueda por frenar la inflación, el BCE culminó una nueva subida de los tipos de interés, en este caso hasta el 4,25%, y coincidiendo con la decisión de la Reserva Federal de Estados Unidos adoptada en el mismo sentido. En aquel momento, el precio del dinero se situaba en su nivel más alto en 16 años.

Finalmente, en septiembre, de nuevo se aprobó una subida de un cuarto punto porcentual, hasta el 4,5%. Era la décima vez consecutiva que el BCE decidía aumentar los tipos de interés, llegando a cifras solo vista 20 años antes. Esta escalada se frenó en octubre, cuando el banco con sede en Frankfurt mantuvo los tipos de interés en ese 4,5%. La presidenta de la entidad, Christine Lagarde, advirtió entonces que la economía de la zona euro se mantendría «débil» hasta final de año, pero también vaticinó que podría haber un repunte en los próximos años.

Dos imágenes de la presidenta del Banco Central Europeo, Christine Lagarde, durante una comparecencia.

KIRILL KUDRYAVTSEV | AFP

ZIURGABETASUNA NAGUSI,
ENPLEGUA KINKA LARRIAN

Ion SALGADO

Joan den urtea zaila izan zen zenbait enpresarentzat, batez ere automobilgintzarekin zerikusia duten multinazionalentzat. Nafarroan Volkswagenek urte hasieran iragarri zuen ekoizpen katea geldituko zuela pieza faltagatik. Zuzendaritzak erabaki bera hartu zuen otsailean, erdieroaleen horniduraren ezegonkortasun egoeragatik aldi baterako lan erregulazioa ezarriz.

Martxoan arazoak berragertu ziren Landabenen, eta enpresak Polo modeloa ekoizteari utziko ziola iragarri zuen langile batzordeak. «Segur aski, 2024an geldialdi luzeak egin beharko ditugu udan eta neguan; gainera, astean behin itxi beharko dugu, ostiraletan adibidez», adierazi zuen Carlos Zalduendo batzordeko presidenteak.

Irailean zuzendaritzak jakinarazi zuen 400 lanpostu desagerraraziko dituela 2024ko bigarren hiruhilekotik aurrera.

Egoera kezkagarria da Michelinek Gasteizen duen lantegian ere. Maiatzean lau greba egun deitu zituzten ELA, LAB, ESK eta CGT sindikatuek «hitzarmen duin» baten alde. Sindikatuen arabera, langile gehienek

Gasteizko Michelingo langileen batzarra. Mecaner enpresako langileek manifestazioa egin dute Bilbon. Michelingo plantilla Lasarteko kaleetan. ENDIKA PORTILLO, OSKAR MATXIN, GORKA RUBIO I FOKU

bat egin zuten deialdiekin, eta zuzendaritzak lan-hitzarmena negoziatzeko bilera batera deitu zituen sindikatuak laugarren greba-egunean.

Gasteizko langileek enpresak egindako proposamenaren aurka bozkatu zuten, baina baiezko botoa nagusitu zen espainiar Estatuan Michelinek dituen gainera-

ko lantegietan. Hala, urrian Arabako hiriburuko 3.500 langileek erreferendum bat egin zuten, eta zentro arteko batzordetik ateratzea erabaki zuten, hitzarmen propioa negoziatzeko.

Zuzendaritzari ez zitzaion gustatu langileek hartutako erabakia. Izan ere, azaroaren amaieran iragarri zuen 150 lagun kaleratuko zituela, borondatezko irteerak eta errelebo kontratuak proposatuz. CCOO, UGT eta CSIF sindikatuek zuzendaritzaren proposamena onartu zuten, agintari politikoen txaloa jasoz. LABen esanetan, ordea, kaleratzeak «mendekua» dira.

Murrizketak iragarri dituzte Siemens Gamesan ere; zehazki, 400 milioi euroko doikuntza aurreikusi du zuzendaritzak 2026rako. Erakunde publikoak bildu ziren udazkenean enpresarekin irtenbide bat adosteko, langileak azalpenen zain zeuden bitartean.

Mecaner-eko plantilla kaleratzeen mehatxuaren aurka agertu da. Volkswageneko enpresa-batzordeko bozeramaileak zuzendaritzarekin izandako bileraren berri eman du. Novaltiako langileak prentsaurreko batean.

ARITZ LOIOLA, IDOIA ZABALETA Y OSKAR MATXIN | FOKU

Mecanerreko langileak ere kalera atera dira 148 lagunen kaleratzea ekiditeko; eta Novaltian langileen borroka ezinbestekoa izan da akordio bat lortzeko. %27ko soldata igoera lortu dute hiru urte eta zortzi hilabete iraun duen greba bati esker.

Arlo politikoan, pausoak eman dira Gasteizko Legebiltzarrean zein Madrilgo Kongresuan, enpresen deslokalizazioa saihesteko, EH Bilduk egindako proposamenei esker.

26/10

14/07

04/02

26/04

13/10

25/10

LOS CONVENIOS AVANZAN A GOLPE DE HUELGA

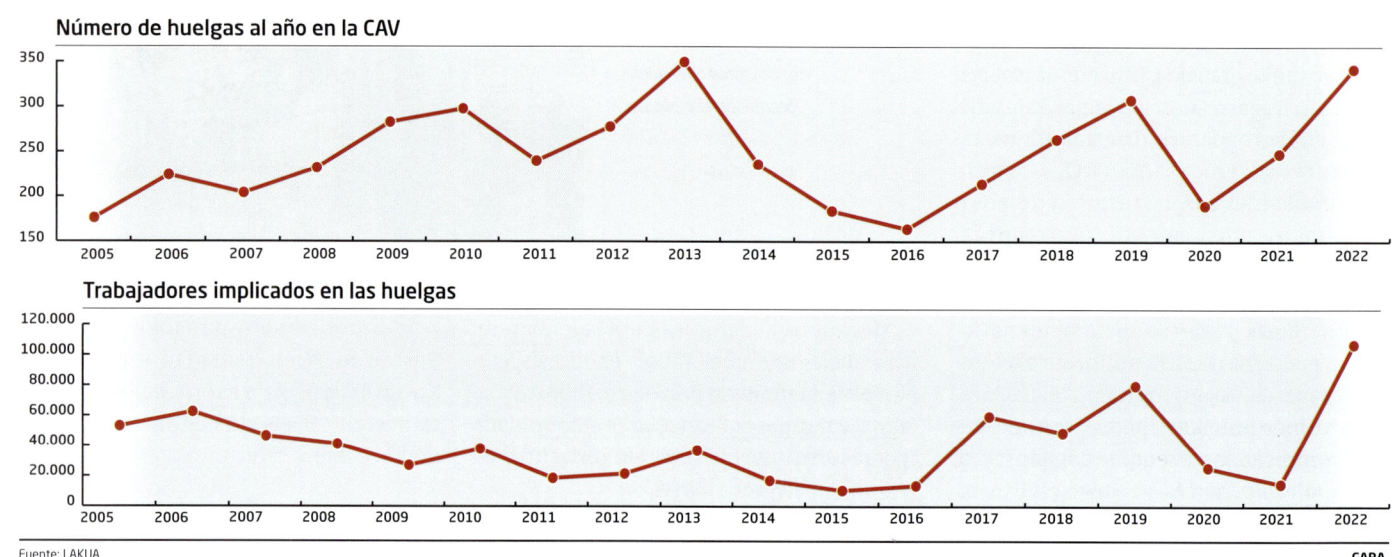

Fuente: LAKUA

GARA

Pello GUERRA

Si en 2022 las huelgas alcanzaron máximos, tanto por su número como por la duración de las mismas, 2023 no estuvo a la zaga, ya que fueron numerosos los sectores en los que se registraron paros buscando principalmente la renovación de los convenios, cuestión que fue avanzando hasta alcanzar a más del 25% de los trabajadores de Araba, Bizkaia y Gipuzkoa.

Uno de los paros más potentes fue el convocado en el sector publico de la CAV por ELA, LAB, CCOO, Steilas, Satse y ESK, con más de 30.000 personas participando en las manifestaciones celebradas en las capitales. Un «éxito» que llevó a los sindicatos a pedir a las instituciones cambios en «sus políticas públicas». En Nafarroa, se convocó huelga en la administración foral en defensa de los servicios públicos.

La enseñanza fue uno de los ámbitos donde se registraron huelgas tanto en el ámbito público como en el privado, especialmente en la CAV. En el primer caso, el objetivo era mejorar las condiciones laborales de los 30.000 trabajadores del sector y en el privado, las plantillas de los centros educativos concertados de iniciativa social buscaban un nuevo convenio, tras haber caducado el anterior en diciembre de 2021.

Reivindicaciones muy similares estaban detrás de los paros registrados en la construcción, las residencias de mayores, la limpieza o la hostelería, con el caso especialmente llamativo de la plantilla de H&M de La Morea, que logró un incremento salarial del 24,7% tras 200 días de huelga. También se convocaron paros para in-

30/06

Amplio seguimiento de la huelga en la Construcción de Bizkaia

Amplio seguimiento de la huelga en la Construcción de Bizkaia, a raíz del bloqueo de la negociación. ELA y LAB se concentraron ante la sede de la patronal Ascobi en el Sagrado Corazón, mientras que CCOO finalizó en ese punto su manifestación.

08/03

Huelga en el CAF de Eguesibar para que se aplique el convenio navarro

Las trabajadoras del Centro de Atención a las Familias (CAF) de Eguesibar están en huelga para denunciar que el valle tienen unas condiciones laborales peores que sus compa...

12/05

ELA y UGT logran un acuerdo con Adegi para el convenio del Metal en Gipuzkoa

La patronal Adegi y los sindicatos ELA y UGT han alcanzado un acuerdo para la renovación del convenio del metal de Gipuzkoa, que tendrá una vigencia de cuatro años y eficacia general, e impacto sobre más de 30.000 personas en el herrialde.

Las trabajadoras de limpieza de Gipuzkoa reclaman un convenio digno

Las trabajadoras de limpieza de Gipuzkoa, en huelga desde el lunes, se manifestaron ayer por las calles del centro de Donostia para reclamar un convenio digno. No se ha actualizado desde 2018, lo que les condena a bajos sueldos, parcialidad obligada y a la brecha salarial que no deja de aumentar.

Bizkaiko ostalaritza greban: «Dena doa gorantz, gure soldatak izan ezik»

27/05

05/10

tentar evitar las pérdidas de puestos de trabajo, como, por ejemplo, los realizados por los trabajadores de Mecaner para impedir cerca de 150 despidos.

Las numerosas movilizaciones obreras fueron criticadas por el lehendakari de la CAV, Iñigo Urkullu, pero parecen haber dado un empujón a las negociaciones de los convenios, de tal manera que el 25% de los trabajadores de Araba, Bizkaia y Gipuzkoa los habían renovado en los primeros meses del pasado año, llegando a un 52% el porcentaje de empleados con su convenio actualizado, con un aumento salarial medio del 4%, según datos del Consejo de Relaciones Laborales.

En el caso del sector del Metal, se realizaron varias movilizaciones hasta que finalmente se consiguió firmar el convenio en Bizkaia, con una vigencia para el periodo 2022-2025. En Gipuzkoa, la patronal Adegi y los sindicatos ELA y UGT renovaron el convenio, con un impacto sobre más de 30.000 personas en el herrialde.

Diversas imágenes de las numerosas movilizaciones sectoriales realizadas en 2023.

Aritz Loiola, Oskar Matxin, Jon Urbe, Monika del Valle | foku

PREOCUPACIÓN Y MALESTAR
ENTRE LOS PRODUCTORES

Pello GUERRA

El sector primario vivió en 2023 un año de preocupación y malestar, ya que la sequía se tradujo en una bajada en la producción y los precios se dispararon, pero sin que ese incremento llegara en proporción a los bolsillos de los productores, que incluso llegaron a denunciar la venta de sus productos por debajo del coste.

Así lo hicieron los ganaderos del sector ovino latxo, que pusieron de relieve «el flagrante incumplimiento de la Ley de Cadena Alimentaria» al venderse leche y quesos por debajo del coste de producción en algunas grandes superficies. Un problema al que se sumó también el de la especulación de la tierra, contra la que se manifestaron los agricultores en Baiona y Donibane Lohizune con un bloqueo protagonizado por 40 tractores.

Mientras, los precios experimentaban subidas tan fuertes que, por ejemplo, el aceite se llegó a encarecer en septiembre un 67% respecto al año anterior. El origen de esas subidas estaría en la sequía, que en Nafarroa supuso que el sector cerealista cerrara la peor campaña en veinte años.

Bloqueo de agricultores y ganaderos en Baiona. Descarga de pescado en el puerto de Getaria.
GUILLAUME FEAVEAU, GORKA RUBIO I FOKU

Por si no era bastante, en la ganadería irrumpió la Enfermedad Hemorrágica Epizoótica, que se fue extendiendo por Araba, Bizkaia, Gipuzkoa e Ipar Euskal Herria, con miles de positivos y centenares de reses muertas.

En medio de este panorama sombrío, al menos la flota vasca de bajura logró una satisfactoria costera de la anchoa, con piezas de mayor tamaño que en las últimas campañas.

03/08

30/08

24/04

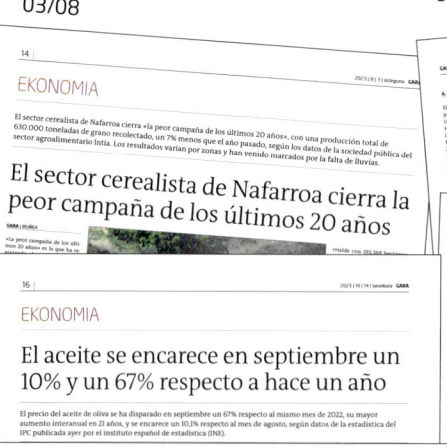

14/10

10/06

04/15
04/19
07/27
06/02
09/23

OZTOPO BERRIAK "ARABAKO MAHASTIAK"
SOR-MARKAREN BIDEAN

Mahastiak Guardian. Endika Portillo | foku

Ion SALGADO

Oztopo berriak agertu ziren 'Arabako Mahastiak' sor-marka aurrera eraman duten upeltegien bidean joan den urtean.

Urtarrilean Joao Onofre Europar Batzordeko Nekazaritza arloko arduradunak adierazi zuenez, EBk ez du onartuko jatorrizko deitura berria sortzea, baldin eta aldez aurretik Espainiako Gobernuak babesten ez badu. Berak aitortu zuenez, hori gaur-gaurkoz ez da gertatzen.

Apirilean, EAEko Auzitegi Nagusiak 'Arabako Mahastiak' etiketa erabiltzeko aukera behinehinean bertan behera utzi zuen, EBtik behin betiko erabakia iritsi arte.

Arabako Errioxako Upeltegien Elkarteak kritikatu egin zuen erabakia, eta 'Arabako Mahastiak' sor-markaren Kontseilu Arautzaileak Lakuaren aurka ere jo zuen, «borroka honetan amore eman» duela azpimarratuz.

Emilio Aguillok GARAri eskainitako elkarrizketa batean azaldu zuenez, «Eusko Jaurlaritzak Errioxako Kontseilu Arautzailearen irizpidea onartzen du».

Izan ere, Lakuak ez zuen helegiterik aurkeztu 'Arabako Mahastiak' sor-marka bertan behera uzten duen erabakiaren kontra. Bingen Zupiria Gobernuko bozeramaileak azaldu zuenez, «EBk zer erabakitzen duen zain» daude.

Bitartean, Errioxa Jatorri Deitura Kalifikatuaren (JDK) Kontseilu Arautzaileak neurri berriak hartu ditu 'Arabako Mahastiak' sor-markaren kontra. Estatutuak aldatu ditu, mahastien esklusibotasuna ezartzeko.

Kasu honetan, Lakuak errekerimendu bat bidali zion Madrilgo Gobernuari, aldaketa horrek lehia mugatuko lukeela eta sektorearen kalterako izango litzatekeela argudiatuz.

Zugazart

Publicado el 14/03

NUEVAS REFORMAS
EN LOS SISTEMAS
DE PENSIONES

Asier ROBLES

Un año más, las pensiones centraron parte del debate político durante 2023, no solo en los parlamentos, sino en las calles de todo Euskal Herria.

En enero, Emmanuel Macron presentó una reforma del sistema de pensiones que tenía como medida más controvertida el retraso gradual de la edad mínima de jubilación de los 62 a los 64 años para 2030. El presidente francés defendió esta medida argumentando que, a medida que la población francesa envejece, el sis-

La entonces primera ministra francesa Elisabeth Borne, durante una rueda de prensa para exponer el nuevo plan de pensiones. Bertrand Guay | afp

tema de pensiones sufrirá un gran déficit los próximos años. Sin embargo, los sindicatos y gran parte de la opinión pública

mostraron su rechazo realizando grandes movilizaciones durante los primeros meses del año. En Baiona los huelguistas

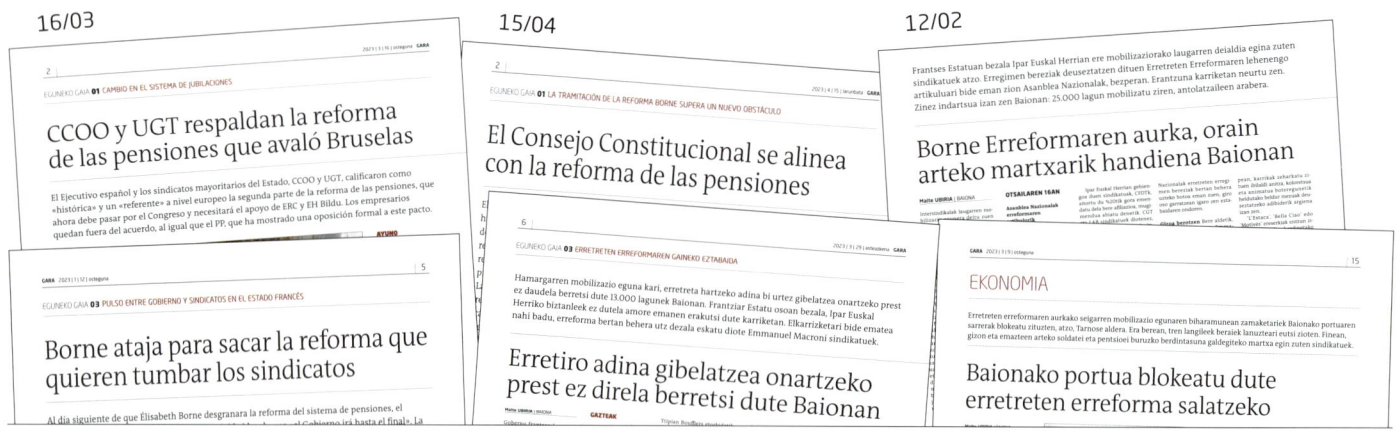

Imágenes de movilizaciones en Iparralde y Hegoalde contra los planes de pensiones de los respectivos gobiernos estatales. THOMAS SANSOM, ANDONI CANELLADA, JAGOBA MANTEROLA, PATXI BELTZAIZ, GUILLAUME FEAVEAU I AFP, FOKU

llegaron a bloquear el puerto y parte del sistema ferroviario.

Además, la tramitación de la reforma echó más leña al fuego. El Gobierno galo usó diferentes triquiñuelas legales para abreviar los debates e incluso llegó a utilizar el artículo 59.3 de la Constitución para aprobar la ley por decreto y sin voto parlamentario. El Consejo Constitucional avaló el 14 de abril la reforma; un día después el Ejecutivo promulgó la ley y entró en vigor finalmente el 1 de setiembre.

En el Estado español la segunda parte de la reforma de pensiones fue aprobada en marzo tras un acuerdo entre el gobierno y CCOO y UGT, y en el que la CEOE quedó fuera. La norma está centrada en aumentar los ingresos del sistema para garantizar su sostenibilidad. En esa línea, se estableció una cuota de solidaridad en las cotizaciones de los sueldos más altos o el destope progresivo de los que contribuyen las bases máximas

Otro de los cambios significativos fue el periodo de cómputo. La reforma plantea poder elegir entre los 25 años actuales para calcular la pensión o ampliar a 29 pudiendo descartar los dos años peores.

El Movimiento de Pensionistas de Euskal Herria, aunque reconoció mejoras, rechazó la reforma al no garantizar una pensión mínima de 1.080 euros y considerar que uno de los puntos plantea una posible privatización de las pensiones. Además, en las numerosas movilizaciones realizadas durante el año, alertaron de que una pensión de 1.080 euros ya empieza a ser insuficiente debido a la inflación y el aumento general del coste de vida.

A final de año se anunció las subidas que, debido a esta reforma y a acuerdos concretos, tendrán las pensiones en 2024. Las pensiones mínimas y las no contributivas subirán un 6,9%, en tanto que la pensión mínima de viudedad con cargas familiares se incrementará un 14,1%.

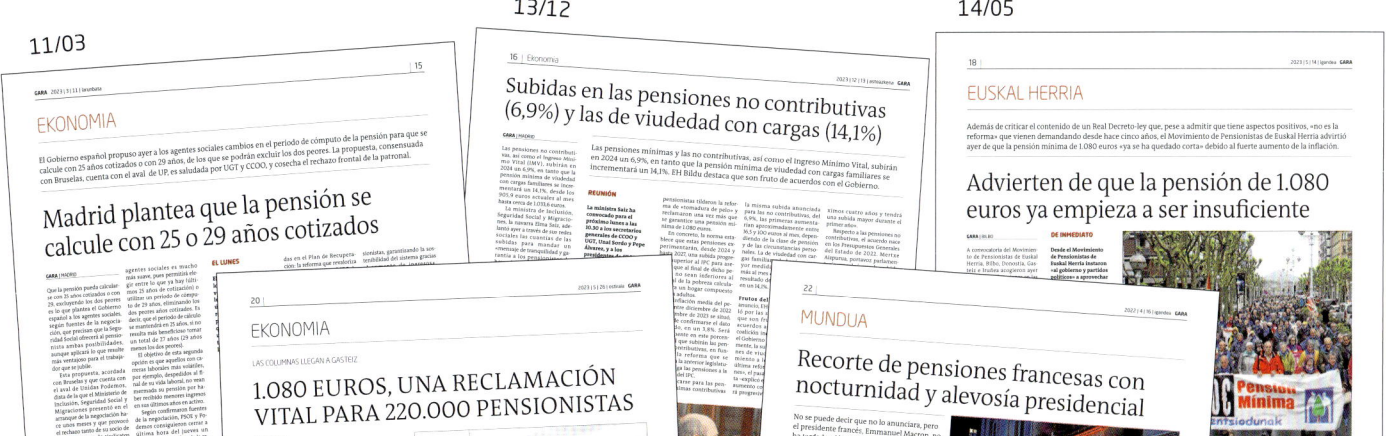

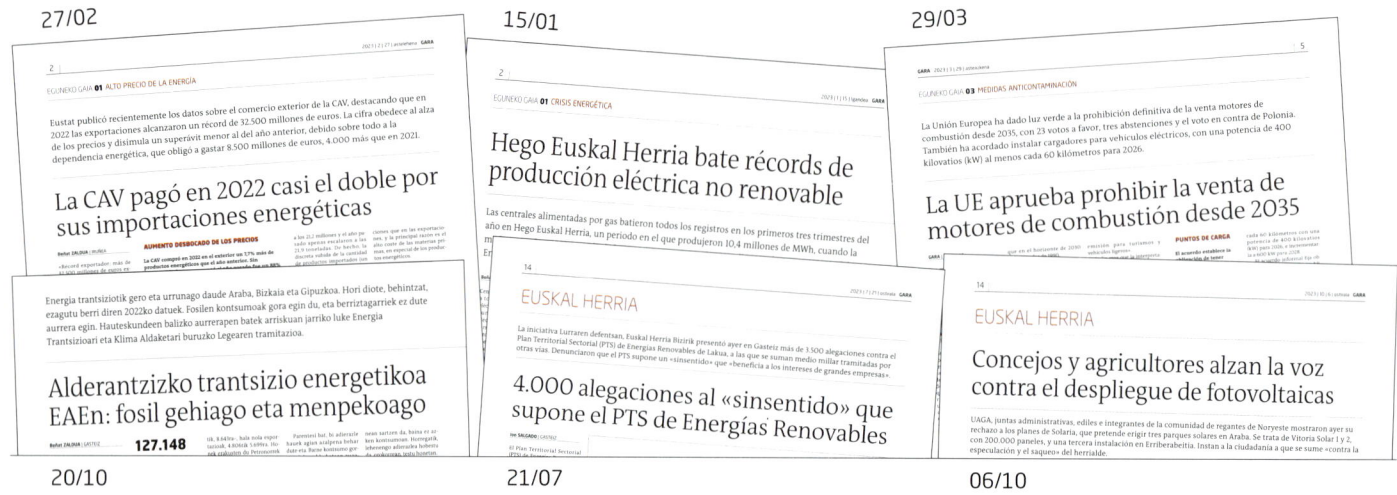

27/02

EGUNEKO GAIA 01 ALTO PRECIO DE LA ENERGÍA

Eustat publicó recientemente los datos sobre el comercio exterior de la CAV, destacando que en 2022 las exportaciones alcanzaron un récord de 32.500 millones de euros. La cifra obedece al alza de los precios y disimula un superávit menor al del año anterior, debido sobre todo a la dependencia energética, que obligó a gastar 8.500 millones de euros, 4.000 más que en 2021.

La CAV pagó en 2022 casi el doble por sus importaciones energéticas

15/01

EGUNEKO GAIA 01 CRISIS ENERGÉTICA

Hego Euskal Herria bate récords de producción eléctrica no renovable

Las centrales alimentadas por gas batieron todos los registros en los primeros tres trimestres del año en Hego Euskal Herria, un periodo en el que produjeron 10,4 millones de MWh, cuando la

29/03

EGUNEKO GAIA 03 MEDIDAS ANTICONTAMINACIÓN

La Unión Europea ha dado luz verde a la prohibición definitiva de la venta motores de combustión desde 2035, con 23 votos a favor, tres abstenciones y el voto en contra de Polonia. También ha acordado instalar cargadores para vehículos eléctricos, con una potencia de 400 kilovatios (kW) al menos cada 60 kilómetros para 2026.

La UE aprueba prohibir la venta de motores de combustión desde 2035

20/10

Energia trantsiziotik gero eta urrunago daude Araba, Bizkaia eta Gipuzkoa. Hori diote, behintzat, ezagutu berri diren 2022ko datuek. Fosilen kontsumoak gora egin du, eta berriztagarriek ez dute aurrera egin. Hauteskundeen balizko aurrerapen batek arriskuan jarriko luke Energia Trantsizioari eta Klima Aldaketari buruzko Legearen tramitazioa.

Alderantzizko trantsizio energetikoa EAEn: fosil gehiago eta menpekoago

127.148

21/07

EUSKAL HERRIA

La iniciativa Lurraren defentsan, Euskal Herria Bizirik presentó ayer en Gasteiz más de 3.500 alegaciones contra el Plan Territorial Sectorial (PTS) de Energías Renovables de Lakua, a las que se suman medio millar tramitadas por otras vías. Denunciaron que el PTS supone un «sinsentido» que «beneficia a los intereses de grandes empresas».

4.000 alegaciones al «sinsentido» que supone el PTS de Energías Renovables

06/10

EUSKAL HERRIA

Concejos y agricultores alzan la voz contra el despliegue de fotovoltaicas

UAGA, juntas administrativas, ediles e integrantes de la comunidad de regantes de Noryeste mostraron ayer su rechazo a los planes de Solaria, que pretende erigir tres parques solares en Araba. Se trata de Vitoria Solar 1 y 2, con 200.000 paneles, y una tercera instalación en Erribeibeitia. Instan a la ciudadanía a que se sume «contra la especulación y el saqueo» del herrialde.

OTRO AÑO PERDIDO PARA LA TRANSFORMACIÓN ECOSOCIAL

Beñat ZALDUA

Si hubiera que elegir una palabra para definir la política energética vasca a lo largo del año, esta sería procrastinación. La emergencia climática aprieta, más aún en un 2023 que ha vuelto a romper las marcas previas y se ha convertido en el más cálido jamás registrado, rozando ya los 1,5 grados de calentamiento respecto a la era preindustrial fijados como límite máximo por el Acuerdo de París en 2015. Pero ello no ha hecho que las políticas públicas en materia energética avancen gran cosa. Sí lo han hecho, sin embargo, los proyectos privados de grandes instalaciones renovables, que están aprovechando la falta de ordenación y previsión, especialmente en la CAV.

Por partes. La fotografía sigue siendo la misma, o mejor dicho, todavía peor en Araba, Bizkaia y Gipuzkoa. El Ente Vasco de la Energía tardó mucho más que lo habitual en publicar el balance energético del año anterior, quizá porque los resultados fueron desastrosos. La CAV avanzó en la transición energética a paso de cangrejo, en dirección contraria: quemó un

PRODUCCIÓN DE ENERGÍA ELÉCTRICA EN HEGO EUSKAL HERRIA

Estructura de la generación eléctrica durante los primeros tres trimestres del año

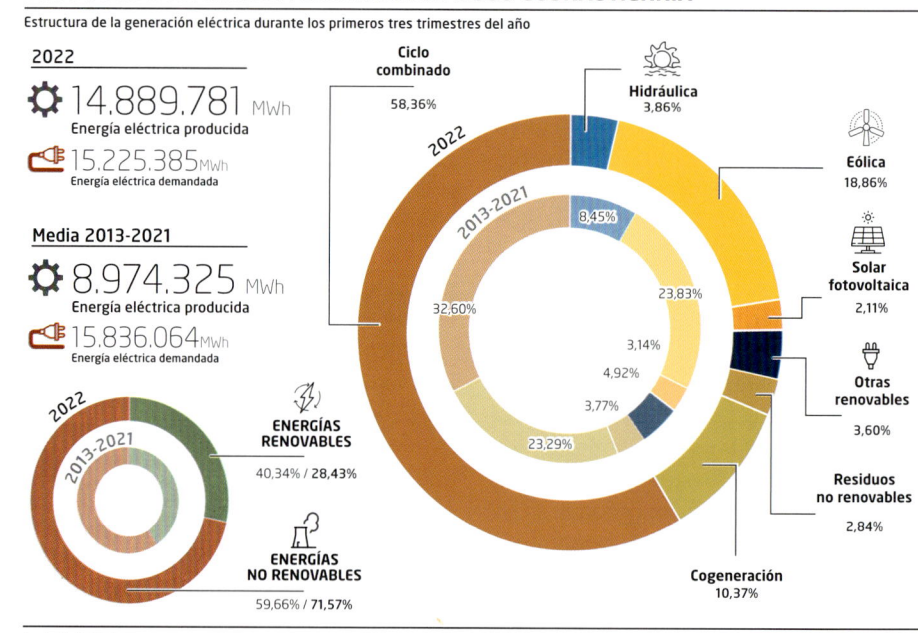

2022

⚙ **14.889.781** MWh
Energía eléctrica producida

🔌 **15.225.385** MWh
Energía eléctrica demandada

Media 2013-2021

⚙ **8.974.325** MWh
Energía eléctrica producida

🔌 **15.836.064** MWh
Energía eléctrica demandada

Ciclo combinado
58,36%

Hidráulica
3,86%

Eólica
18,86%

Solar fotovoltaica
2,11%

Otras renovables
3,60%

Residuos no renovables
2,84%

Cogeneración
10,37%

2022 — 8,45%
2013-2021 — 23,83%
32,60%
3,14%
4,92%
3,77%
23,29%

ENERGÍAS RENOVABLES
40,34% / 28,43%

ENERGÍAS NO RENOVABLES
59,66% / 71,57%

Fuente: Red Eléctrica

GARA

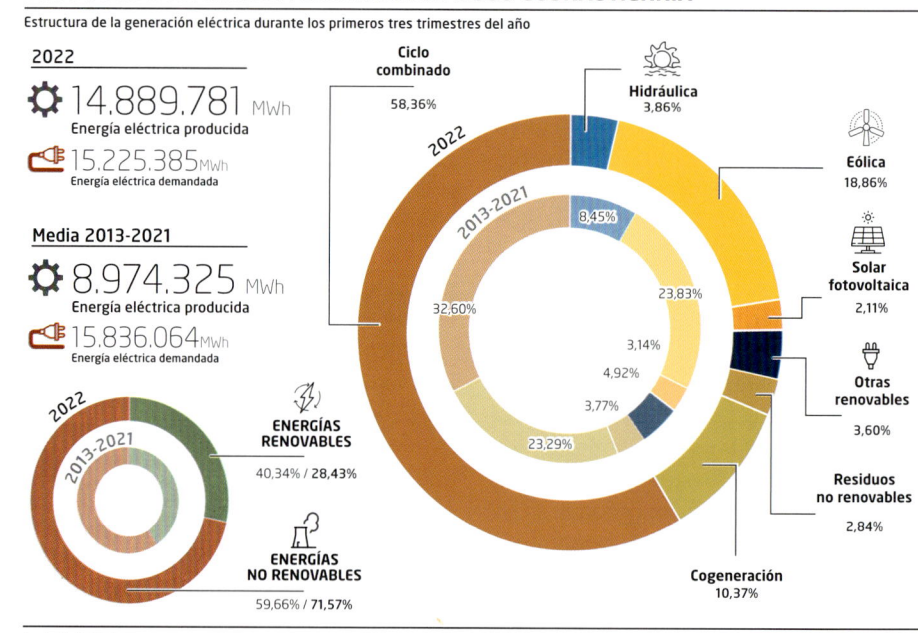

Concentración vecinal ante la torre de Iberdrola en Bilbo. MONIKA DEL VALLE I FOKU

11% más de combustibles fósiles y, por consiguiente, fue más dependiente respecto a las importaciones. De hecho, la tasa de autoabastecimiento cayó del 10% al 9,1%. Además, los proyectos renovables presentados –la inmensa mayoría sin participación de los agentes locales y de la mano de grandes multinacionales– siguen generando mucha polémica y contestación.

En Nafarroa, 2023 llegó a su fin sin conocer los datos relativos a 2022, aunque la ausencia de novedades invita a pensar

15/04

EKONOMIA

Alemania desconecta sus tres centrales y se despide hoy de la energía nuclear

Alemania se prepara para despedirse de la energía nuclear, con la desconexión hoy de las últimas tres centrales. Se trata de un objetivo largamente perseguido por el ecologismo que ha sido objeto de duras críticas por [...] un 6,4% del [...] población a [...] de las centr [...]

27/04

EKONOMIA

Iberdrola obtuvo hasta marzo un beneficio neto de 1.485 millones de euros, un 40,4% más que en el mismo periodo de 2022, con una mejora de sus resultados en el Estado español y Gran Bretaña, principalmente. «En los próximos trimestres será complicado repetir estas cifras», manifestó ante estas desorbitadas ganancias su presidente.

Iberdrola gana 1.485 millones de euros hasta marzo, con un aumento del 40%

11/05

EKONOMIA

Identifican 57 zonas para instalaciones eólicas y 53 para voltaicas en la CAV

El Plan Territorial Sectorial (PTS) publicado ayer en el Boletín Oficial del País Vasco regula la instalación de infraestructuras para energías renovables y establece 110 zonas en las que podrían implantarse, la mayor parte ubicadas en Bizkaia y Araba. Se abre ahora un plazo de 45 días hábiles para presentar alegaciones.

EKONOMIA

Imaz, rozando el negacionismo, arremete contra las políticas climáticas

Josu Jon Imaz, consejero delegado de Repsol, la empresa más contaminante del Estado español, arremetió ayer contra las políticas que tratan de limitar el calentamiento global y defendió la desvinculación de la política energética de la climática. El exdirigente del PNV tiene un eslogan: «Menos ideología, más tecnología»

EKONOMIA

La Audiencia Nacional acogió ayer la primera jornada del juicio a Iberdrola y cuatro de sus directivos acusados de idear un sistema para incrementar el precio de la luz hace diez años. La Fiscalía pide dos años de prisión para cada uno y una multa de 84.000 euros, cuatro veces el beneficio obtenido.

La AN juzga a Iberdrola por idear un supuesto sistema para encarecer la luz

23/06   18/10

Activistas iluminan una torre de enfriamiento de la central de Lingen, en Alemania, con el eslógan «Energía nuclear, nunca más». Ina Fassbender | afp

en una situación parecida a la de años anteriores. La mucho mayor implantación de renovables hace que Nafarroa, a diferencia de la CAV, cubra buena parte de sus necesidades eléctricas con producción propia, pero no se intuye ningún descenso en el empleo de combustibles fósiles.

No hay datos fiables para Ipar Euskal Herria, aunque en todo el Estado francés se volvió a acusar la apuesta casi exclusiva por la energía nuclear para reducir el empleo de fósiles. Cuando hay sequía y falta el agua, como en la primera mitad

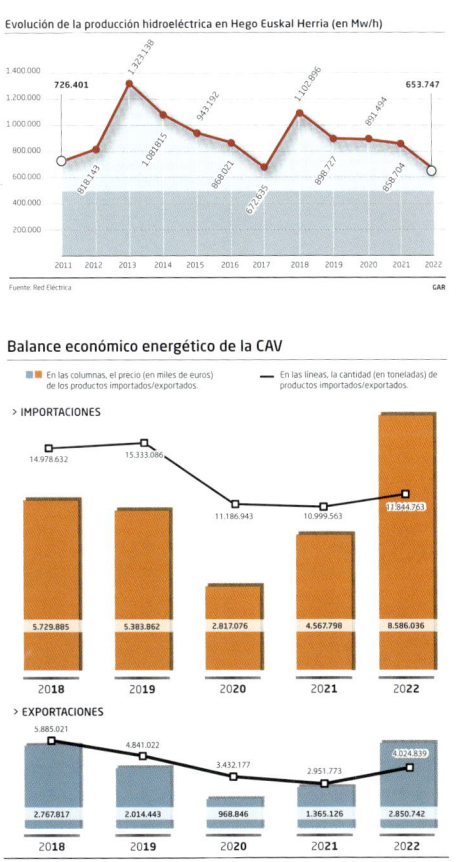

Evolución de la producción hidroeléctrica en Hego Euskal Herria (en Mw/h)

Fuente: Red Eléctrica   GAR

Balance económico energético de la CAV

> IMPORTACIONES

> EXPORTACIONES

Fuente: Eustat.   GARA

del año, las centrales nucleares no funcionan. Alemania, de hecho, cerró en 2023 sus últimas centrales. Eso sí, para evitar la dependencia rusa, ha vuelto a poner en marcha viejas plantas de carbón, el combustible más nocivo en cuanto a calentamiento global se refiere.

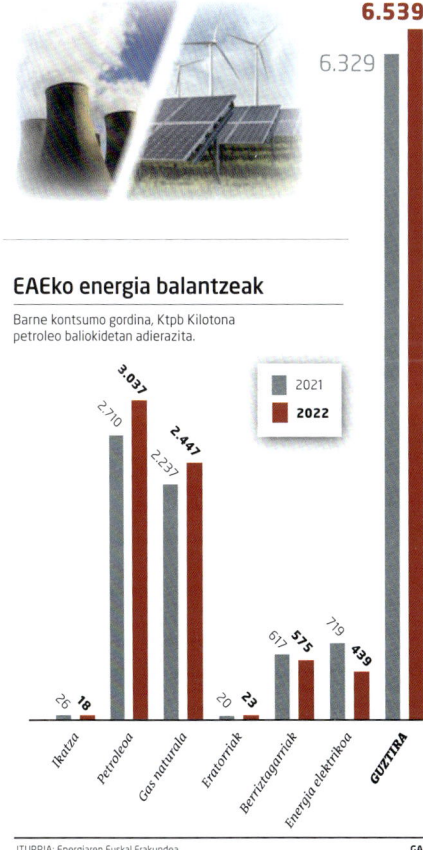

6.539

6.329

EAEko energia balantzeak

Barne kontsumo gordina, Ktpb Kilotona petroleo baliokidetan adierazita.

ITURRIA: Energiaren Euskal Erakundea   GARA

No hay trampas al solitario en una transición que necesita tanto a las renovables como al decrecimiento. De dónde quitar buena parte de lo que se consume actualmente, y dónde colocar las renovables que hacen falta, sin embargo, sigue siendo un debate pendiente.

27/10

4 EGUNEKO GAIA **02** PRESENTACIÓN DE RESULTADOS DE BANCOS Y ENERGÉTICAS

Beneficios récord de Kutxabank e Iberdrola tras recurrir el impuesto

Bancos y energéticas continúan obteniendo unos beneficios récord en un contexto de alza de precios e intereses. Iberdrola y Kutxabank, que recurrieron en la Audiencia Nacional el gravamen extraordinario a este lucro aprobado por el Ejecutivo español, han obtenido en

16

EKONOMIA

PNV y PSE pactan con el PP la política fiscal de Araba, deflactando un 2,5%

PNV y PSE acordaron ayer con el PP la política fiscal de Araba para el próximo ejercicio, que incluirá una deflactación del 2,5% en el IRPF. La propuesta de estas tres formaciones contó asimismo con el voto a favor de Vox y el rechazo de EH Bildu y Elkarrekin Araba, que lamentaron que se haya dado luz verde a «una fiscalidad de derechas».

13/12

EKONOMIA

La reforma fiscal del Gobierno de Nafarroa avanza en el Parlamento del herrialde tras celebrarse ayer el debate de las enmiendas. Será aprobada definitivamente en el pleno del próximo día 21 y supone, entre otras medidas, un ajuste del 7% de los tramos del IRPF para compensar los efectos de la inflación.

Avanza la reforma fiscal navarra, que deflacta el IRPF para paliar la inflación

11/10

16

EKONOMIA

EAJk «aberatsentzako 'foru baimena'» onartu nahi duela salatu du EH Bilduk

Bizkaiko Batzar Nagusietan EH Bilduren bozeramaile Iker Casanovak gogor kritikatu zuen atzo Arabako, Bizkaiko eta Gipuzkoako aldundiek proposatu duten Fortuna Handien gaineko zergaren araua, eta «foru

16

EKONOMIA

Aberastasunaren gaineko zergak oso eragin txikia izango du Gipuzkoan, hamar bat lagun baino ez. Hala onartu zuen Jokin Peronak Ogasun arloko arduradunak, PPrekin bilera egin eta biharamunean zehaztu zuen; aldenik horrek beharreko botoak emango lizkioke egitasmoari.

Aberastasunaren zerga hamar bat lagunek ordainduko dute Gipuzkoan

21/12   08/11

EL IMPUESTO A (MUY) GRANDES FORTUNAS COMO SEÑAL

Jornada de Elkargi sobre banca e industria en Donostia.   JON URBE | FOKU

Ramón SOLA

Las apelaciones a necesarias reformas fiscales son un mantra en Euskal Herria pero que siempre acaba sin concreciones relevantes. En este 2023 fue muy revelador lo ocurrido con el Impuesto de Grandes Fortunas, que las instituciones vascas trataron de presentar falsamente como una maniobra de calado hacia la mayor progresividad. Antes que nada, hay que recordar dos antecedentes:

esa tasa había sido desmontada en Gipuzkoa al retornar el PNV al poder después de la era Bildu en 2015 y el Estado la había implantado meses antes, lo que convertía en irregular la «excepción vasca».

Resultó además que su diseño ha sido muy pobre. Tras recurrir el PNV a la coartada de que debía ser un impuesto complementario con el de Patrimonio, en el diseño original resultó que solo unas decenas de

multimillonarios lo iban a pagar en Bizkaia o Gipuzkoa. En este último herrialde, PNV y PSE se apoyaron en un acuerdo con Elkarrekin Podemos que bajó un tanto los umbrales y con ello subió la recaudación, pero muy lejos en cualquier caso de la obtenida entre 2011 y 2015 por la Diputación de Martín Garitano. Hubiera sido más ajustado a la realidad definido como Impuesto de Muy Grandes Fortunas.

En Araba los dos socios de gobierno prefirieron pactar con el PP para acometer una deflactación leve que amortiguara las penurias causadas a los contribuyentes por la inflación. En Nafarroa también se optó por esta deflactación, pero con diferentes mayorías políticas.

Otra cuestión llamativa en el ámbito de la fiscalidad ha sido la resistencia de bancos y empresas energéticas al impuesto estatal a sus beneficios extraordinarios. Pese a acreditar durante el año grandes números, Kutxabank o Iberdrola estuvieron entre quienes llevaron esta tasa a la Audiencia Nacional intentando una prohibición judicial. Desde Repsol, Josu Jon Imaz fue punta de lanza en esta revuelta, que incluyó amenazas de paralizar inversiones (como en el caso de Petronor) a las que el Gobierno de Lakua se mostró muy sensible.

El año concluye con un acuerdo entre Gobierno español y PNV por el que se rebajan estos impuestos a las energéticas

17/05

La UE toma medidas para evitar la evasión fiscal con criptoactivos

LAB urge a una profunda reforma fiscal para reforzar el sistema público

26/09

28/10

Imaz, punta de lanza contra la tasa a las energéticas con apoyo del PNV

El impuesto a las grandes fortunas del PNV, temporal y como «solidaridad»

29/09

01/07

Jabyer Fernández y sus empresas encabezan la lista de morosos fiscales

A la izquierda, la candidata a diputada general de Gipuzkoa, Eider Mendoza, en la presentación de su programa económico. A la derecha, el lehendakari Iñigo Urkullu comparte confidencias con Josu Jon Imaz, consejero delegado de Petronor. OSKAR MATXIN | FOKU

mediante fórmulas ambiguas como el apoyo a ciertas inversiones, algo que no gustó nada a Yolanda Díaz (Sumar). Mientras tanto, EH Bildu sostiene que la tasa a beneficios extraordinarios no solo debe crecer sino además hacerse permanente y no temporal, una opción a la que también parece abrir la puerta el Ejecutivo de Pedro Sánchez.

02/02   05/12   07/13   03/19

OINARRIZKO ZERBITZUA, **OKERRERA**

Martxelo DIAZ

Osasungintzako zerbitzu publikoek (Osakidetza eta Osasunbidea) herritarren kexa ugari jaso dituzte azkenaldian. Itxaronaldiak gehiegizkoak direla, osasun etxe batzuetan mediku gutxiegi dagoela, erizainak medikuen lanak egitera behartu dituztela, kontratuak ez direla berritu...; horiek izan dira kritiketako batzuk. Herritarren artean, osasungintzan gero eta zerbitzu kaskarragoa eskaintzen den ustea zabaltzen ari da, inkestek nabarmentzen dutenez.

Egoera horren aurrean, ezin da esan Lakuako Gobernuak eman duen erantzuna egokia izan denik. Gaixoen kalterako eredu berriak ezarri nahi dituela eta pribatizazio planetan aurrera egiten ari dela diote sindikatuen eta alderdien kritika nagusiek. Gestio horren aurrean, greba eta mobilizazioak izan dira, osasungintzan ere zerbitzu publikoa bermatu eta indartu behar dela aldarrikatzeko. Osakidetzan grebak egin izan dituzte egoera salatzeko eta konponbideak eska-

Gasto de Osasunbidea en «productividad»

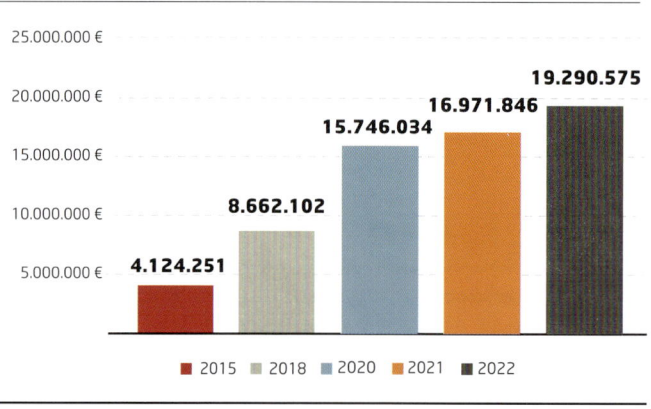

GARA

tzeko, jarraipen handia izan dutenak. Garbitzaileak ere greba egitera behartu dituzte pairatzen dituzten baldintzak salatzeko eta egoera duina lortzeko aldarrikapenarekin.

Nafarroan zerbitzu murrizketak ere izan dira. Lizarran erditzeak bertan behera utzi zituzten eta Tuterako Ospitalean Zainketa Intentsiboetako Unitatea egun pare batzuetan itxi zuten. Medikuek duten esklusibotasunak ere hautsak harrotu zituen. Nafarroan ere Osasunbideari buruzko kezka handitzen doa eta Gobernuaren erantzuna motz gelditzen da.

Osakidetzako langileen manifestazioa zerbitzu publikoaren alde.   OSKAR MATXIN | FOKU

30/03   19/01   14/06

07/11   24/05

UN SECTOR FEMINIZADO
QUE SE MOVILIZA PARA MEJORAR SUS PRECARIAS CONDICIONES

Imanol INTZIARTE

El envejecimiento de nuestra sociedad trae consigo una cada vez mayor importancia del sector de los cuidados, un ámbito que en lo laboral destaca por su alto grado de feminización, en muchos casos además con condiciones precarias, sueldos bajos y un importante porcentaje de mujeres migrantes.

Valga como botón de muestra que el enfoque sobre cómo debe evolucionar este sector fue el principal motivo argumentado por EH Bildu y Elkarrekin para rechazar el proyecto de presupuestos de la Diputación de Gipuzkoa. Ambas formaciones de izquierdas abogaban por dar pasos hacia la publificación del servicio, frente a la proliferación de las subcontratas. Un dato, solo el 9% de las residencias de la CAV son de titularidad y gestión pública.

Los cuidados, remunerados o no, fueron la cuestión nuclear en la huelga feminista del pasado 30 de noviembre (véase el texto al respecto en la sección Euskal Herria).

En este contexto, las protestas de las trabajadoras de las residencias son una constante. Entre tanta sombra de vez en cuando se cuela algún rayo de luz, y en mayo se firmó un nuevo convenio en Bizkaia. Fueron necesarios dos años de movilizaciones, para un total de 68 jornadas de huelga.

Celebración del acuerdo sobre el nuevo convenio alcanzado tras la huelga de residencias de Bizkaia.

Oskar Matxin | foku

Lo pactado incluía una subida salarial del 23%, amén de otras mejoras para un colectivo formado por alrededor de 5.000 personas.

«Podemos decir alto y claro que luchar merece la pena. Decidimos que íbamos a dejar de ser invisibles y aquí estamos, porque los cuidados tienen que estar en primera línea de la lucha», subrayó entonces una de las representantes de las trabajadoras.

A la izda., el secretario general, Mitxel Lakuntza, y Amaia Muñoa. A la dcha., Igor Eizagirre, responsable de Gizalan en ELA, en una convocatoria sindical en defensa del sector público. MONIKA DEL VALLE, ARITZ LOIOLA | FOKU

ELA, «POR LA LUCHA SINDICAL»
Y CON LOS CUIDADOS EN EL CENTRO

Alaia SIERRA

En 2023 ELA ha mantenido su estrategia de «lucha» caracterizada por el impulso a decenas de huelgas. En una comparecencia en septiembre de 2023, Amaia Muñoa elogió la labor de la central en los primeros meses del año. Subrayó que, según los datos del Consejo de Relaciones Laborales, 150.000 trabajadores de Araba, Bizkaia y Gipuzkoa tenían actualizado el convenio. Añadió que Gipuzkoa fue donde se consiguió un mayor incremento salarial medio. Muñoa y el secretario general de ELA, Mitxel Lakuntza, aseguraron que mantendrían intacta esta línea de acción.

Lakuntza también acusó al lehendakari de la CAV, Iñigo Urkullu, de «no reconocer que la indignación que hay en la sociedad es consecuencia de sus políticas». Unos días más tarde, en una entrevista concedida a NAIZ Irratia, Lakuntza insistió en que Urkullu «no quiere hacer autocrítica». Precisamente días antes de esta entrevista, el lehendakari se quejó de las cifras de convocatorias de huelga, a lo que Lakuntza respondió que las condiciones laborales buenas se han conseguido mediante huelgas. «Aquí las condiciones laborales son mejores porque la capacidad de huelga es grande», declaró.

Acorde con el objetivo de la huelga feminista general convocada para el 30 de noviembre, el secretario general de ELA dejó claro que, en cuanto a nuevos convenios, su sindicato se centraría en el sector feminizado, como la hostelería, el servicio doméstico o las residencias. Insistió también en la necesidad de reconocimiento político a las tareas de cuidados.

26/09

08/09

17/09

07/21

09/06

06/03

06/04

05/19

LABek hauteskunde-emaitzak ospatu ditu Iruñean; Nafarroako Administrazio Publikoko lehen sindikatua izan da. LAB

LAN-GATAZKEN IA ERDIA KONPONDU DA
LABEN BULTZADARI ESKER

Alaia SIERRA

LAB sindikatuak 2022-2023 ikasturtea lan gatazken %45,10 konponduz amaitu du. 2023ko udan argitaratutako ekintza sindikalari buruzko txostenean eman zuen datu honen berri. 92 gatazka horiek ebatzita, «borrokak merezi duela» nabarmendu zuten, aurreko ikasturtean ebatzitako %25en aurrean.

2022-2023 ikasturte horren amaieran, hain zuzen, Lakuako Hezkuntza Sailarekin akordioa lortu zuen LABek, «langileen bal-

dintzak hobetzeko». Mahai sektorialetan landu beharreko edukien artean, sektore guztietan plantillak mantentzea erabaki zen, giza baliabideak euskara irakaskuntza indartzera bideratuz, besteak beste.

Irailean, ikasturte berriari begira, borroka sindikala pizteko alde egiteko asmoa erakutsi zuen Garbiñe Aranburu sindikatuko koordinatzaile nagusiak, langileen «ahalduntze kolektiboa» gertatzen ari zelarik. Zaintzaren agendari garrantzia emateko

beharra ere adierazi zuen eta, zatiketak «patronalari mesede» egiten dionez, eragile ezkertiar independentisten artean agenda soziala partekatzearen alde agertu zen.

Helburu horietan aurrera egiteko eta «sindikalismo antirrazista» bat eraikitzeko, Idazkaritza Antirrazista sortu zuen sindikatuak udan. Muturreko eskuinaren gorakadaren aurrean, tresna honen helburua langile etorkinen eta arrazializatuen eskubideak eta antolaketa kolektiboa defendatzeko «tresna baliagarriak» eraikitzea da, «sindikalismo berri» baten alde. Honekin batera, arrazismoaren aurkako sindikalismoaren Plan Estrategikoa aurkeztu zuen LAB sindikatuak.

Ekain Rico, del PSE, y Arkaitz Rodríguez, de EH Bildu, durante un momento de la sesión sobre el SMI en el Parlamento Vasco. A la dcha., el presidente del Gobierno español, Pedro Sánchez. RAÚL BOGAJO | FOKU

EL SMI SUBE A 1.080 EUROS
Y LA CEOE PROPONE SUBIDAS DEL 3% EN 2024 Y 2025

Alaia SIERRA

Fue en febrero de 2023 cuando el presidente del Gobierno español, Pedro Sánchez, anunció la subida hasta los 1.080 euros mensuales en catorce pagas del Salario Mínimo Interprofesional (SMI). Dicho incremento fue del 8% y se aplicó desde el 1 de enero con efecto retroactivo.

Sin embargo, se situó por debajo de lo que pedían los sindicatos y solo por encima de lo exigido por la CEOE, la patronal española, que se desligó del acuerdo entre la ministra de Trabajo y los sindicatos UGT y CCOO.

Pasados dos meses del anuncio, una enmienda de PNV, EH Bildu, PSE y Elkarrekin Podemos-IU pidió al lehendakari Iñigo Urkullu que la CAV asumiera la competencia en materia laboral y un sueldo mínimo que se correspondiera con la realidad económica de Araba, Bizkaia y Gipuzkoa. Según la Carta Social Europea, debería ser de 1.400 euros mensuales.

La enmienda nació de una iniciativa que presentó EH Bildu. Según declaró Arkaitz Rodríguez, se trató de «un acuerdo importante, pues es la primera vez que el Parlamento Vasco se posiciona de forma tan clara y tan mayoritaria a favor de un salario mínimo acorde a la realidad socioeconómica de nuestro pueblo».

En noviembre, la CEOE comenzó a asumir esta necesidad y comunicó que propondría a los sindicatos y al Gobierno español una subida del SMI del 3% en 2024 y el 2025.

En una segunda reunión entre los sindicatos, el ministerio y la patronal que acabó sin llegar a ningún acuerdo, el Gobierno español propuso un incremento del 4% para el SMI del año que estaba a punto de empezar. De ser así, la cuantía se elevaría a los 123,2 euros, pero los sindicatos defendieron una subida de entorno al 5%.

LA NUEVA RGI,
«UN RETROCESO»
QUE «PENALIZA» A LAS MUJERES

Alaia SIERRA

La Ley del Sistema Vasco de Garantía de Ingresos y para la Inclusión que entró en vigor en marzo de 2023 en Araba, Bizkaia y Gipuzkoa recibió fuertes críticas por parte del Movimiento de Pensionistas de Euskal Herria, que denunció que suponía «un retroceso» respecto de la ley de 2008.

Concretamente, según explicaron los propios pensionistas en una comparecencia ante el Parlamento de Gasteiz días antes de que se aprobase la norma, censuraron que la ley anterior «garantizaba a una persona pensionista el cien por cien del Salario Mínimo Interprofesional». La nueva RGI solo cubre el 80% del SMI, 850 euros en catorce pagas. Asimismo, denunciaron que perjudicaría especialmente a las mujeres, que reciben pensiones más bajas y se ven excluidas porque su pensión se suma a la del cónyuge o pareja de hecho.

Por su parte, EH Bildu había propuesto mediante una enmienda en la Cámara de Gasteiz que a las personas que tuvieran derecho a que se les complemente su pensión se les hiciera dicho trámite de oficio, porque muchas de ellas ni conocen que es su derecho ni la tramitación que requiere. Según explicó Nerea Kortajarena, esta medida sacaría de la pobreza a unas 23.000 personas, mayormente mujeres. Sin embargo, la enmienda fue rechazada.

Kortajarena afirmó que «ahora la única pregunta es cuándo nos terminarán dando la razón y se pasará a buscar soluciones de este tipo». En respuesta, David Soto, de Elkarrekin Podemos-IU, recriminó a EH Bildu que la iniciativa tuviese un objetivo electoralista y reprochó al grupo «falta de capacidad negociadora efectiva».

28/03   17/03

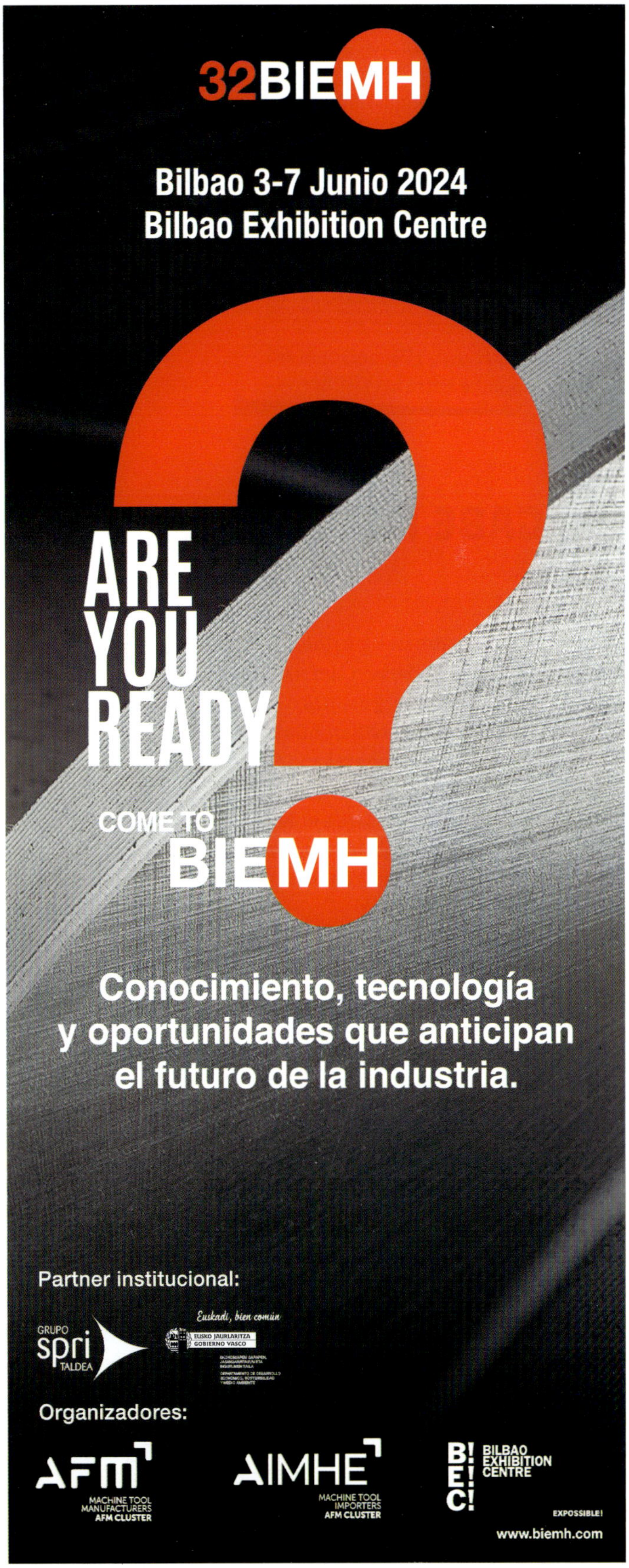

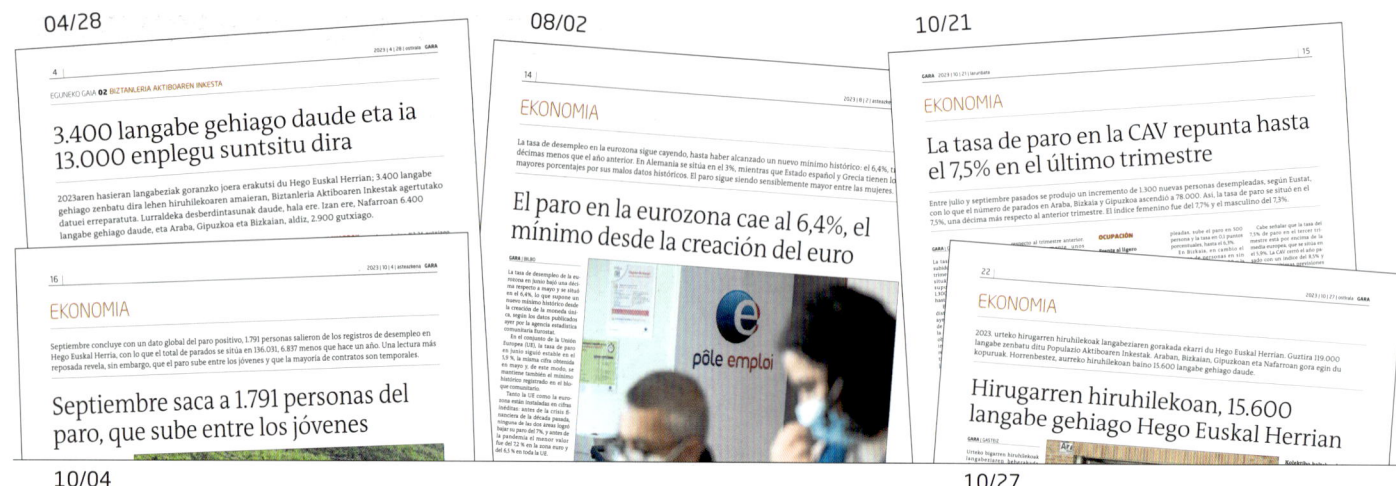

04/28

08/02

10/21

10/04

10/27

LANGABE KOPURUA BEHERA, PREKARITATEA GORA

Amaia UGARTE

2023. urtean langabeziak portaera aldakorra izan zuen Hego Euskal Herrian. Hala, lehen hiruhilekoan goranzko joera izan bazuen ere, bigarrenean bilakaera bestelakoa izan zen eta beherakada ekarri zuen, INE estatistika institutuaren Biztanleria Aktiboaren Inkestaren emaitzen arabera. Hirugarren hiruhilekoan, ordea, langabe kopurua hazi egin zen berriz ere, nabarmen gainera.

Urte bukaerarekin, datuak zertxobait hobetu ziren eta Araban izan ezik, Bizkaian, Gipuzkoan eta Nafarroan langabezia tasa jaitsi egin zen abenduan aurreko hilabetearekin alderatuta. Hala, 2023ko amaieran, guztira, 137.767 pertsona zeuden lanik gabe Hego Euskal Herrian, 2022ko abenduan baino 4.641 gutxiago. Langabezia tasa %10,8koa zen lau herrialdeetan, Europar Batasuneko batezbestekoa baino lau puntu handiagoa.

Lanik gabe dauden pertsonen artean gehienak emakumeak dira; hamarretik sei, hain zuzen ere; aldiz, lana duten biztanleen erdiak baino gutxiago dira. Gazteen artean ere langabeziak gora egin du.

Kontratuei dagokienez, 2022an baino 6.658 gutxiago sinatu ziren iaz. Horietatik %75 aldi baterakoak izan zirela eta prekaritatea «izurrite» bilakatu dela salatu dute sindikatuek.

Europar Batasunean langabeziak behera egin zuen iaz eta minimo historikoare-

Eguneroko irudi bat Berangon.

Luis JAUREGIALTZO | FOKU

kin itxi zuen urtea: %6,4. Beste behin ere, Estatu espainiarra da tasa altuena duen herrialdea (%11,9). Frantziar Estatua sailkapeneko seigarren postuan dago, %7,3ko langabezia tasarekin.

58 TRABAJADORES MURIERON EN EUSKAL HERRIA EN 2023
EN ACCIDENTE LABORAL

Marcel PENA

Euskal Herria registró 58 muertes por accidente laboral en 2023, once menos que las 69 del año anterior. Según datos del sindicato LAB, 11 de estos fallecimientos se produjeron en Araba; 11 más en Bizkaia; 15 en Gipuzkoa; 12 en Nafarroa; cinco en Iparralde, y cuatro fuera de Euskal Herria.

El último accidente de 2023 se produjo a pocos días de terminar el año, la madrugada del 22 de diciembre, cuando el pesquero FV Cycnos se hundió en la costa de Ziburu. El patrón del barco pudo ser rescatado, mientras que dos marineros senegaleses no pudieron ser salvados con vida.

La coordinadora general de LAB, Garbiñe Aranburu, señaló en una entrevista en NAIZ Irratia que los accidentes laborales mortales pueden evitarse, y para ello puso un ilustrativo ejemplo: a pesar de que en los últimos años la cifra de fallecidos ha venido siendo similar, las multas por no cumplir las normas de tráfico se sitúan en torno a las 300.000 anuales, mientras que en el ámbito laboral solo son 700.

Concentración sindical en Olaberria para denunciar una muerte laboral. A la dcha., movilización del LAB el Día Internacional de la Salud en el Trabajo.

JON URBE, MONIKA DEL VALLE | FOKU

Otra de las preocupaciones de los sindicatos en 2023 continuó siendo la mortalidad por amianto. No en vano, seis municipios vascos se encuentran entre los diez del Estado con mayor número de muertes por inhalar este componente. Concretamente, Beasain, Sestao, Santurtzi, Barakaldo, Laudio y Portugalete forman parte de esta lista, que provocó que la asociación de víctimas presentara una moción en sus ayuntamientos para que se cumpla con la ley.

LA POBREZA AUMENTA DE FORMA SISTEMÁTICA
Y GENERA NUEVAS REALIDADES

Aritz INTXUSTA

La brecha entre pobres y ricos sigue ensanchándose. Según indicó Oxfam en su último informe disponible sobre desigualdad, de todo el dinero, bienes, recursos, materias –de la «riqueza», en definitiva– que se generó entre 2019 y 2021, el 63% fue a parar a manos del 1% más pudiente. El 43% restante tampoco se repartió de forma equitativa, sino que el 90% más pobre del planeta tan solo recibió el 10% de esa riqueza total.

Aunque el fenómeno de la desigualdad es analizable en términos globales y matemáticos, cuando se lleva a parámetros humanos y humanitarios provoca realidades desconocidas. Ikuspegi, el Observatorio Vasco de la Inmigración, alertó del peso de la interseccionalidad –de la convergencia de diferentes formas de exclusión social– entre las personas sin recursos en la CAV. Un fenómeno que obliga, según Ikuspegi, a rediseñar todo el sistema de soportes para esta población

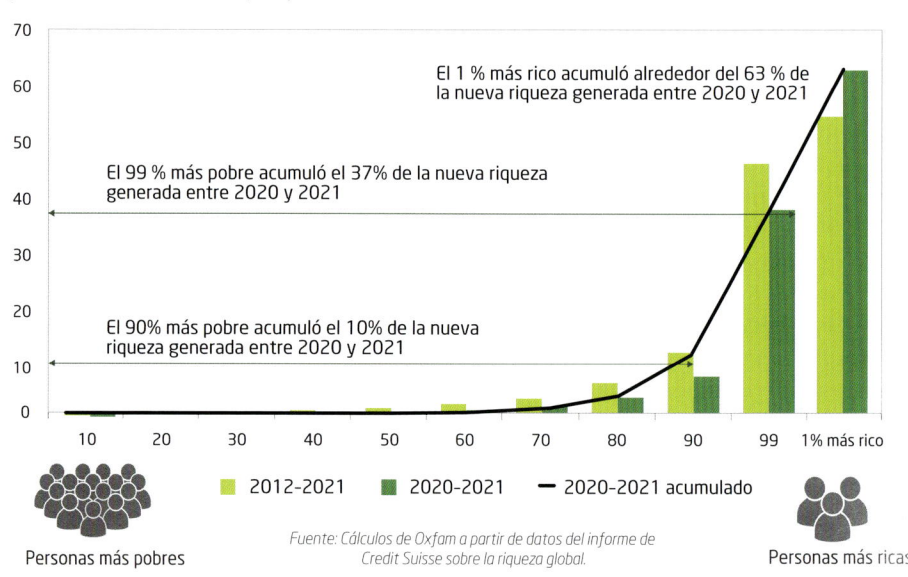

Porcentaje de la nueva riqueza acumulada
(como % del total de la nueva riqueza)

El 1 % más rico acumuló alrededor del 63 % de la nueva riqueza generada entre 2020 y 2021

El 99 % más pobre acumuló el 37% de la nueva riqueza generada entre 2020 y 2021

El 90% más pobre acumuló el 10% de la nueva riqueza generada entre 2020 y 2021

■ 2012-2021   ■ 2020-2021   ▬ 2020-2021 acumulado

Personas más pobres

Personas más ricas

Fuente: Cálculos de Oxfam a partir de datos del informe de Credit Suisse sobre la riqueza global.

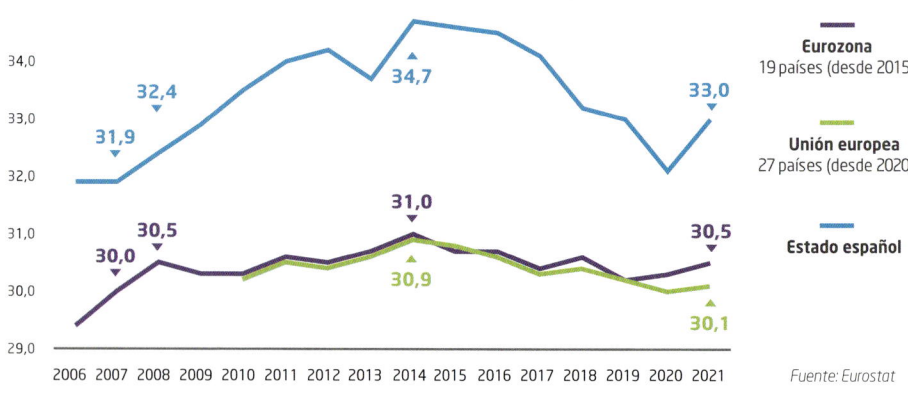

Evolución de la desigualdad en el Estado español, la zona euro y la UE 27
(índice de Gini sobre la renta disponible equivalente referida al año anterior)

Eurozona 19 países (desde 2015)

Unión europea 27 países (desde 2020)

Estado español

Fuente: Eurostat

18/10

2023 | 10 | 18 | asteazkena **GARA**

Un acto en Bilbo pidió ayer, Día Internacional contra la Pobreza, una nueva ley de Renta de Garantía de Ingresos. También en Donostia se movilizaron por una industria de la moda sostenible, mientras que el Parlamento navarro presentó el Pacto contra la Pobreza.

Una nueva RGI y moda sostenible en el Día contra la Pobreza

GARA | BILBO

Migrante y sin hogar, el perfil del usuario de los **comedores sociales**

El comedor social Conde Aresti de 100 comidas y 150 cenas diarias a las personas más necesitadas de Bilbo. Es uno de los tres centros que hay en la capital, y en el trabajaba Mustafa, que hasta hace cinco años dormía en la calle y era uno de los usuarios del comedor. La directora del centro, Mustafa y otro traba-

12/09

16

2023 | 9 | 12 | asteartea

EKONOMIA

La Encuesta de Pobreza y Desigualdades Sociales 2022 elaborada por el Gobierno de Lakua apunta que el 4% de la población de Araba, Bizkaia y Gipuzkoa se halla en situación de «pobreza real», constatando un descenso de este parámetro. Sin embargo, aumentan hasta el 20% quienes no pueden hacer frente a un gasto imprevisto.

El 4% de la población de la CAV se halla en situación de «pobreza real»

GARA | GASTEIZ

El 4% de la población de Araba, Bizkaia y Gipuzkoa se encuentra en situación de «pobreza real», un porcentaje que por

20 | Euskal Herria

2023 | 9 | 27 | asteazkena

Una media diaria de 3.410 personas sin hogar durmieron en albergues

El año pasado una media diaria de 3.410 personas durmieron en los centros de alojamiento de Araba, Bizkaia y Gipuzkoa, un 1,8% menos que en 2020. De ellas, 638 son personas en situación de exclusión residencial grave, que viven en las calles de pueblos y ciudades.

15/03

2023 | 3 | 15 | asteazkena **GARA**

La intersección de las desigualdades sociales está generando nuevas discriminaciones, según se recoge en el estudio Zabaldu, el primer número de una colección de publicaciones sobre la diversidad, coordinado por el Observatorio Vasco de Inmigración-Ikuspegi.

Un estudio alerta de que surgen nuevas formas de desigualdad

GARA | DONOSTIA

1.158 euros al mes, nuevo umbral de la pobreza en el Estado francés

El Instituto de Estadística Insee constata un aumento de las desigualdades sociales a raíz de la pandemia. Según su cálculo actualizado, sobre datos de 2021, el ingreso mínimo que hay que percibir para eludir el umbral de pobreza es de 1.158 euros mensuales.

03/02   **27/09**   **16/11**

Trabajadores precarios y pensionistas que cobran la RGI en la CAV

	TOTAL Perceptores	Trabajadores precarios	%	Pensionistas	%
2019	66.508	15.193	22,84%	15.810	23,77%
2020	66.369	13.696	20,63%	14.943	22,51%
2021	68.701	13.853	20,16%	14.913	21,70%
2022	64.706	12.414	19,18%	14.598	22,56%

Fuente: Departamento de Trabajo y Empleo del Gobierno de Lakua   **GARA**

MUJERES

Dos de cada tres personas que necesitan la RGI para complementar su sueldo o su pensión, son mujeres.

(a través de ayudas, etc.) que implementan los poderes públicos.

Desde el París 365, el comedor social referencial en Nafarroa, se alertó de que las situaciones de pobreza se están volviendo más severas y, en consecuencia, se cronifican. A la gente cada vez le cuesta más salir, pues las ayudas ni son suficientes ni logran el fin buscado. De ahí que el comedor diera de comer a un 35% menos de personas distintas, porque variaron menos sus usuarios al haber más «fijos». La otra gran alerta que dio el comedor es que la sociedad se encuentra menos concienciada hacia la pobreza, por lo que las donaciones y gestos solidarios se reducen.

Para salir de la situación de pobreza no basta con un trabajo o con una pensión. La mitad de los más de 12.000 perceptores de Renta de Garantía de Ingresos (RGI) en la CAV tienen empleos precarios o una pensión que les resulta insuficiente para vivir, por lo que la administración tiene que completarla hasta alcanzar el mínimo establecido para vivir con dignidad.

Siguiendo con la idea de la interseccionalidad, el sexo de los perceptores de renta es uno de los elementos determinantes. Dos de cada tres personas empleadas que requieren de un complemento de RGI son mujeres, lo que corrobora que las trabajadoras sufren de brecha salarial incluso en los subempleos. También son ellas las pensionistas que menos cobran y que, por tanto, más compensación requieren a través de la RGI.

Algunas de las ayudas están radicalmente mal diseñadas, como quedó de manifiesto con las referentes a la pobreza energética. Lakua solo ayudó al 2% de las 72.666 familias en las que detectó esta necesidad. Aun así, el montante de las ayudas superó los dos millones de euros.

Comedor social Conde Aresti, en Bilbo.   MONIKA DEL VALLE | FOKU

mun:

2023

MUNDUA

Zugazart

Publicado el 31/10

7 DE OCTUBRE:
PUNTO DE INFLEXIÓN, DE IMPLOSIÓN O DE NO RETORNO

Dabid LAZKANOITURBURU

Como si no hubiera aprendido la lección de la guerra del Yom Kipur medio siglo antes –cuando los ejércitos egipcio y sirio pillaron totalmente desprevenido al Ejército israelí–, el mismo día pero cincuenta años después y amparado en la noche y en la festividad judía del Sukot, Hamas saltaba por mar, tierra y aire el muro del inmenso campo de concentración de Gaza.

Lanzaba así un brutal ataque a los cuarteles, localidades y kibutz (otrora granjas colectivas) israelíes del otro lado de la frontera en un asalto que se saldaba con la muerte de 1.200

personas –algunas por fuego amigo– y se llevaba de vuelta más de 200 rehenes.

Noqueado, el Gobierno de Israel lanzaba una campaña de bombardeos de venganza que dejaba mudo de horror al mundo, con más de 20.000 muertos –a fecha de finales de 2023–, miles de desaparecidos bajo los escombros del 60% de los edificios destruidos en la franja, cientos de muertos entre el personal médico, casi 200 periodistas cazados sin piedad y 60.000 heridos.

Tras dos meses de bombardeos y de ofensiva sobre el terreno, en la que el Ejército israe-

11/10

Israel promete el infierno en Gaza y una ofensiva total «sin restricciones»

Israel golpea a los gazatíes como a «animales» y prepara la invasión

08/10

Israel declara el estado de guerra tras la ofensiva palestina sin precedentes

Israel insiste en un desplazamiento inhumano de población en Gaza

10/10

15/10

Cómo se desplegó el ataque de Hamas contra Israel

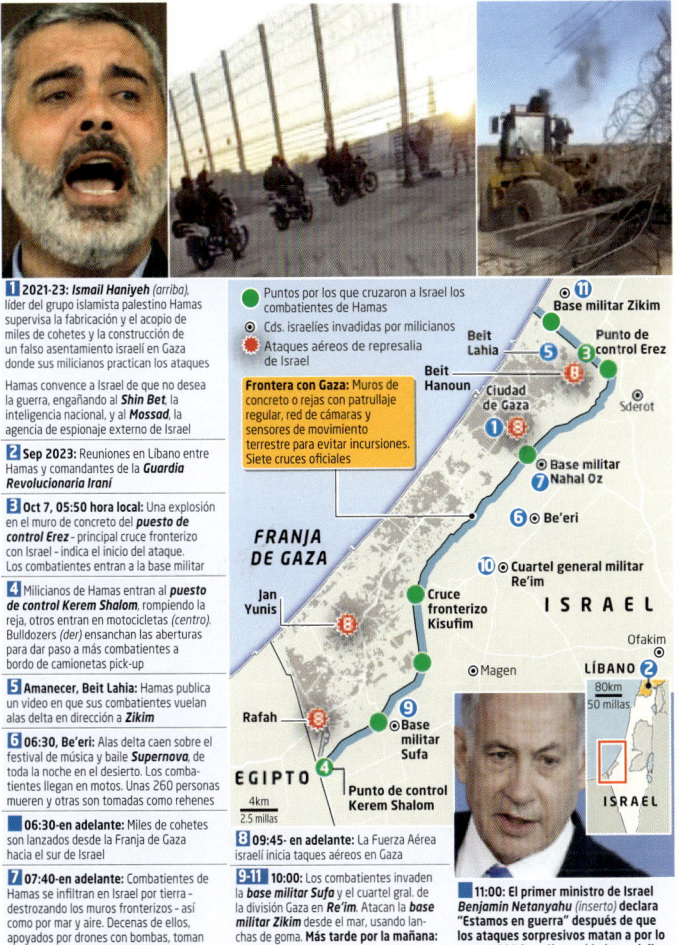

1 **2021-23:** *Ismail Haniyeh (arriba),* líder del grupo islamista palestino Hamas supervisa la fabricación y el acopio de miles de cohetes y la construcción de un falso asentamiento israelí en Gaza donde sus milicianos practican los ataques

Hamas convence a Israel de que no desea la guerra, engañando al *Shin Bet,* la inteligencia nacional, y al *Mossad,* la agencia de espionaje externo de Israel

2 **Sep 2023:** Reuniones en Líbano entre Hamas y comandantes de la *Guardia Revolucionaria Iraní*

3 **Oct 7, 05:50 hora local:** Una explosión en el muro de concreto del *puesto de control Erez* - principal cruce fronterizo con Israel - indica el inicio del ataque. Los combatientes entran a la base militar

4 Milicianos de Hamas entran al *puesto de control Kerem Shalom,* rompiendo la reja, otros entran en motocicletas *(centro).* Bulldozers *(der)* ensanchan las aberturas para dar paso a más combatientes a bordo de camionetas pick-up

5 **Amanecer, Beit Lahia:** Hamas publica un video en que sus combatientes vuelan alas delta en dirección a *Zikim*

6 **06:30, Be'eri:** Alas delta caen sobre el festival de música y baile *Supernova,* de toda la noche en el desierto. Los combatientes llegan en motos. Unas 260 personas mueren y otras son tomadas como rehenes

06:30-en adelante: Miles de cohetes son lanzados desde la Franja de Gaza hacia el sur de Israel

7 **07:40-en adelante:** Combatientes de Hamas se infiltran en Israel por tierra – destrozando los muros fronterizos – así como por mar y aire. Decenas de ellos, apoyados por drones con bombas, toman el control de la *base militar Bahal Oz*

- Puntos por los que cruzaron a Israel los combatientes de Hamas
- Cds. israelíes invadidas por milicianos
- Ataques aéreos de represalia de Israel

Frontera con Gaza: Muros de concreto o rejas con patrullaje regular, red de cámaras y sensores de movimiento terrestre para evitar incursiones. Siete cruces oficiales

Base militar Zikim
Beit Lahia
Punto de control Erez
Beit Hanoun
Ciudad de Gaza
Sderot
Base militar Nahal Oz
Be'eri
Cuartel general militar Re'im
Jan Yunis
Cruce fronterizo Kisufim
ISRAEL
Ofakim
Magen
LÍBANO
80km 50 millas
Rafah
Base militar Sufa
EGIPTO
Punto de control Kerem Shalom
4km 2.5 millas
ISRAEL

8 **09:45- en adelante:** La Fuerza Aérea israelí inicia taques aéreos en Gaza

9-11 **10:00:** Los combatientes invaden la *base militar Sufa* y el cuartel gral. de la división Gaza en *Re'im.* Atacan la *base militar Zikim* desde el mar, usando lanchas de goma. **Más tarde por la mañana:** Unos 100 rehenes son llevados a Gaza

11:00: El primer ministro de Israel *Benjamin Netanyahu (inserto)* declara "Estamos en guerra" después de que los ataques sorpresivos matan a por lo menos 800 israelíes, soldados y civiles

Fuentes: CNN, Global Security, The Times of Israel, Politico, Reuters   Fotos: Getty Images, Hamas social media   GN | **GARA**

Israel ordena evacuación en Gaza

Israel ha ordenado a 1,1 millones de residentes del norte de la franja de Gaza que se trasladen al sur mientras se prepara para una ofensiva terrestre en la Ciudad de Gaza

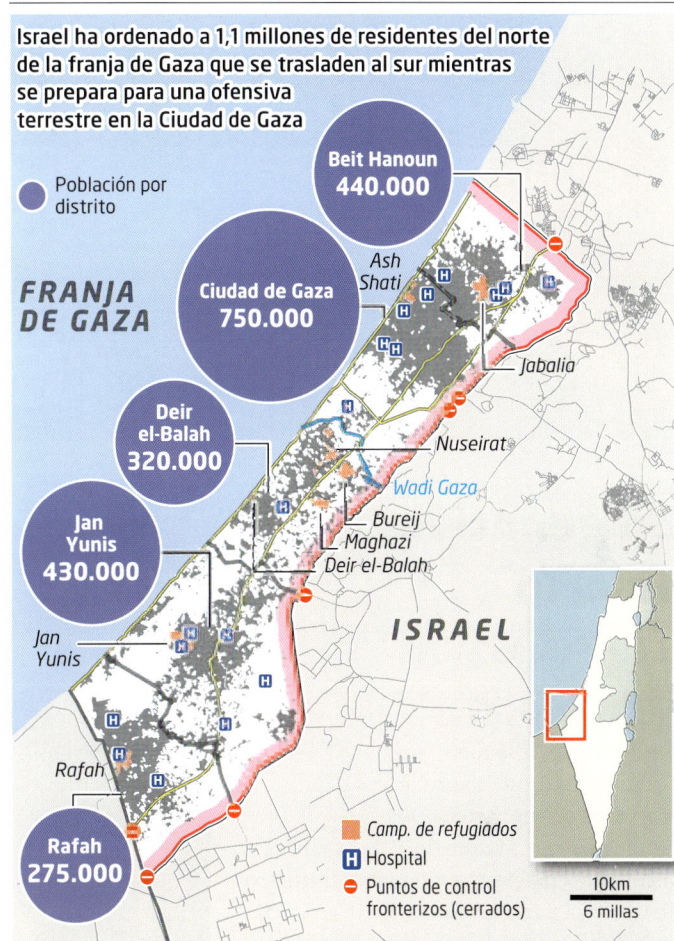

- Población por distrito

FRANJA DE GAZA

Beit Hanoun **440.000**
Ash Shati
Ciudad de Gaza **750.000**
Jabalia
Deir el-Balah **320.000**
Nuseirat
Wadi Gaza
Jan Yunis **430.000**
Bureij
Maghazi
Deir el-Balah
Jan Yunis
ISRAEL
Rafah
Rafah **275.000**

- Camp. de refugiados
- H Hospital
- Puntos de control fronterizos (cerrados)

10km 6 millas

Fuentes: Al Jazeera, OCHA   GN | **GARA**

---

lí partió en dos Gaza forzando al éxodo continuo a 1,9 de los 2 millones de gazatíes, el Gobierno ultra-sionista de Netanyahu presentaba un pobre balance militar: Cifraba en 7.000 los milicianos de Hamas muertos (uno de cada seis según cálculos sobre la fuerza de las Brigadas Ezzedin al Qassam) y aseguraba haber abatido a dos de sus siete comandantes, de los más bajos en el escalafón.

Hamas lograba, de un lado, dinamitar el acercamiento de los regímenes árabes a Israel y, de otro, ganaba prestigio entre la desesperanzada población palestina, sobre todo en Cisjorda-nia, donde Israel abría –o profundizaba en– otro frente de guerra con cientos de muertos de desplazados y de detenidos.

Los defensores de la causa palestina hablan de un punto de inflexión, analistas internacionales, incluidos israelíes, alertan de que una derrota militar en Gaza podrían ser un punto de implosión de un proyecto, el sionista, en una deriva autodestructiva.

Pero, atención, porque el desenlace de esta crisis podría suponer un punto de no retorno. Para el pueblo palestino y, acaso, para el conjunto de la región. Y para el mundo.

En la página anterior, un ataque de Israel al norte de la franja, y rescate de un niño de los escombros en un edificio alcanzado por un ataque aéreo israelí en Khan Yunis. Sobre estas líneas, ataque a Gaza el mismo día 7 de octubre tras la incursión de Hamas. JOHN MCDOUGALL, MAHMUD HAMS | AFP

Tasio

Publicado el 22/10

Un genocidio abierto
a los ojos del mundo

Pablo RUIZ DE ARETXABALETA

Cuando, tras el ataque del 7 de octubre de las milicias palestinas a Israel, el ministro de Defensa israelí, Yoav Gallant, anunciaba la venganza sobre lo que describió como «animales humanos» adelantaba ya la deshumanización de la población palestina y, en consecuencia, la dimensión que tomaría la ofensiva sobre Gaza, que no respetaría ninguna legislación internacional ni humanitaria.

Los bombardeos sobre la franja comenzaron de inmediato y desde entonces no ha habido crimen de guerra en el que el Ejército israelí no se haya visto involucrado. Matanzas de civiles, masacres de niños, ataques a hospitales y personal sanitario, ataques a mercados y a desplazados en refugios de la ONU, muertes de periodistas y personal de Naciones Unidas, uso del hambre como arma de guerra, desplazamiento forzado de población, humillaciones y torturas a prisioneros, destrucción de infraestructura civil, destrucción de patrimonio...

El año 2023 acabó con más de 29.000 víctimas mortales (9.000 niños) –de ellas 7.000 bajo las ruinas de los edificios

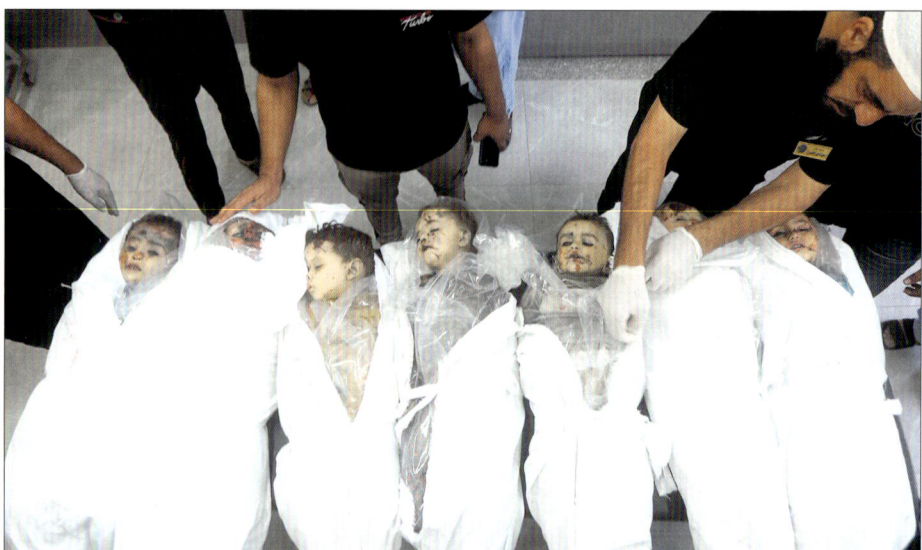

Un hombre traslada el cuerpo de un niño muerto en un bombardeo israelí en Rafah. Abajo, los cadáveres de siete niños muertos en ataques aéreos nocturnos en Khan Yunis y Rafah. AHMED ABED, SAID KHATIB | AFP

Palestinos huyen de la ciudad de Gaza por la carretera Saladine, acosados por un tanque israelí. Al lado, soldados israelíes trasladan a palestinos detenidos en el curso de la invasión militar. MAHMUD HAMS, MENAHEN KAHANA | AFP

bombardeados–, y 54.000 heridos. El 70% de los 439.000 hogares estaba destruido o dañado y el 20% de la tierra cultivable estaba inutilizada.

Simultáneamente a los ataques, Israel impuso el asedio total a una franja que ya llevaba soportando el bloqueo desde 2006. Impidió que llegara combustible, agua, alimentos o medicinas, lo que provocó un rápido deterioro de las condiciones de vida.

Tras varios días de matanzas, el 13 de octubre el Ejército ordenó la evacuación hacia el sur de 1,1 millones de gazatíes de la parte norte de la franja –la mitad de su po-

blación–, antes de iniciar por ese flanco su incursión terrestre dos semanas después. Mientras, también atacó a los que huían –a pie o en animales– por la carretera Salahdin, en el mayor éxodo de población palestina desde la Nakba. Y también bombardeó el sur de la franja, a donde expulsaba a los palestinos haciéndoles creer que era una «zona segura».

El 17 de octubre Israel fue más allá de cualquier masacre llevada a cabo hasta la fecha en Gaza y mató a medio millar de personas en el hospital Bautista Al Ahli. El bombardeo suscitó un rechazo global y al-

gunos países lo calificaron como un acto genocida, lo que no impidió que al día siguiente el presidente de EEUU, Joe Biden, diera su absoluto apoyo a Israel.

Hizbulah entró poco después en «el corazón de la batalla» y el Ejército israelí tuvo que movilizar al frente norte tres divisiones. El intercambio de disparos fue aumentando y dejó 191 muertos en suelo libanés a fin de año con un creciente riesgo de guerra abierta.

A medida que avanzó la invasión terrestre por el norte, los campos de refugiados, escuelas de la ONU y hospitales, donde se

18/10   23/10   01/11   27/12

Tasio Publicado el 29/10

refugiaban decenas de miles de personas, se convirtieron en objetivo de las bombas y los francotiradores.

El Ejército israelí cortó la franja en dos y desplegó sus tropas y tanques en el norte, donde las principales instalaciones de salud quedaron fuera de servicio, sin electricidad ni comida. Los pacientes, personal y refugiados se vieron condenados a esperar la muerte por hambre, balas o enfermedades. En Al Shifa, asediado, tuvieron que excavar una fosa común para enterrar 179 cuerpos y las ambulancias no podían llegar a los heridos hasta que finalmente, el Ejército israelí asaltó el hospital tras varios días de asedio, aterrorizó a los pacientes en cada habitación, disparó por los pasillos y detuvo a decenas de personas, entre desplazados y personal sanitario. Murieron varios bebés recién nacidos y otros pacientes en la UCI. En los días siguientes Israel forzó la evacuación de Al Shifa y otros hospitales atacados.

Unicef denunció que Israel ha convertido Gaza en «un cementerio de niños», y la escasez de comida, a mediados de noviembre, derivó ya en la posibilidad inmediata de muertes por hambre. La hambruna y las cada vez más extendidas enfermedades, sin agua potable, se sumaban a las bombas israelíes.

Tras la tregua de una semana en la que se intercambiaron prisioneros, los ataques israelíes se endurecieron en toda la franja, reforzados por el veto de EEUU en el Consejo de Seguridad de la ONU junto a su ayuda militar.

Soldados israelíes en la entrada de un túnel e inspeccionando otro de la red de comunicación y refugio creada por Hamas en el subsuelo de Gaza.
Jack Guez, Ahikam Seri | AFP

Israel empezó a vaciar también el sur de Gaza y Jan Yunis se convirtió en el nuevo objetivo principal del Ejército, que forzó otro éxodo más de decenas de miles de personas que se hacinaban en inmensos campos de tiendas de plástico.

La ofensiva fue cobrando además una nueva dimensión con la intervención de los huties de Yemen, que declararon objetivo militar en el Mar Rojo, una ruta clave, cualquier barco con destino, origen o vínculo con Israel. Varios ataques a mercantes encendieron una alerta global por el comercio mundial que no habían despertado varias semanas de continuas matanzas.

Israel considera que libra una «una guerra en siete frentes» –Gaza, Cisjordania, Yemen, Líbano, Irán e Irak– y sus amenazas aumentaban el riesgo de encender toda la región, más aún tras matar a un alto cargo de la Guardia Revolucionaria iraní en Siria.

En Cisjordania, Jenin, Tulkarem y Naplusa se han convertido también en campo de batalla para los soldados israelíes que buscan no solo acabar con la resistencia palestina, sino también golpear a la población civil para someterla. Las incursiones y razias que ya eran habituales antes del 7 de octubre se han disparado y desde entonces, y hasta fin de año, Israel ha matado a 319 personas, incluidos 83 niños y detenido a más de 7.000 palestinos.

Tropas y vehículos militares israelíes se concentran en una calle durante la ocupación del norte de la Franja de Gaza entre combates con Hamas. AHIKAM SERI | AFP

Captura de un vídeo difundido por Hamas en el que se muestra a los soldados de las Brigadas al-Qassam combatiendo a las fuerzas terrestres israelíes en la ciudad de Gaza.

ANÓNIMA | AFP

15/11

Zugazart

Publicado el 12/12

Un mundo
cómplice

Pablo RUIZ DE ARETXABALETA

Desde el inicio de la ofensiva contra Gaza, sus aliados occidentales –con EEUU, Gran Bretaña y la UE a la cabeza– se alinearon sin dudarlo con Israel, invocando el supuesto «derecho a la defensa» del ocupante y atendiendo solo a las víctimas israelíes del 7 de octubre.

Este «apoyo inquebrantable» ha dado alas a la continuidad de una operación sin precedentes de destrucción y masacres. EEUU apenas ha pedido a Israel que evite las víctimas civiles, ignorando que, de hecho, son casi todas las más de 29.000, y ha planteado un «Gobierno de Vichy» para Gaza, bajo control de la desacreditada Autoridad Palestina.

Manifestación de apoyo al pueblo palestino frente a la embajada de Israel en Washington.   MANDEL NGAN | AFP

12/10   21/10   22/10   03/12

16/12

26/10

09/12

07/11

28/11

También pidió al primer ministro israelí, Benjamin Netanyahu, que pase a otra «fase de guerra» con «asesinatos selectivos» en lugar de matanzas indiscriminadas.

Los oídos sordos de Netanyahu no impidieron que el secretario de Defensa de EEUU, Lloyd Austin, concediera a Netanyahu la seguridad de que podrá contar con las armas que necesite y de que no le impondrá un calendario para continuar con las matanzas en Gaza. Austin se limitó a pedir más «ayuda humanitaria» el mismo día que Israel mató a cien personas. Prueba de este apoyo, el Gobierno de Joe Biden se ha saltado por dos veces el trámite de la aprobación del Congreso de ayudas militares millonarias en municiones para Israel, evitando cualquier retraso.

Washington también ha intentado activar una alianza en el Mar Rojo ante los ataques de los hutíes de Yemen a barcos con vínculos con Israel.

Tampoco una UE incapaz de alcanzar una postura común han frenado a Israel. El representante diplomático de la Unión, Josep Borrell, ha apelado a un alto el fuego haciendo equilibrios entre las denuncias de las muertes civiles israelíes y las palestinas, pero el bloque comunitario apenas llegó a acordar sanciones... para Hamas. Borrell tuvo que salir al paso además de la intervención unilateral de la presidenta de la Comisión, Ursula Von der Leyen, más en sintonía con Alemania o Austria que, con el peso de su culpa histórica, han liderado el alineamiento acrítico con Israel en la Unión.

En el mundo árabe, los gobiernos han denunciado la masacre y el asedio total de Gaza, pero fue en las calles de sus ciudades donde más se expresó la ira por la agresión y la solidaridad con Palestina.

Milicias chiíes en Irak, Siria o Líbano han lanzado ataques de respuesta hacia Israel en una escalada que, aunque contenida, mantiene el riesgo de agravarse. Israel contraataca y asegura que combate en «siete frentes».

La reacción más contundente llegó desde Yemen, donde más impacto que los drones o misiles con escasa posibilidad de alcanzar Israel, tuvo su intervención en el Mar Rojo, que ha afectado a buena parte del comercio mundial y provocado una alerta en el mundo que no había ocasionado la matanza de palestinos.

Qatar ha ejercido un papel clave de mediador –junto a Egipto– dada su posición de buena relación simultánea con Hamas, EEUU e Irán, que lo han convertido en el «libertador de los rehenes», en una tregua que permitió la liberación de 110 capturados por las mili-

Dos imágenes de la entega de rehenes a la Cruz Roja Internacional en Gaza. A la izda. milcianos de Yihad Islámica y de Hamas confraternizan; al lado, dos rehenes de nacionalidad rusa son liberadas por Hamas. AFP

31/10

17/11

Austin ofrece a Netanyahu más armas y más tiempo para las masacres

Netanyahu apela a la Biblia para rechazar cualquier alto el fuego

Las agencias de la ONU rechazan colaborar con la nueva Nakba

La tregua posibilita la liberación de los primeros rehenes y presos palestinos

Inédita llamada de Guterres al Consejo de Seguridad ante el infierno de Gaza

19/12   25/11   07/12

cias palestinas y 240 prisioneros palestinos en Israel. Inicialmente acordada para cuatro días, se prolongó hasta una semana.

Los nuevos llamamientos a un alto el fuego chocaron con la rotunda negativa israelí, amparada por EEUU en el Consejo de Seguridad de la ONU, donde vetó en dos ocasiones una llamada al cese de hostilidades. Ante la gravedad de la situación, el secretario general de la ONU, Antonio Guterres, incluso tuvo que invocar el artículo 99 de la Carta Magna del organismo para que se abordara el tema, unan medida extremadamente inusual. Aun así, EEUU obstaculizó todo lo que pudo una propuesta descafeinada para «una suspensión humanitaria de hostilidades» que tampoco tuvo efecto.

Y es que el papel de la ONU ha quedado reducido a otro denunciante ignorado. Sus agencias ya no pueden cumplir con su mandato humanitario en el enclave por la enorme violencia y sus constantes denuncias sobre las matanzas de niños, los ataques a hospitales, la hambruna o la extensión de enfermedades, no son atendidas. Israel llegó a señalar a su secretario general como cómplice de Hamas por situar la crisis en el contexto de la ocupación de Palestina. El Gobierno israelí rechazó visados a los representantes de Naciones Unidas, pero sobre todo, ha matado con impunidad a sus trabajadores. Al menos 142 de ellos hasta fin de año.

En el campo diplomático, Sudáfrica ha liderado la mayor acción contra Israel, al denunciarlo por genocidio ante la Corte Internacional de Justicia.

El secretario de Estado de EEUU, Antony Blinken, y el presidente de la ANP, Mahmud Abbas, durante un encuentro en Ammán, Jordania. Jacquelyn Martin | AFP

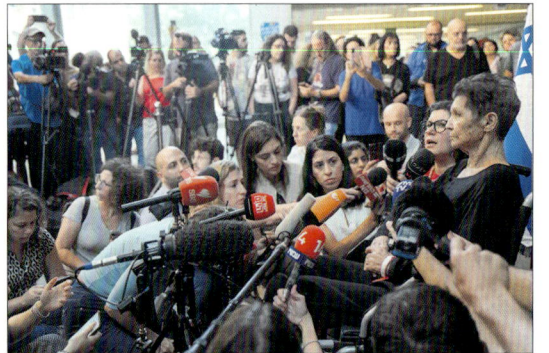

A la izda., la rehén israelí Yocheved Lifshitz ofrece una conferencia de prensa en Tel Aviv después de ser liberada por Hamas. A la dcha., la presa palestina Ahed Tamimi es recibida por familiares tras su liberación por Israel en el intercambio de rehenes y prisioneros. Erik Marmor, John McDougall | AFP

Genozidioa ozen salatu da **Euskal Herrian**

Palestinari elkartasuna adierazteko Donostian egindako manifestazio jendetsua. Ondoan, Gernika-Palestina ekimenak ere antolatutako mosaiko erraldoia bandera palestinarrarekin Gernikan. JON URBE, GOTZON ARANBURU | FOKU

Ainara LERTXUNDI

Gazatarrak sarraskitzen ari den genozidioaren kontrako garrasia ozen entzun da Euskal Herriko herri eta hirietan. Gernika-Palestina ekimenak bultzatuta eta «Palestinarekin elkartasuna» lelopean, milaka lagunek manifestazioa egin zuten Donostian urriaren 21ean. Agus Hernan eta Zuriñe Rodriguez deitzaileen bozeramaileek nabarmendu zuten protestak atxikimendu eta parte hartze «askotariko eta transbertsala» izan zuela. «Euskal Herriko gehiengo soziala, sindikala eta politikoa bildu gara adostasunean; hori da gure balioa», adierazi zuten.

Mobilizazioaren amaieran hiru eskakizun zehatz egin zituzten. Batetik, Gazan Israel egiten ari den genozidioa berehala amaitzea, «gatazka honi konponbide justu eta demokratikoa emanez». Bigarrenik, konponbide hori Nazioarteko Zuzenbidean eta NBEren ebazpenen betearazte zorrotzean oinarritzea eta, hirugarrenik, okupazioari amaiera ematea eta Palestinaren autodeterminazio eskubidea bermatzea.

Abenduaren 8an, berriz, mosaiko historiko bat irudikatu zuten Gernikan, 1937ko apirilaren 26an nazi eta faxisten bonbek setiatu zuten lekuan. Bi mezu argi bota zituzten:

«Sos Gaza» eta «Palestinarekin elkartasuna. Konponbide politikoa orain!».

Abenduaren 30ean, berriz, Yala plataformak deituta milaka eta milaka lagunek instituzioen erantzukizuna nabarmendu eta Israelen aurkako zigorrak ezartzea exijitu zuten Iruñean. «Ez da gerra, genozidioa da», «Palestina askatu», «Estatu sionista, estatu terrorista» eta «Israeli boikota» leloak izan ziren errepikatuenak manifestazioan.

Egun berean, ehunka pertsona mobilizatu ziren, Palestinarekin Elkartasuna elkarteak deituta.

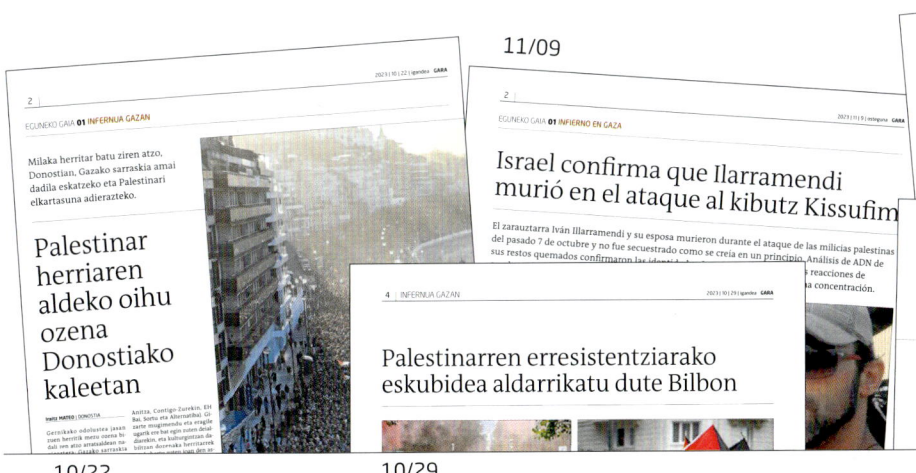

12/09

11/09

10/22   10/29   10/19

28/03

25/07

04/01

10/03

31/03

NETANYAHU, DE LA MANO DE LOS ULTRAS, DIVIDE ISRAEL CON SU REFORMA JUDICIAL

Pablo RUIZ DE ARETXABALETA

La provocadora visita a la Explanada de las Mezquitas del ultraderechista Itamar Ben Gvir, ministro de Seguridad Nacional, apenas formado el nuevo gobierno israelí, avanzó una declaración de intenciones y otra escalada de violencia. Gvir proclama la anexión definitiva de Cisjordania y fue uno de los apoyos para que Benjamin Netanyahu volviera al poder con el Gobierno más derechista de la historia de Israel de la mano de la extrema derecha supremacista judía y de los ultraortodoxos, pese a estar procesado por tres casos de corrupción.

Además de las cesiones a los ultraortodoxos y del endurecimiento de la persecución de los palestinos, Netanyahu dio otro impulso a la reforma judicial que le facilitaría la impunidad y que llevó al país al borde del colpaso social.

Las movilizaciones contra la reforma dejaron cifras récord de participantes. La presión hizo que en marzo retrasara la tramita-

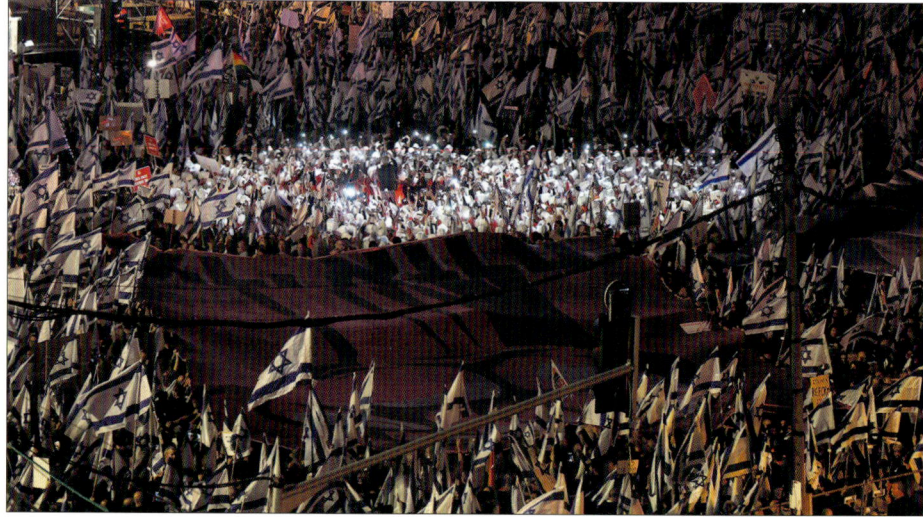

Arriba, manifestación en Tel Aviv contra el proyecto de reforma judicial presentado por Netanyahu. Abajo, el ultraderechista Itamar Ben-Gvir, ministro de Seguridad Nacional, caminando por la Explanada de las Mezquitas de Jerusalén. JACK GUEZ, ANÓNIMA | AFP

ción hasta después del verano. Pero las movilizaciones masivas cobraron un nuevo impulso tras la aprobación en el Parlamento de su primera pieza, la ley que anula la facultad del Supremo para revisar decisiones y nombramientos en el gobierno. La reforma recibió incluso las críticas de su aliado EEUU. Más de 10.000 reservistas del Ejército se convirtieron en uno los pilares del movimiento, junto a sindicatos y empresas.

Hasta que el ataque de las milicias palestinas lo cambio todo y parte de la oposición accedió a participar en el gobierno mientras durara la ofensiva contra Gaza, dejando en segundo plano la crisis y sosteniendo la delicada situación de Netanyahu, cuyo apoyo social se desploma por el fiasco como «señor seguridad».

OKUPAZIOAREN ANKERKERIAK **EZ DU MUGARIK**

Karim Younes preso palestinarra askatu dute, berrogei urteko espetxealdiaren ostean. Ondoan, Israelgo segurtasun indarrek babestutako bisitari juduak Jerusalemgo Al-Aqsa meskitaren esparruan. AHMAD GHARABLI | AFP

Pablo RUIZ DE ARETXABALETA

Osloko Akordioek palestinarrei etorkizuna eskaintzeko balio ez dutela egiaztatu zuten, haien 30. urteurrenean. Israelek beste buelta bat eman zien Zisjordaniako herrietan egindako erasoei, atxiloketak egiteko edo etxebizitzak eraisteko, erresistentzia modu berriekin amaitzeko helburuz. Israeldarrei armak eramateko deiak kolono juduen indarkeria goratu zuen. Soldadu israeldarrek babestuta edo lagunduta, otsailean ehunka kolonok azken urteetako pogromik larrienetako bat egin zuten, eta dozenaka etxe, ibilgailu eta laborantzak erre zituzten hainbat herrixkatan.

Huwara izan zen kaltetuenetako bat, eta urtean zehar eraso gehiago jasan zituen. Palestinako Agintearen kolaborazioak ez zuen Israelen kolonien hedapena geldiarazten. Beste indarkeria ziklo bat piztu zen, Poliziaren basakeria Al Aqsako meskita barrura eraman zutenean Ramadanen. Maiatzean 35 hildako izan ziren bost egunetan, eta, gainera, ultrasionistek palestinarrei eraso zieten Jerusalemgo «banderen martxa» probokatzailean. Udaberriaz geroztik tentsioa areagotu egin da Jeninen, erresistentzia palestinarraren ikurraren eta erasoaldi hilgarrien eszenatokian. Israelek gerrako baliabide guztiak erabili zituen.

Urtean zehar Zisjordanian 533 palestinar hil dituzte kolonoek eta soldaduek. 7.000 atxiloketa ere izan dira. Jader Adnan, Jihad Islamikoaren buruzagia, kartzela batean hil zen, 86 egun gose greban igaro ondoren, Israelek ospitaleratzea ukaturik. Karim Younis, presoaldi luzea bizi izan zuen palestinarra, berriz, aske geratu zen eta okupazioaren aurkako erresistentziaren sinbolo gisa hartu zuten.

01/06

01/30

05/19

02/27

05/03

04/06

14/12

06/11

28/07   04/12

06/09

Mirari ISASI

Termina otro año con la sensación de que poco se ha hecho para luchar contra el cambio climático cuando las olas de calor extremo y sus consecuencias se extienden y repiten por el mundo. Este año ha sido el más caluroso desde que hay registros, tras batir el récord de 2016, y los incendios han hecho estragos. «Hemos entrado en la era de la ebullición global», advierte la ONU, mientras desde el Sur Global se multiplican las llamadas a los países desarrollados para que cumplan sus compromisos.

OTRO AÑO,
ALGUNOS ACUERDOS
Y LOS MISMOS RETOS

La Organización Meteorológica Mundial advirtió de que la necesidad de reducir los gases de efecto invernadero es mayor que nunca, mientras la ONU alertaba del incumplimiento del Acuerdo del Clima de París, lo que llevará al planeta a aumentar su temperatura global 2,9° a final de siglo. Ningún país del G20 está cumpliendo sus compromisos de descarbonización y el objetivo de limitar el calentamiento a 1,5° solo tiene un 14% de posibilidades.

Un informe de Oxfam recuerda que el 1% más rico de la UE emite 14 veces más CO_2 que la mitad más pobre. A nivel mundial, el 1% más rico es responsable del 16% de las emisiones globales. La UE, mientras, reconoce que debe triplicar la reducción de emisiones para alcanzar los objetivos establecidos para 2030 en la obligada transición ecológica, que debe ser del 42,5%.

Entre los acuerdos destaca el sellado por los estados miembros de la ONU, tras años de discusiones, para la defensa del altamar –dos tercios del total de los océanos– y su biodiversidad. Es un pacto crucial para proteger las aguas internacionales, que son el mayor hábitat del planeta, y abrir el camino a la protección del 30% de los océanos para 2030. Hoy, apenas está protegido el 1% de altamar.

Los líderes mundiales durante la cumbre climática de las Naciones Unidas COP28 en Dubai. Al lado, una persona se protege con mascarilla en Nueva York del humo de los incendios forestales procedente de Canadá. Giusepe Cacace, Angela Weiss | AFP

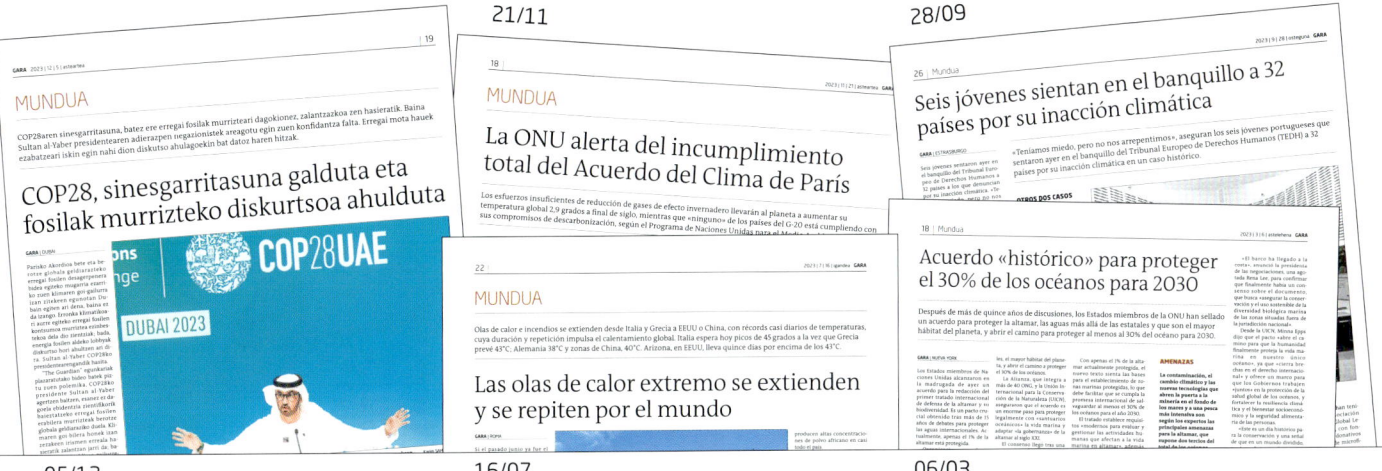

21/11

28/09

MUNDUA

COP28, sinesgarritasuna galduta eta fosilak murrizteko diskurtsoa ahulduta

La ONU alerta del incumplimiento total del Acuerdo del Clima de París

Seis jóvenes sientan en el banquillo a 32 países por su inacción climática

Acuerdo «histórico» para proteger el 30% de los océanos para 2030

Las olas de calor extremo se extienden y se repiten por el mundo

05/12

16/07

06/03

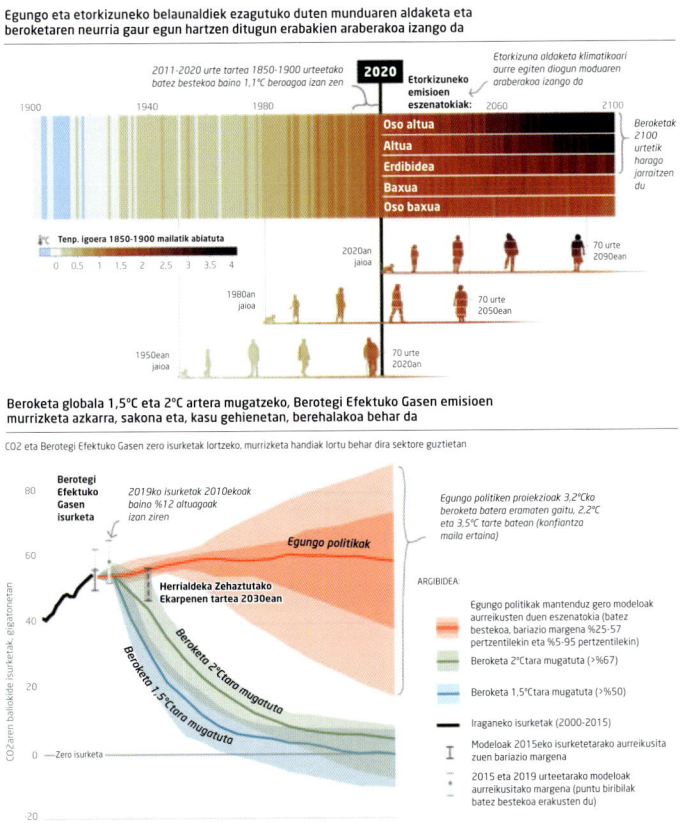

Egungo eta etorkizuneko belaunaldiek ezagutuko duten munduaren aldaketa eta beroketaren neurria gaur egun hartzen ditugun erabakien araberakoa izango da

Beroketa globala 1,5ºC eta 2ºC artera mugatzeko, Berotegi Efektuko Gasen emisioen murrizketa azkarra, sakona eta, kasu gehienetan, berehalakoa behar da

CO2 eta Berotegi Efektuko Gasen zero isurketak lortzeko, murrizketa handiak lortu behar dira sektore guztietan

Iturria: AR6 Synthesis Report (IPCC)   GARA

El segundo de los acuerdos se alcanzó en la COP28 de Dubai, donde en tiempo de descuento se aprobó un texto que incluye una mención a la desaparición transicional de los combustibles fósiles, apenas un paso, con retraso y que no garantiza nada. El pacto llegó tras las polémicas palabras de su presidente, el ministro emiratí Sultán al-Yaber, también presidente ejecutivo de la petrolera Adnoc, sumándose a planteamientos negacionistas al afirmar que no hay estudios científicos que demuestren que sea necesario terminar con el uso de combustibles fósiles para limitar el calentamiento global. Si las cumbres anteriores fueron una decepción por la falta de ambición, la COP28 a punto estuvo de ser un freno. En esa cita, una veintena de países acordaron triplicar la capacidad global de la energía nuclear para 2050.

Antes, la cumbre climática africana había reclamado una reforma del sistema financiero para aliviar la carga de la deuda para que puedan acometer proyectos en energías renovables en las que África se considera una potencia sin desarrollar y donde el cambio climático golpea duramente.

En el lado positivo, la iniciativa de seis jóvenes de Portugal que sentaron en el banquillo del TEDH a los 27 países de la UE, Gran Bretaña, Suiza, Noruega, Rusia y Turquía por su inacción. Si ganan, el impacto será enorme, porque sus resoluciones son vinculantes y los acusados serán forzados a reducir drásticamente sus emisiones.

%54

Bero globalaren markak El Niño fenomeno klimatikoaren eskutik datoz. Berkeley Earth institutuaren arabera, aurtengoa inoizko urte beroena izateko %54ko aukera dago, are ekainean beroak errekor denak hautsi dituelako.

52,2ºC

Xinjiang eskualdean Txinako tenperatura errekorra hautsi da, aurreko marka (50,6ºC) aise gaindituta. Bertako meteorologia agentziaren arabera, eguzkipean tenperatura 80ºC-koa zen.

40-44ºC

Uda betean den Estatu espainolean, gaurko eta biharko beroaren intentsitatea «ohiz kanpokoa eta muturrekoa» izango dela iragarri du Aemet agentziak: 40-44ºC artekoa, bero olatuak iaz baino %5 gorago joko du.

Zugazart   Publicado el 20/06

RETROCESO EN MATERIA DE ASILO ANTE UN DRAMA SIN FIN

Mirari ISASI

Las crisis humanitarias, las guerras, las persecuciones y la pobreza extrema siguen obligando a millones de personas abandonar sus hogares para salvar sus vidas o en busca de una vida mejor. Algunos lo consiguen, pero muchos la pierden en sus travesías hacia países más desarrollados.

El Mediterráneo se ha vuelto a tragar a cientos de personas, convirtiendo 2023 en el año más mortífero del último lustro, según MSF, que cifró en 2.200 las personas muertas en esta ruta hasta noviembre. Dos de esos naufragios, pero no los únicos, dejaron decenas de ahogados y cientos de desaparecidos frente a las costas de Italia y Grecia, un crimen que se repite ante la inacción de los estados que ejercen de puerta a Europa y la ausencia de una misión europea de búsqueda y rescate, labor que realizan los barcos humanitarios, entre ellos el 'Aita Mari', que ha llevado a cabo numerosas operaciones de salvamento.

Lejos de dar una respuesta a este drama, los países del llamado «primer mundo» ponen continuas trabas al flujo migratorio con nuevas le-

yes antiinmigración que socavan el derecho al asilo, acuerdos con terceros países cuestionados por vulnerar los derechos humanos y una «solidaridad a la carta», como en la UE. En Euskal Herria, solo se resuelve el 15% de las peticiones de asilo, muy lejos del 40% de media en Europa.

Después de una década de disputas, a finales de diciembre, la UE logra un acuerdo sobre el Pacto de Migración y Asilo que establecerá un mayor control de las fronteras exteriores, impulsará la deportación de quienes vean rechazada su solicitud y ofrecerá a los gobiernos la posibilidad de eludir la acogida de parte de las personas reubicadas con el pago de 20.000 euros por traslado rechazado.

Tampoco lo harán las polémicas leyes aprobadas en Gran Bretaña o el Estado francés, con apoyo de la ultraderecha, para restringir el asilo y acelerar las deportaciones o las nuevas reglas impulsadas por el gobierno de extrema derecha de Italia para obstaculizar los rescates en la mar.

Londres adoptó una legislación en el marco de la cual decenas de personas fueron llevadas a un barco-prisión mientras tramitaban

Dos imágenes del campamento improvisado en Mardick, al norte del Estado francés. Unos jóvenes sudaneses calientan comida en una fogata; otros comen algo al borde de la carretera. SAMEER AL-DOUMY | AFP

su asilo, al tiempo que aprobaba un plan de 541 millones de euros para frenar la llegada de migrantes desde el Estado francés a través de La Mancha, que se sumó a otro duro plan que incluye las devoluciones en caliente sin posibilidad de pedir asilo y la devolución al país de origen o a un tercero, como Rwanda. París, por su parte, sacó adelante una ley que limitará derechos básicos a las personas de origen extranjero de fuera de la UE con respecto a los ciudadanos franceses, privando de asistencia sanitaria básica a los «sin papeles» y condicionando las ayudas sociales.

La situación no es mejor al otro lado del Atlántico, con acuerdos entre México y EEUU o entre EEUU y Canadá para cortar el flujo en las fronteras sur y norte estadounidenses. Otawa empezó a deportar a migrantes y refugiados tras la firma del acuerdo que contemplaba el cierre de Roxham Road, por la que decenas de miles de personas cruzaron la frontera, eludiendo los puntos de entrada oficiales.

EEUU y México, donde periódicamente se ponen en marcha caravanas hacia la frontera, temían un importante incremento de los cruces una vez que en mayo expirara el Título 42, que permitía la expulsión en caliente de los refugiados. Su vencimiento empujó a muchas personas a buscar precipitadamente cruzar la fronte-

Vista desde Tijuana, México: centenares de migrantes esperan entre las vallas fronterizas antes de ser procesados por las autoridades estadounidenses.

GUILLERMO ARIAS | AFP

ra con EEUU creyendo que podrían permanecer en el país y obtener asilo, pero nuevas medidas restrictivas y el elevado número de arrestos lo frenó.

11/03

25/03

15/06

19/07   13/05   23/11

06/06 · 01/26 · 02/21

Rusia da por abortado el inicio de la contraofensiva ucrania en Donetsk

EEUU suma sus tanques Abrams a los Leopard en la nueva etapa de la guerra

Joe Biden respalda la escalada bélica con su visita sorpresa a Kiev

Kiev y Moscú se acusan mutuamente de haber destruido la presa de Kajovka

Misiles rusos llegan al oeste de Ucrania y la ofensiva se ralentiza en el sur y este

La contraofensiva de Kiev se estanca tras la pérdida de material bélico

06/07 · 07/07 · 07/17

ERRUSIAK EUTSI EGIN DIO
PORROT EGIN DUEN UKRAINAREN KONTRAERASOARI

Suntsipena Donetsk eskualdeko Sosnove herrian.   IHOR TKACHOV | AFP

Tanques occidentales ansiados por Ucrania

El suministro a Ucrania de tanques modernos como el Challenger 2 británico, el Leopard 2 de fabricación alemana o el norteamericano M1 Abrams puede marcar un significativo incremento del apoyo de Occidente a Kiev.

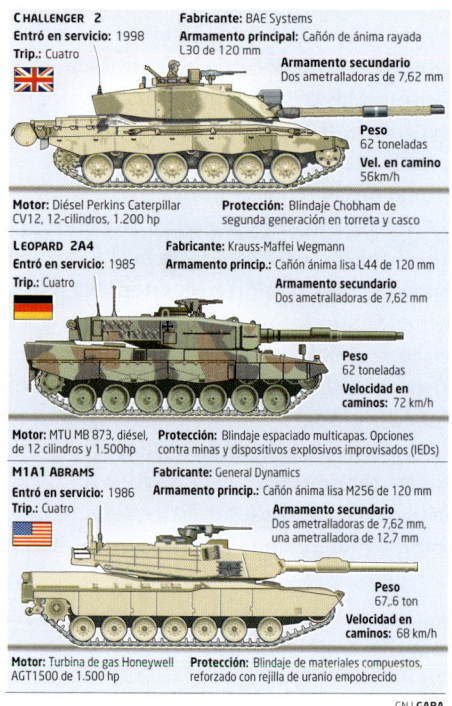

GN | GARA

Dabid LAZKANOITURBURU

Hotzak eta azpiegitura kritikoen aurkako Errusiaren erasoaldiak pairatu arren, Ukrainak espero baino hobeto igaro zuen negua.

Udazkenean egin zuen kontraerasoaren arrakastak zailtasunei eta penei baikorrago eustea ahalbidetu zuen. Kharkoveko (iparekialdea) eta Zaporizhiako (hegoaldea) eskualdetik Errusiako Armadari atzera egina-

raztea lortzeak –Kherson hiritik alde egin zuen Dnieper ibaiaren bestaldera– harrotu egin zuen Ukrainako Armada, erabat.

Ekialdeko Donbasseko frontean, ostera, ukrainarrei gauzak ez zihoazkien ondo. Donetsk eskualde osoa hartzea aintzakotzat du Errusiak; inbasioa hasi zuenetik eta 2022ko maiatzetik Bakhmut hiria eta gune estrategikoa zeukan jomugan.

Lehen elurteekin, Ukrainaren kontraerasoa geldiarazi eta fronte hori indartzea erabaki zuen Kremlinek. Horretarako, Wagner mertzenarioen konpainiak kartzeletatik ateratako milaka preso erabili zituen lehen lerroan. Hilketengatik edo bortxaketengatik heriotza arteko zigorra bertan behera uztearen trukean, Ukrainan bizia emateko prest.

01/13

MUNDUA

La batalla por Soledar, en Donetsk, se convierte en una larga carnicería

MUNDUA

Ucrania ataca a la flota rusa en Crimea tras una victoria rusa en el Donbass

12/27

03/09

MUNDUA

La «pista ucraniana» añade confusión al sabotaje al gasoducto Nord Stream

MUNDUA

La ONU acusa a Rusia y a Ucrania de ejecutar prisioneros de guerra

04/01

07/09

MUNDUA

Andanada de bombas de racimo tras quinientos días de guerra en Ucrania

Rusia desplegará armas nucleares de corto alcance en Bielorrusia

03/26

Goian, soldadu ukrainarrek 152 mm-ko jaurtigai bat kargatu dute Bakhmut inguruan. Ondoan, Polonian entseguak Leopard tanke alemanarekin. Behean, tanke ukrainar batek errusiar posizioen aurka tiro egiten du Kreminnatik gertu, Lugansk eskualdean. DIMITAR DILKOF, WOJTEK RADWANSKI, ANATOLII STEPANOV | AFP

Kontuak horrela, lokatz artean milaka gorpu utzita, infanteria honek aurrera egiten zuen. Atzera egiten saiatuz gero, komando bereziak zituzten, beraiei tiro egiteko prest.

Bigarren Munduko Gerrako irudi gordinak 2023an. Azkenean, urtarrilean, Soledar herria, edo zutik geratzen zena, eta hango gatzaga handia eskuratu zuten errusiarrek, Bakhmuterako bidea irekiz.

Hala ere, beste lau hilabete behar izan zituen gune estrategiko hau hartzeko. Hiria guztiz suntsituta zegoen maiatzean, Errusiako ikurra jarri zutenean. Baina ez zen suntsitutako gauza bakarra.

Ukraina tematu egin zen bere defentsan, milaka soldadu galduz, eta horrek kritikak eragin zituen mendebaldeko bere aliatuen artean.

Liskarrak Wagnerren Errusiako Armadarekiko haserrea areagotu zuen.

Ukrainak ekainean ekin zion 2023ko kontraerasoari. Hiru frontetan abiatu zen. Lehena, ekialdean, Kharkoven eta Donetsken. Bigarrena, hegoaldean, Zaporizhian, Melitopol eta Mariupol (Azoveko itsasoan) berreskuratzea zuen helburu, Krimea eta Donbass lotzen dituen korridorea apurtuz. Eta hirugarrena, hego mendebaldetik, Dnieper zeharkatuz.

Ukrainako Armada nekatuta zegoen, erreleboen faltan. Mendebaldearen armak apurka-apurka iristen ziren. Eta Errusiak hilabeteak izan zituen, defentsak indartu eta minez josteko.

Kontraerasoak porrot egin zuenez, Errusiak noraeza baliatu zuen urte bukaeran, Donetsken dagoen Marinka herria hartzeko.

Ukrainak Novocherkassk itsasontzia hondoratuz eta Errusiako Belgorod hiria erasoz erantzun zuen. Lurretik ezinean, airetik egin behar. Baina gerra ez da horrela irabazten.

Las armas y las expectativas
silencian la diplomacia

Dabid LAZKANOITURBURU

Toda guerra, y más la de Ucrania, acaba y acabará en una negociación. Esa evidencia historica, y concreta cuando hablamos de la agresión de una potencia militar como Rusia contra un pequeño vecino que depende totalmente de la ayuda de sus aliados, se veía desmentida en 2003.

Y no porque no haya habido iniciativas, sino por un factor decisivo. La negociación no entraba en los cálculos de Ucrania, espoleada por Occidente, y, pese a sus reveses meses antes, Rusia decidía atrincherarse y esperar, consciente de que el tiempo juega a su favor.

La China de Xi Jinping, el Brasil de Lula da Silva y varios países africanos afectados por la crisis alimentaria agravada por la guerra lanzaban propuestas para esbozar el inicio de un diálogo que lleve a un proceso de negociación en condiciones.

Tanto Pekín como Brasilia lanzaban guiños a uno y otro lado y coincidían en criticar a Occidente por su ampliación y negativa a un acuerdo de seguridad con Rusia en el este de Europa y en reivindicar, formalmente, la integridad territorial de Ucrania, aunque la matizaban en el caso de Crimea.

Arriba, el presidente ruso, Vladimir Putin, y el presidente de China, Xi Jinping, en un encuentro en el Kremlin de Moscú. Abajo, responsables gubernamentales de Kiev reciben a una delegación china. PAVEL BYRKIN | AFP

06/06

El cardenal Zuppi, mediador en conflictos, viaja a Kiev

MUNDUA

Cumbre Putin-Erdogan con una agenda que va más allá del acuerdo del cereal

05/09

27/04

MUNDUA

Xi presenta a Zelenski su plan de paz y enviará una delegación a Kiev

MUNDUA

París y Berlín apuestan por el rearme: «No es momento para el diálogo»

18/02

21/03

MUNDUA

La visita de Xi con su plan de paz da aire a Putin tras la orden de arresto del TPI

Mundua

La guerra de Ucrania centra la primera jornada de la Asamblea General de la ONU

20/09

Occidente, con EEUU a la cabeza y la UE a rebufo, se escudaba en el tótem de que será el gobierno ucraniano el que decida cuándo, cómo y de qué negociar. En paralelo, prometía rearmarlo con tanques, misiles de más largo alcance e incluso cazabombarderos F-16 de cara a una nueva contraofensiva para seguir recuperando territorio arrebatado por Rusia desde el inicio de la invasión el 24 de febrero de 2022.

Fue un mes después de aquella fatídica fecha cuando, tras un avance rápido desde el este, sur y norte del país, Rusia, con la ayuda de la Turquía de Erdogan, logró sentar encima de la mesa a Ucrania en Bielorrusia.

El fracaso del avance de sus columnas hacia Kiev, más que para ocuparla para forzar un golpe militar ucraniano y asegurarse un gobierno títere, envalentonó a los ucranianos. Su éxito al repeler ese avance con tierra quemada y puentes anegados y la contraofensiva de otoño en la que recuperó la ciudad de Jerson y obligó a un repliegue ruso en Zaporiya, también en el sur, y en Jarkov, en el noreste –incluso en el Donbass rusófono–, dio alas al presidente, Volodimir Zelenski, a asegurar que no se detendrían hasta expulsar «a los orcos», eufemismo con el que el Ejército ucraniano se refiere a los soldados rusos, no ya de los territorios arrebatados desde la invasión sino incluso de la propia Crimea y el Donbass.

El fracaso en 2023 de su segunda contraofensiva y la resiliencia de Rusia han devuelto la partida a la casilla de salida.

Arriba, Volodimir Zelensky recibe a la presidenta de la Comisión Europea, Ursula von der Leyen, en Kiev. Abajo, el ministro de Asuntos Exteriores ruso, Sergei Lavrov, habla durante una reunión del Consejo de Seguridad de la ONU sobre Ucrania en la sede de Nueva York.
Anónima,
Thymoty A.Clary | AFP

06/08

19/05

06/10

18/06

23/05

27/06

28/06

25/06 26/06 24/08

Tras criarlo,
Putin tira del nido al cuervo de la Wagner

Dabid LAZKANOITURBURU

Envalentonado por el protagonismo de sus mercenarios en la conquista de Soledar (con su mina de sal) en enero y de la estratégica Bajmut en mayo, y animado por los halcones mediáticos rusos críticos con los reveses en la invasión de Ucrania, el jefe de la compañía de mercenarios Wagner, Yevgeni Prigozhin, pasó de las críticas a la descalificación de un ministerio de Defensa ruso y de un Ejército a los que acusó de convertir a sus hombres, muchos presos peligrosos, en carne de cañón para disimular su ineptitud y llevarse los laureles.

Conocido como el «chef de Putin», quien como paisano peterburgués le aupó de delincuente con un pie en la cárcel y otro en la mafia a dueño de una cadena de restauración, Prigozhin se apoyó en la ultraderecha euroasianista para crear una compañía, Wagner –resabio hitleriano–, que tuvo su bautismo de fuego en Siria y se convirtió en una guardia de corps con intereses minerales en África.

El inquilino del Kremlin guardaba silencio sobre los desplantes del jefe de la Wagner. Hasta que este se replegó de Ucrania y, tras tomar el cuartel general militar de la ciudad de Rostov del Don, dirigió sus columnas hacia Moscú a finales de junio.

Putin le prometió inmunidad a cambio de que se exiliara a Bielorrusia. Dos meses después, en agosto, el avión que traía de vuelta de África a Prigozhin y a su número dos, el neonazi confeso Dimitry Utkin, «se estrelló».

El Kremlin había criado a un cuervo y le dejaba caer. Los sucesores de Wagner en África se llaman Afrika Korps. Debe haber entre los suyos más de un fan del mariscal Rommel.

Yevgeny Prigozhin muestra en un vídeo cadáveres de mercenarios del grupo Wagner. Al lado, tropas sublevadas de Wagner durante la toma de la ciudad de Rostov-on-Don.

Dabid LAZKANOITURBURU

Ia bi urte bete ditu Pablo Gonzalez euskal kazetariak –besteak beste, GARA eta NAIZen kolaboratzaileak– Poloniako kartzela batean, Errusia Ukraina inbaditzen hasi eta handik egun batzuetara, 2022ko urtarrilaren 29an, mugan atzeman zutenetik.

Ordutik gaur arte, inolako akusaziorik gabe, hiru hilabetean behin haren atxiloketa «prebentiboa» luzatu du Poloniako «Justiziak». Lehen urtea ziegan isolaturik iragan behar izan zuen. 2023. urtean zehar, autoa gidatzen zihoala pertsona bat erail zuen preso batekin elkartu zuten «psikologia lana» egin zezan.

Epaiketa 2024rako iragarrita dago eta Poloniako zerbitzu sekretuek noizean behin salaketak plazaratzen dituzte hedabideek zabaldu ditzan.

Jaiotzez eta pasaportez ere errusiarra izanik, susmagarria da «Pavel» orokorrean, eta, are gehiago, Europa ekialdean; hala, lan egitea zaila duen freelance honen izena zikintzen ari dira, oraindik haren kontrako salaketa zehatzik egin ez dutenean.

Errusiako oposizioarekin izan zituen harremanak airatu dituzte, horrek espioitza egiten zuela frogatuko balu bezala. FSB Errusiako zerbitzu sekretuetako kide omen den batekin hegazkinean bidaiatu zuela ere zabaldu dute.

Joan den uztailean, Pavelen sostengurako taldearekin eta familiarekin batera, GARA Bruselako Parlamentuan egon zen. Ez haren errugabetasuna aldarrikatzeko

Pablo Gonzalez "Pavel",
gerraz duen ezagutzagatik gatibu

Pablo Gonzalezen askapena eskatzeko elkarretaratzea Nabarnizen. Irudian, kazetariaren bikotekidea, Oihana Goiriena.
MARISOL RAMIREZ | FOKU

–hori benetako justiziaren lana da–, Pablok Ukrainako gatazkan eta beste batzuetan (Balkanetan, Karabakh Garaian, Polonian bertan...) egin duen lan izugarriaren berri emateko baizik.

Pavelek alde bien inguruan informatzen zuen beti, kazetari batek beti egin behar duen bezala. Eta alde bati ez zitzaion gustatu. Inoiz ez zaie gustatzen bi aldeei.

Gerraren gatibu.

RUSIA ALEJA A LA OTAN DE UCRANIA
Y SE LA TOPA EN FINLANDIA Y SUECIA

Dabid LAZKANOITURBURU

La ampliación de la OTAN al centro-este de Europa, una de las líneas rojas que EEUU habría jurado no traspasar a cambio de la unificación alemana según la URSS en descomposición de Gorbachov, ha sido un hecho desde los noventa.

El ministro finlandés de Asuntos Exteriores, Pekka Haavisto, estrecha la mano del secretario general de la OTAN, Jens Stoltenberg, flanqueado por el secretario de EEUU, Antony Blinken, mientras entrega los documentos de adhesión de Finlandia a la OTAN.
OLIVIER MATTHYS | AFP

Los cantos de sirena de EEUU, con el seguidismo de la UE, a Ucrania desde la "revolución naranja" en Kiev en 2004 y sobre todo tras la revuelta del Maidan diez años después, despertaron todas las alarmas en una Rusia que, bajo la batuta de Putin, trataba de suplir su condena a ser una potencia económica de cuarto orden con músculo militar y con la reivindicación imperial de su "espacio vital".

Más allá de dinámicas internas y externas en torno al conflicto ucraniano, el inicio de la invasión rusa de Ucrania fue justificado por el Kremlin para frenar la entrada de Ucrania en la OTAN y la exigencia de una nueva arquitectura de seguridad en Europa.

Rusia cortocircuitaba así cualquier acercamiento real –si Ucrania fuera miembro de la alianza atlántica podría invocar el artículo 5 que exige implicacion en caso de agresión–.

El futuro de lo que quede de Ucrania pasa por la UE y, como efecto colateral, Rusia ha logrado que Finlandia, con la que comparte frontera, litigios territoriales y una neutralidad desde la II Guerra Mundial, haya entrado en la OTAN. Suecia lleva el mismo camino en espera de superar los recelos –guiños al Kremlin– de Turquía y de Hungría.

Si el nuevo zar de Rusia pretendía alejar a la OTAN de sus fronteras, lo que ha logrado es acercarla. Mal negocio para unos y otros.

22/04

La OTAN, entre las exigencias de Ucrania y las líneas rojas de Rusia

17/08

La OTAN recula en su sugerencia de una cesión de territorio a Rusia

La OTAN abre la puerta a Kiev en un proceso acelerado, pero sin fechas

EEUU busca implicar a la OTAN en su pugna por la hegemonía con China

Con Finlandia, la OTAN se refuerza y duplica su frontera con Rusia

12/07   05/04   08/07

EL SUR O LOS SURES GLOBALES

Delegados de los BRICS participan en una mesa redonda en el Foro de Doha en la capital de Qatar. Abajo, el presidente de Brasil, Luiz Inácio Lula da Silva, durante la Cumbre del Amazonas. SALIM MATRANKOT, EVARISTO SA | AFP

Ampliación de los BRICS

El grupo BRICS de cinco economías emergentes - Brasil, Rusia, India, China y Sudáfrica - ha acordado admitir seis nuevos miembros en una medida que busca dar nueva forma al orden global dirigido por Occidente

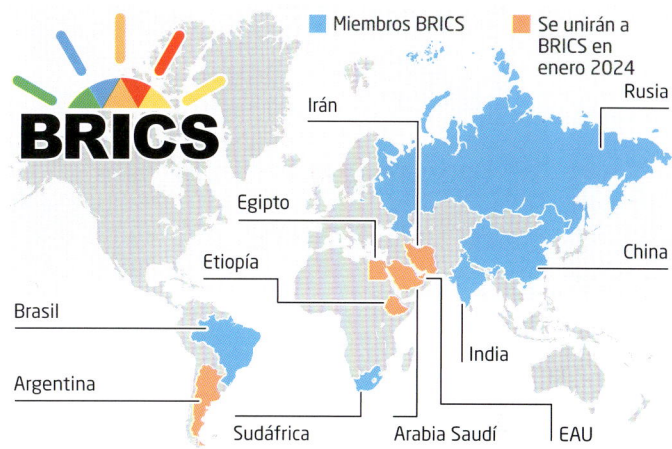

PARTICIPACIÓN GLOBAL GRUPO BRICS (incluidos nuevos miembros)

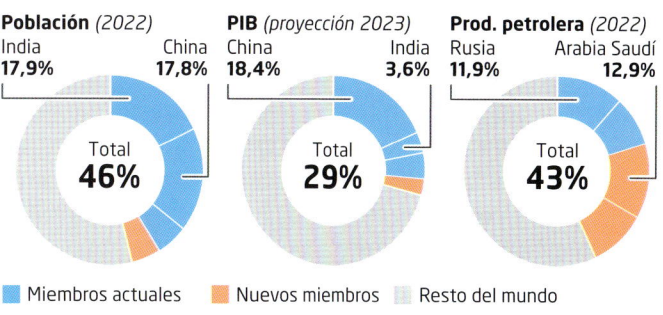

Población (2022)		PIB (proyección 2023)		Prod. petrolera (2022)	
India 17,9%	China 17,8%	China 18,4%	India 3,6%	Rusia 11,9%	Arabia Saudí 12,9%
Total **46%**		Total **29%**		Total **43%**	

■ Miembros actuales ■ Nuevos miembros ■ Resto del mundo

Fuentes: BBC, Energy Institute, FMI, World Population Review   GN | **GARA**

Dabid LAZKANOITURBURU

Es un hecho que Occidente, tal y como sobre todo lo han –y lo hemos– sufrido, con su arrogancia económica, colonial, imperial y, por tanto, civilizacional, está en declive –lo que no quiere decir que se vaya a hundir–.

El desplome de la URSS como alternativa económica euroasiática alumbró la ilusión de un triunfo total, de un final de la historia que China, con sus 4.000 años de historia y tras desprenderse del fardo de un maoísmo que le permitió asomar pero le cortaba las alas, se encargó de desmentir.

Desde entonces, Pekín ha ido forjando foros en un intento de pilotar una alternativa desde el llamado Sur Global frente a Occidente. Lideró así tanto el grupo de Shanghai como los BRICS, acrónimo de potencias emergentes o medio sumergidas como Brasil, Rusia, India, la propia China y Sudáfrica.

2023 ha sido el año de la consolidación de los BRICS, con la incorporación de países como Irán, Arabia Saudí, Emiratos, Egipto y Etiopía. Otros, como Turquía e Indonesia, han sido admitidos como observadores.

Nótese que, con la salvedad de Irán, se trata de regímenes históricamente aliados de Occidente, que se queja ahora, con razón, de su desprecio a los derechos humanos más básicos pero sobre los que hasta ahora había pasado de rondón.

Ya no hay bloques ni fidelidades. Cada país amplia su cesta de influencias. Pero eso mismo limita el futuro de los BRICS + y del Sur, o sures, Global. India y China pugnan mientras se dan la mano.

Es el sino de los tiempos. Más nos vale intentar entenderlo.

29/08   03/09

KATALUNIA,
EDO HAUSKORTASUNAREN PARADOXA

Alex ROMAGUERA

Kataluniako gizarteak zailtasunez betetako 2023 bat bizi izan du. Batez ere larrialdi sozial eta klimatikoari dagokionez: azken mendeko urterik beroenaren aurrean, Generalitateak kontsumo hidrikoa mugatu beste erremediorik ez du izan, lehortea kudeatzeko, urtegi eta ibai emariak minimoetara murriztu baititu. Era berean, hezkuntza eta osasun sistemetan pandemiak jada agerian utzi zituen gabeziak hobetzeko baliabideak ez dira nahikoa izan: lehen arretako zentroetan egun dagoen kolapsoak eta itxaron zerrenda luzeek hala baieztatzen dute.

Zailtasun horiei guztiei, zalantzarik gabe, gehitu egin zaie, 2022ko urrian Juntseko kontseilariak atera ondoren, Pere Aragones presidenteak hilabete hauetan izan duen prekaritatea. 135 diputatutatik 33ren babesarekin bakarrik, ERCko exekutiboak PSC eta Catalunya en Comú behar izan ditu Aurrekontuen Legea eta beste dozena bat arau aurrera ateratzeko, eta horrek independentismoaren barnean haustura handitu du.

Subiranismoaren batasun eza ez da soilik dinamika parlamentarioan nabaritu. 2023an egin diren bi hauteskunde deialdietan ere igarri da. Maiatzaren 28ko udal hauteskun-

deetan sozialistek Bartzelonako, Lleidako, Tarragonako eta metropoli eremuko hiri gehienetako alkatetzak berreskuratu zituzten. Bi hilabete geroago, Espainiako Gorteetako uztailaren 23ko hauteskundeetan, subiranismoaren sektore zabalen arteko desengainuaren ondorioz, hiru indar independentistek milioi bat boto inguru galdu zituzten.

ERC izan zen galtzaile nagusia, bere gainbeherak PSCri garaipena eman ziolako barruti guztietan, baina, hala eta guztiz ere, kasualitateak Pedro Sanchezen patua Esquerraren eta Juntsen 14 diputatuen esku utzi zuen, neurri handi batean. Ho-

rrek indar korrelazioa aldatu eta, tren sarearen transferentziaz eta katalanaren ofizialtasuna Europan prometitzeaz gain, orain arte pentsaezinak ziren hiru negoziazio esparru onartzera behartu du PSOE. Negoziazio lerro bat ERCrekin, beste bat Bruselan –Carles Puigdemont anfitrioi dela– eta hirugarrena Generalitatearekin. Eta ororen gainetik, Amnistia legea.

Horrela, aurreko legealdian negoziazio mahaitik at zirudien amnistia, datozen urteetan Espainiako politikaren norabidea markatu eta tenkatuko duen faktorea bihurtu da. Horrela dirudi, behintzat, eskuinaren eta botere judizialaren erantzuna ikusita, boikotatzeko dei nabarmena egin baitute. Kontrako norabidean, erakunde independentistentzat, Estatuarekin irekita dagoen gatazka

---

Madrilgo Gorteetako Hauteskundeak

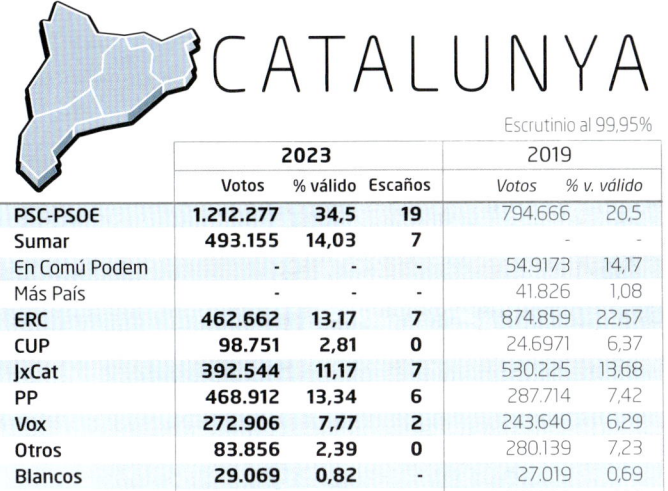

CATALUNYA

Escrutinio al 99,95%

	2023			2019	
	Votos	% válido	Escaños	Votos	% v. válido
PSC-PSOE	1.212.277	34,5	19	794.666	20,5
Sumar	493.155	14,03	7	-	-
En Comú Podem	-	-	-	54.9173	14,17
Más País	-	-	-	41.826	1,08
ERC	462.662	13,17	7	874.859	22,57
CUP	98.751	2,81	0	24.6971	6,37
JxCat	392.544	11,17	7	530.225	13,68
PP	468.912	13,34	6	287.714	7,42
Vox	272.906	7,77	2	243.640	6,29
Otros	83.856	2,39	0	280.139	7,23
Blancos	29.069	0,82	-	27.019	0,69
Total válidos	3.514.132	100	-	3.876.232	100

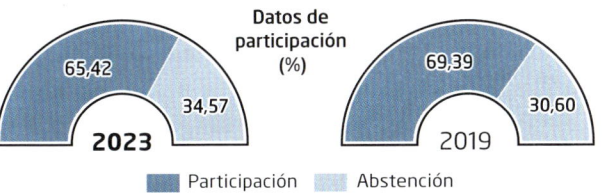

Datos de participación (%)

65,42 34,57
2023

69,39 30,60
2019

■ Participación ■ Abstención

bideratzeko tresna izan behar du amnistiak, autodeterminaziorako erreferendum bati atea ireki beharko liokeena.

Izan ere, ez indar subiranisten arteko banaketa eternalak, ezta bake autonomikoaren itxurazko itzulerak ere, ez dute desagerrarazi Kataluniako gizarteko sakoneko eskari nagusia. Arazoak arazo, prozesu subiranista hasi eta hamarkada bat geroago, katalanen %80k aldarrikatzen du oraindik bere etorkizuna libreki erabakitzeko eskubidea.

Aurreko orrialdean, Gabriel Rufian eta Carles Puigdemont. Lerro hauen ondoan, Diadaren irudia, Manuel Marchena epailea eta Clara Ponsatí eurodiputatua, Bartzelonara itzuli zenean, bost urtez erbestean egon ondoren.

PAU BARRENA, KENZO TRIBOUILLARD,
JOSEP LAGO |
AFP, PARLAMENTO DE CANARIAS

07/24

El TJUE avala las euroórdenes pero da vías para la defensa de los exiliados

El PSC arrasa a costa del independentismo

03/29

Los Mossos detienen a Ponsatí pese a su inmunidad a su llegada a Barcelona

El TSJC condena a Borràs a 4,5 años de cárcel, pero pide el indulto parcial

SÁNCHEZ RESISTE

Y SE RENUEVA LA ALIANZA DE LA IZQUIERDA ESPAÑOLA Y LOS SOBERANISMOS

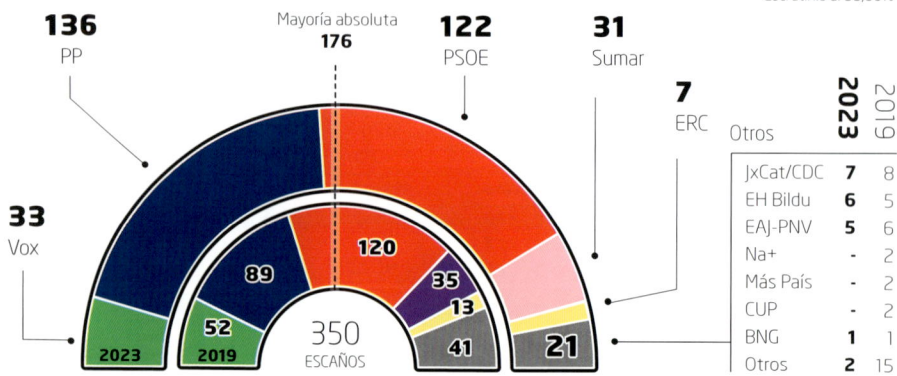

Estado español (reparto de escaños)

Escrutinio al 99,86%

136 PP

Mayoría absoluta **176**

122 PSOE

31 Sumar

7 ERC

33 Vox

89 · 120 · 35 · 13 · 41 · 21

52 (2023) · 41 (2019)

350 ESCAÑOS

Otros	**2023**	2019
JxCat/CDC	7	8
EH Bildu	6	5
EAJ-PNV	5	6
Na+	-	2
Más País	-	2
CUP	-	2
BNG	1	1
Otros	2	15

A la izda., el presidente del gobierno español, Pedro Sánchez, recibe a Mertxe Aizpurua y Gorka Elejabarrieta, de EH Bildu. Al lado, el ministro Felix Bolaños y Oriol Junqueras, de ERC, tras suscribir el acuerdo en Barcelona. Oscar del Pozo, Gerard Magrinya | AFP, EP

Daniel GALVALIZI

Definitivamente, 2023 merece que Pedro Sánchez haga una actualización de su libro "Manual de resistencia" publicado en 2019. Es que el año que pasó lo consagró como un ave fénix de la arena política del Estado: cuando todos lo daban por muerto y Núñez Feijóo era arropado por todas las encuestas, el líder del PSOE logró no solo mejorar sus resultados electorales, sino renovar una compleja mayoría de investidura.

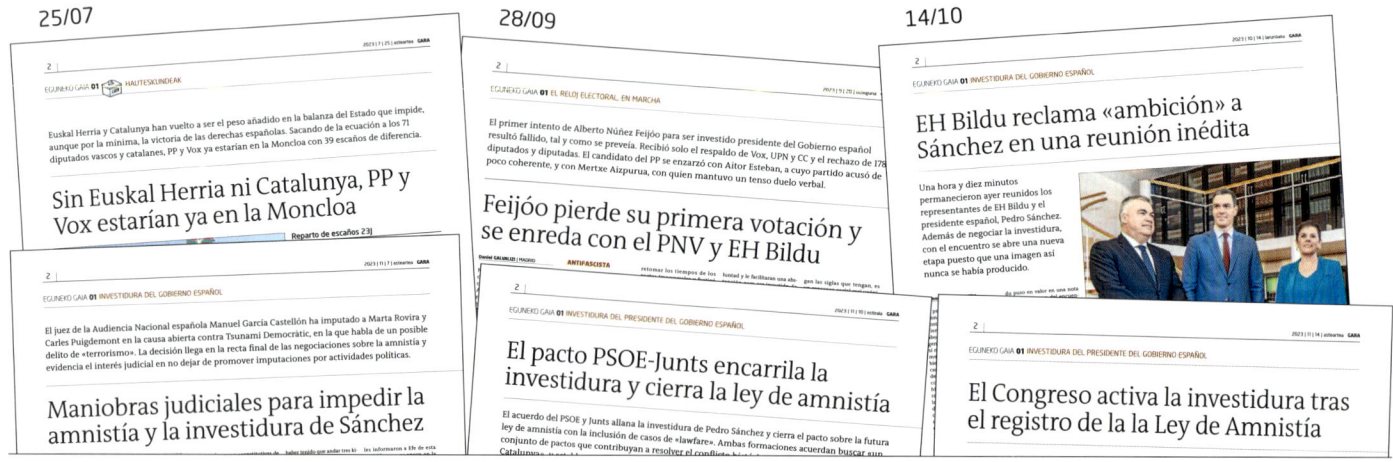

25/07

Euskal Herria y Catalunya han vuelto a ser el peso añadido en la balanza del Estado que impide, aunque por la mínima, la victoria de las derechas españolas. Sacando de la ecuación a los 71 diputados vascos y catalanes, PP y Vox estarían en la Moncloa con 39 escaños de diferencia.

Sin Euskal Herria ni Catalunya, PP y Vox estarían ya en la Moncloa

Reparto de escaños 23J

El juez de la Audiencia Nacional española Manuel García Castellón ha imputado a Marta Rovira y Carles Puigdemont en la causa abierta contra Tsunami Democràtic, en la que habla de un posible delito de «terrorismo». La decisión llega en la recta final de las negociaciones sobre la amnistía y evidencia el interés judicial en no dejar de promover imputaciones por actividades políticas.

Maniobras judiciales para impedir la amnistía y la investidura de Sánchez

28/09

El primer intento de Alberto Núñez Feijóo para ser investido presidente del Gobierno español resultó fallido, tal y como se preveía. Recibió solo el respaldo de Vox, UPN y CC y el rechazo de 178 diputados y diputadas. El candidato del PP se enzarzó con Aitor Esteban, a cuyo partido acusó de poco coherente, y con Mertxe Aizpurua, con quien mantuvo un tenso duelo verbal.

Feijóo pierde su primera votación y se enreda con el PNV y EH Bildu

El acuerdo del PSOE y Junts allana la investidura de Pedro Sánchez y cierra el pacto sobre la futura ley de amnistía con la inclusión de casos de «lawfare». Ambas formaciones acuerdan buscar un conjunto de pactos que contribuyan a resolver el conflicto histórico.

El pacto PSOE-Junts encarrila la investidura y cierra la ley de amnistía

14/10

EH Bildu reclama «ambición» a Sánchez en una reunión inédita

Una hora y diez minutos permanecieron ayer reunidos los representantes de EH Bildu y el presidente español, Pedro Sánchez. Además de negociar la investidura, con el encuentro se abre una nueva etapa puesto que una imagen así nunca se había producido.

El Congreso activa la investidura tras el registro de la la Ley de Amnistía

En mayo, las municipales (y autonómicas en una decena de regiones) mostraron el ascenso de la derecha en varios ejecutivos antes gobernados por las izquierdas. El mapa territorial del Estado se teñía de azul y dejaba a un inquilino de la Moncloa debilitado.

A la mañana siguiente del 28M, Sánchez anunciaba un adelanto electoral de las generales previstas para fin de año, que se celebrarían el 23 de julio. La clave de la decisión, más allá de la explicación formal, era sobrevivir a una posible revuelta interna del PSOE y evitar el crecimiento de Feijóo y el desgaste constante del Gobierno.

Todas las encuestas privadas pronosticaban una mayoría segura en escaños de PP y Vox, y solo el CIS se atrevía a augurar algo diferente, aunque con un triunfo de Feijóo. Hubo dos debates, uno de ellos un cara a cara antológico con una descomposición televisada de Sánchez que estará en los anales de la comunicación, y una campaña marcada por el calor de un verano abrasador.

Pero en los días previos a la votación comenzaron a cambiar los números. La izquierda contraatacó y se comenzaron a difundir los efectos de los acuerdos entre el PP y la ultraderecha. El 23-J un 53% (13 millones de votos) votó a los partidos que compondrían la nueva mayoría de investidura y que fue un frenazo a un ejecutivo Feijóo-Abascal.

Flanqueado por la ultraderecha de Vox y por el verso suelto trumpista de Isabel Díaz Ayuso, Feijóo intentó su propia investidura en septiembre, con el beneplácito de Felipe VI. Tras intentar contactos con Junts y el PNV, solo obtuvo los apoyos de Coalición Canaria y UPN y abrió la puerta para que Sánchez fuera a pedir la confianza de la cámara.

La primera exhibición de la nueva mayoría fue en agosto, con la elección de las autoridades del Congreso, conseguida gracias a la ruptura de otro techo de cristal: la posibilidad de utilizar las lenguas cooficiales también en el hemiciclo.

Sin duda, el proyecto de amnistía a los encausados del procés es la espina dorsal de un acuerdo que devolvió a los independentistas catalanes liderados por Carles Puigdemont a las negociaciones con el Estado. La iniciativa fue registrada por el PSOE días antes del pleno de investidura, en la que Sánchez consiguió 178 'Síes' sobre

ESTADO

Escrutinio al 99,90%

	2023		2019	
	Votos	**% v. válido**	*Votos*	*% v. válido*
PSOE	**7.753.800**	**31,7**	6.792.199	28
Sumar	**3.011.122**	**12,31**	-	-
Unidas Podemos	-	-	3.119.364	12,86
Más País	-	-	406.019	1,67
PP	**8.082.735**	**33,05**	5.047.040	20,81
Vox	**3.031.308**	**12,39**	3.656.979	15,08
Otros	**2.380.739**	**9,73**	5.019.400	20,69
Blancos	**199.128**	**0,81**	217.227	0,89
Total válidos	**24.458.832**	**100**	24.258.228	100

Datos de participación (%)

70,39 / 29,60 — **2023**

66,23 / 33,76 — **2019**

■ Participación ▨ Abstención

172 'Noes'. Un respaldo transversal y heterogéneo con Sumar, ERC, Junts, EH Bildu, PNV, BNG y CC.

El nuevo Ejecutivo, con coalición PSOE-Sumar (y ya sin Podemos), apunta a mejorar algunos derechos laborales, reforzar el estado de bienestar y centrar el eje en revertir la crisis climática, además de una mesa de diálogo con mediador con el soberanismo catalán. Su exigua y variopinta mayoría le augura una negociación constante y desgastante para cada ley.

25/09

Entre la rabia y la resignación, el PP muestra músculo contra la amnistía

Otegi: «Va a ser la legislatura del debate sobre el modelo territorial»

17/11

Sánchez, presidente por mayoría absoluta con apoyo de ocho partidos

Pedro Sánchez fue reelegido presidente del Gobierno español. Gracias al apoyo de ocho formaciones, incluidos los dos grupos vascos, obtuvo 179 votos a favor y 171 en contra (PP, Vox y UPN). Logró así mayoría absoluta y no habrá que repetir votación. La derecha insiste en el tono bronco, tremendista, alentando la tensión en la calle.

179 votos

La frustración por los resultados abre la caja de los truenos entre PP y Vox

24/07

La movilización del bloque progresista frena a Núñez Feijóo

Tras hacerse con un enorme poder autonómico y municipal el 28 de ... conformado por PP y Vox aspiraba a cerrar el círculo en los comicios ... bloque progresista, con PSOE y Sumar mejorando sus datos respecto ... Unidas Podemos– echó un jarro de agua helada a Alberto Núñez Feijóo ...

30/08

La amnistía supera con comodidad el primer asalto en el Congreso

La derecha se desinfla y se pierde en reproches mutuos durante la toma en consideración de la proposición de la Ley de Amnistía, que encontró más ...

MUNDUA

Con la misma confidencialidad que marcó la fase previa a la investidura, PSOE y Junts abordaron en Suiza cuestiones como el reconocimiento nacional de Catalunya y su derecho a decidir, con la facilitación de la fundación Henri Dunant. Participó el elegido como mediador, el salvadoreño Francisco Galindo Vélez, ex representante de Acnur.

La negociación PSOE-Junts arranca con un mediador procedente de Acnur

25/07   13/12   03/12

15/03

EGUNEKO GAIA 01 DERECHOS Y LIBERTADES

EH Bildu y ERC impiden una reforma descafeinada de la Ley Mordaza

Tal y como habían anunciado, EH Bildu y ERC –así como Junts– votaron en contra de la reforma de la Ley Mordaza al considerar que no cumple los las devoluciones en caliente ni la autoridad de los agentes policiales

EGUNEKO GAIA 01 VIOLENCIA CONTRA LA MUJER

PSOE, PNV y PdeCAT dan la mano al PP para retroceder en el «solo sí es sí»

El Congreso aprobó ayer la modificación de la ley del «solo sí es sí» con los votos de PSOE, PP, PdeCat y Ciudadanos. Podemos, ERC y EH Bildu consideran que los cambios rompen el avance dado tras la ola de indignación por la sentencia de «La Manada». Junts se fue a la abstención y Vox prefirió

21/04

16/03

EGUNEKO GAIA 01 CAMBIO EN EL SISTEMA DE JUBILACIONES

CCOO y UGT respaldan la reforma de las pensiones que avaló Bruselas

El Ejecutivo español y los sindicatos mayoritarios del Estado, CCOO y UGT, calificaron «histórica» y un «referente» a nivel europeo la segunda parte de la reforma de las pensiones, que ahora debe pasar por el Congreso y necesitará el apoyo de ERC y EH Bildu. Los empresarios quedan fuera del acuerdo, al igual que el PP, que ha mostrado una oposición formal a este pacto.

17/03

EGUNEKO GAIA 01 CAMBIOS EN LOS SISTEMAS DE JUBILACIÓN

El Consejo de Ministros aprobó ayer la segunda fase de la reforma de las pensiones en el Estado español. Al mismo tiempo, EH Bildu anunció un acuerdo con el Ejecutivo de Sánchez para elevar las pensiones mínimas de viudedad y equipararlas con las contributivas, lo que «supondrá que ninguna pensión de viudedad esté por debajo del umbral de la pobreza».

EH Bildu pacta subir las pensiones de viudedad sobre el umbral de pobreza

Puesta en marcha la reforma para poder usar el euskara en el Congreso

PSOE, Sumar, EH Bildu, PNV, ERC y BNG registraron ayer una proposición de ley de reforma del Reglamento del Congreso para poder usar el euskara, el catalán y el gallego en todos los

07/09

Un Congreso prolífico con mayorías en zig-zag

Daniel GALVALIZI

La actividad parlamentaria no tuvo descanso en los meses previos a la convocatoria anticipada de elecciones generales y hubo novedades en materias tanto sociales como económicas, y con apoyos dispares: en algunas cuestiones, Moncloa se apoyó en su ala conservadora y en otras, en la izquierda.

Un ejemplo de ello es la reforma a la Ley del "Solo sí es sí". En abril el PSOE impulsó los cambios a caballo de los ruidos de las derechas por las reducciones de pena a agresores sexuales. Tan solo once meses después de su aprobación, que llevaba la impronta de Irene Montero (Podemos), Sánchez quiso tapar las críticas y contó para ello con el aval del PP, PNV y Junts.

Por otro lado, en mayo se aprobó la nueva Ley de Vivienda, que implica mejoras que apuntan a contener precios de los alquileres, y lo fue con impulso progresista, ya que contó con el respaldo en positivo de ERC y EH Bildu y la negativa de la derecha española, el soberanismo catalán y el PNV, que a través de Lakua recurriría semanas después ese proyecto ante el Constitucional.

También el salario mínimo interprofesional ha tenido en 2023 una mejora: en febrero la ministra de Trabajo Yolanda Díaz anunciaba un acuerdo con los agentes sociales y lo llevaba a un suelo de 1.080 euros, una subida del 8 por ciento.

Pedro Sánchez, durante la sesión de investidura. Abajo, las ministras salientes de Podemos Jone Belarra e Irene Montero.
PIERRE-PHILIPPE MARCOU, JAVIER SORIANO | AFP

Sobre fin de año, el Gobierno anunció un aumento de 3,8% en las pensiones contributivas, llevando la pensión media en el Estado español a los 1.246 euros, conservando o mejorando el poder adquisitivo de diez millones de pensionistas.

Vox decrece,
se crea Sumar y unas elecciones regionales catapultan al PP

Daniel GALVALIZI

El primer semestre del año político no dio respiro. En marzo, para mostrar músculo y acorralar al PP, Vox impulsó su segunda moción de censura contra Pedro Sánchez con un candidato extrapartidario: el economista octogenario y excomunista Ramón Tamames.

El Gobierno aprovechó la ocasión para trazar una bisagra entre la derecha y el bloque progresista mientras que Tamames dio todo un show con sus opiniones, a veces rancias y en otras opuestas al ideario de Vox. La moción tuvo la abstención del grupo de Feijóo y acabó resultando un boomerang para los de Abascal.

Esto se comprobó en las elecciones del 28M, en las que la ultraderecha no cumplió las expectativas (y mucho menos en las generales, en las que perdió casi la mitad de los escaños). Sin embargo, fue el aliado que necesitaba el PP para conseguir mayorías que le invistieran en el País Valencià, Balears, Murcia y Aragón y en decenas de ayuntamientos. Madrid consolidó el poder de Ayuso.

Por parte de la izquierda, 2023 cristalizó la creación de Sumar como coalición electoral, y el partido Movimiento Sumar como

Ramón Tamames, durante la moción de censura, acompañado por Santiago Abascal, de Vox. Abajo, Yolanda Díaz y Alberto Núñez Feijóo. Eduardo Parra, Thomas Coex, Javier Soriano | EP, AFP

fuerza que responde estrictamente a Yolanda Díaz, mientras que en la primavera se vivió un fratricidio mediático entre este grupo y el sector "pablista" de Podemos.

Un acuerdo agónico sobre el final para las listas de las generales dejó un reguero de rencores a ambos bandos y también evidenció el ansia de Díaz por concentrar el liderazgo de la izquierda transformadora española. A finales de año, Podemos decidió escindirse del grupo parlamentario e ir al Mixto para recobrar autonomía.

10/06

Podemos y Sumar cierran con vetos y reticencias una coalición para el 28J

03/04

Díaz pide ser la primera presidenta ante una «democracia en riesgo»

22/03

Sánchez alerta de la alianza PP-Vox en una moción de censura decadente

18/06

El PP sustenta en Vox su hegemonía y lleva al PSC a la Alcaldía de Barcelona

29/05

El PP gana en votos y, con Vox, arrebata sus bastiones al PSOE por el bajón de la izquierda

25/04   01/11   01/08

12/01   20/04

De la presunta 'Leonormanía'
a las visitas esporádicas de Juan Carlos I

La princesa heredera Leonor, jura lealtad a la Constitución española en su 18º cumpleaños.   ANDRÉS BALLESTEROS | AFP

Daniel GALVALIZI

El primer día de noviembre, la princesa Leonor tuvo la gran ceremonia que les depara a los herederos de la Corona borbónica: la jura de la Constitución Española al ya haber alcanzado la mayoría de edad y tras cumplir sus meses de cadete en las Fuerzas Armadas.

En medio de un clima político peculiar debido a que había un Gobierno en funciones y a pocos días de buscar una nueva investidura, la derecha cultural y mediática exacerbaron la comunicación del evento, instalando una presunta 'Leonormanía', aprovechando el respeto que puede generar una casi niña en una situación tan adulta, pero con el correr de los días se demostró que no hay furor borbónico ni mucho cambio al respecto.

Tampoco lo hay en la impunidad con la que se desenvuelve el rey emérito. Días antes de Navidad, proveniente de Ginebra, Juan Carlos volvió a pisar suelo español para participar en el cumpleaños de su hija Elena. Era su séptima visita en 19 meses, desde que la Fiscalía decidió archivar la investigación por sus irregularidades fiscales (aceptadas por él en sede judicial). Cabe recordar que sigue, al menos simbólicamente, representando al Estado en algunas ocasiones: por ejemplo en enero asistió en Atenas al funeral de Constantino de Grecia acompañado por Sofía.

El pasado también volvió al presente en abril cuando se exhumaron los restos de Primo de Rivera, fundador de La Falange, del Valle de Cuelgamuros (antes de los Caídos), y fue trasladado al cementerio de San Isidro, en aplicación de la Ley de Memoria Democrática. Solo unos 20 nostálgicos cantaron el "Cara al sol" durante el operativo.

COSTA DIMITE POR PRESUNTA CORRUPCIÓN
A PESAR DE SU MAYORÍA ABSOLUTA

Daniel GALVALIZI

A ocho años de ganar las elecciones que lo llevaron al Palacio de Belém, el exprimer ministro Antonio Costa dimitió en noviembre por un escándalo de corrupción que lo salpicaba a él y a miembros de su Ejecutivo, tras gobernar dos años con mayoría absoluta socialista en el Parlamento.

La renuncia llegó después de que varios ministerios y la residencia del propio Costa fueran allanados por funcionarios judiciales por presuntas irregularidades en su entorno en la gestión de proyectos de extracción de litio y producción de hidrógeno, además de la detención de su jefe de gabinete.

«Etapa de mi vida cerrada», dijo el exprimier al anunciar su dimisión –pese a que fue exonerado–, aceptada por el presidente de la República, quien convocó a elecciones para cuatro meses después.

El primer ministro Antonio Costa, durante el anuncio de su dimisión.
PATRICIA DE MELO MOREIRA | AFP

08/11   10/11

WILDERS ISLAMOFOBO ULTRA, **GARAILE**

Dabi LAZKANOITURBURU

Politikan iaioa izanik –eskuin homologatuan militatu zuen gaztetan eta 2006an bere alderdi propioa sortu zuen–, Geert Wilders xenofobo eta islamofoboak bere Askatasunaren Alderdia (sic) Herbehereetako hauteskundeetan lehen indarra izatea lortu zuen aurreneko aldiz azaroan.

Hautesleek politika tradizionalarekiko adierazi zuten haserrea lehendik zetorren, martxoan Nekazarien eta Hiritarren Mugimendua alderdiak probintzietako hauteskundeetan irabazteak agerian utzi zuen bezala.

Wildersek, «Herbehereetako Trumpek», ez du samur izango gobernua osatzea eta liberalak eta kristau-demokratak babesa emateko prest daude, baldin eta bere promesa zorrotzenak albo batera uzten baditu.

Hala ere, bere garaipenak Europako ultraeskuina harrotu egin du, Europar Batasuneko hauteskundeen atarian.

Geert Wilders ultraeskuindarrak hauteskundeetako emaitzak ospatzen. REMKO DE WAAL | AFP

11/08   11/10

03/21 04/15 03/17

03/23 03/24

ZAURI SOZIALAREN GAINEAN GATZA JAURTIZ,
BERE BAKARDADEA AREAGOTU DU MACRONEK

Txistuak eta txaloak Parlamentuan, Elisabeth Borne lehen ministroaren hitzaldian (eskuinean), Pentsioen Legeari buruz. Behean, Nicolas Sarkozy presidente ohiak auzitegia utzi du, ustelkeriagatik hiru urteko kartzela-zigorra berretsi ostean. ALAIN JOCARD, ENMANUEL DUNAND, BERTRAND GUAY | AFP

Maite UBIRIA BEAUMONT

Erretreten aldeko mugimendu azkarrak izan dira azken hamarkadetan Estatu frantsesean. Hain zuzen, 1995, 2003, 2019-2020 eta 2022-2023 urteetan ezkerreko zein eskuineko gobernuek burututako erreformei aurre egiteko mobilizazio esanguratsuak izan ziren Hexagonoan.

Barne ministerioak emandako zifrek argiki erakutsi dute 2022-2023ko mobilizazio zikloa izan dela guztietan indartsuena.

Orotara 14 greba eta mobilizazio egun egin zituzten iaz erretreten defentsan, bai Estatu frantsesean, bai Euskal Herrian. Era berean, 2023ko mobilizazio zikloan izan zen herritar gehien bildu duen protesta eguna. Zehazki, martxoaren 7an 1,28 milioi pertsona mobilizatu ziren Estatu frantsesean, Poliziaren iturrien arabera. Sindikatuek 3,5 milio manifestari zenbatu zituzten, edozein kasutan, urtarrilaren 31ko deialdiaren ondotik mobilizazio mailarik altuena jo zuen egunean.

04/18

08/29

06/30

05/18

06/29

Hala eta guztiz, handik gutxira, martxoaren 16an, Gobernuak erretreta adina 62 urtetik 64 urtera gibelatzen duen legea aldarrikatu zuen, dekretuz. Bere egitasmoa aurrera atera bazuen ere, Elisabeth Borne ahul bezain bakarturik utzi zuen erreformak altxatu zuen olatuak.

Emmanuel Macronek Gobernuaren jarduera egonkortzeko eman zion agindua bete ezinean, urtea noraezean amaitu zuen exekutiboak, horrek Borneren geroari buruzko zalantzak hauspotu zituela.

Agerikoa da, erretreten erreformarekin soilik ez, bertze ekimen politikoak aurrera ateratzeko orduan ere zailtasun handiak izan dituztela 2023an Macronen aldekoek.

Horregatik, Bornek behin eta berriz erabili behar izan du Konstituzioaren 49.3 artikulua. Denera hogei bat lege-egitasmo sinatu ditu gobernu buruak, Legebiltzarraren oniritzirik gabe, eta horrek eskuineko bere aliatuekin harremanak hoztu ditu.

Nicolas Sarkozyk auzi batetik bestera igaro zuen urtean, Errepublikanoak alderdikoek estu hartu nahi izan zuten Macronen Gobernua, migrazioari buruzko eztabaida baliatuz.

Alta, eskuin-muturrak migrazio politika oraindik ere gehiago gogortuko duen egitasmoari emandako sostenguak eskuin klasikoa berrindartu ordez, ondorengo Presidentetzarako bozek finkatzen duten helmugarantz joateko bosgarren martxa zapaltzeko aitzakia eman zioten Marine Le Peni.

Eskubide sozialak kolokan emateaz gain, gizarte frantziarraren baitan dauden bestelako arrakalak areagotzera eto-

rri da Macronen bigarren agintaldi hasierak hartu duen jite autoritarioa.

Polizia ereduaren gainean aspalditik datorren arazoa gordintasun osoz azaleratu zuen, Nanterren, errepide kontrol batean polizia batek tiroz hil zuen Nahel gaztearen aferak.

Hori gutxi balitz, gizonen eta emazteen arteko berdintasuna bere presidentetzaldiaren helburu nagusitzat irudikatu zuen Macronek, baina bortizkeria matxistari erantzun ordez (gutxienez 102 feminizidio izan dira Estatu frantsesean iaz), «gizonaren aurkako balizko ehiza» aireratzen duen diskurtsoa hauspotu du Eliseoko maizterrak, Gerard Depardieu hunkitzen duen aferaren harira.

Goian, istiluak Nahel gaztearen heriotzagatik, poliziaren tiroen ondorioz. Beheran, sindikatuen protestak Gobernuak proposatutako pentsioen erreforma dela eta.

CHISTOPHE SIMON, BERTRAND GUAY | AFP

ALEMANIA SE AÍSLA DE ERROR EN ERROR

El canciller alemán Olaf Scholz habla junto a un tanque Leopard 2 de las fuerzas armadas alemanas tras el anuncio de suministar unidades al ejército ucraniano. Abajo, Scholz. RONNY HARTMANN, TOBIAS SCHWARZ | AFP

Ingo NIEBEL

El tripartito del canciller socialdemócrata Olaf Scholz despide 2023 sin mayoría absoluta en las encuestas. La primera fuerza de la oposición, la Unión Demócrata Cristiana (CDU) de Friedrich Merz, suma más puntos que el SPD, los Verdes ecologistas y los liberales (FDP) juntos. Por eso, el jefe de la CDU ya habla de elecciones anticipadas aunque la Ley Fundamental deja muy poco margen para tal eventualidad.

La caída del ejecutivo de Scholz se debe a graves errores en su política interior: la Corte Constitucional declaró ilegal en parte la financiación de los presupuestos generales. Así se encarece la vida en el país, además de poner en riesgo la competitividad de la industria a nivel internacional. Ante los altos precios energéticos hay ya quien pide que se vuelvan a encender las centrales nucleares, apagadas este año. Con su política ecologista, Berlín se aísla también a nivel internacional.

Alemania ha errado aliándose unilateralmente con Ucrania contra Rusia. Pero sus tanques Leopard y demás material militar no ayudaron a Kiev a poner de rodillas a Moscú, que ha pasado a la ofensiva.

Otro error es la solidaridad con Israel, convertida en razón de Estado, que convierte a Berlín en cómplice del genocidio en Palestina.

Estos errores y la falta de credibilidad da alas a la neofascista Alternativa para Alemania (AfD) que ha ganado escaños y discurso. Al mismo tiempo, la izquierda institucionalizada ha ido a la escisión y con ello a un futuro incierto que se aclarará con las elecciones europeas y las tres regionales en el este alemán en 2024.

A lo largo de 2023 Alemania ha girado aún más hacia la derecha.

19/01

El ministro del Interior de Baja Sajonia, el socialdemócrata Boris Pistorius (SPD), será el nuevo responsable alemán de Defensa y ha prometido «hacer fuertes a las Fuerzas Armadas alemanas». Antes, el hombre de confianza del canciller, Olaf Scholz, deberá deshojar la margarita de si Alemania cede los tanques de combate Leopard a Ucrania. Su partido, el SPD, está dividido.

El nuevo ministro de Defensa afronta «un tanque» de problemas

19/01

El tripartito de Scholz muestra signos de desgaste después de un año

El partido Die Linke entra en fase de escisión y liquidación

15/04

EKONOMIA

Alemania desconecta sus tres centrales y se despide hoy de la energía nuclear

EKONOMIA

La economía alemana no remonta y Berlín prevé ahora una caída del 0,4%

28/02

EGUNEKO GARA **02** REFORMA DEL PROTOCOLO PARA EL NORTE DE IRLANDA

El nuevo acuerdo entre Gran Bretaña y la Unión Europea deja sin argumentos a los políticos unionistas que durante más de un año han forzado una crisis institucional en el norte de Irlanda, a la vez que establece una relación más fluida entre Londres y Bruselas basada en el diálogo, y da así por terminada la guerra política y comercial de los últimos años.

Acuerdo de Windsor: nueva relación entre Londres, Belfast y Bruselas

06/01

EKONOMIA

Sunak planea legalizar el despido de huelgistas y demandar a los sindicatos

En medio de un invierno plagado de huelgas y con una inflación disparada, el primer ministro británico, Rishi Sunak, se dispone a introducir leyes que permitan a los empresarios despedir a los trabajadores si no aceptan y cumplen los servicios mínimos decididos por sus ministros y demandar a los sindicatos ante los tribunales.

14/11

20 Mundua

Sunak rescata a Cameron para frenar la debacle de los conservadores británicos

La elección de Rishi Sunak del ex primer ministro David Cameron como responsable de la diplomacia británica intenta solventar la crisis del cese de la ministra del Interior y apelar al voto más moderado en plena debacle conservadora, pero puede aguizar las divisiones.

MUNDUA

Coronación de Carlos III entre pompa, protesta popular y redadas policiales

Detenciones, protestas en las calles de las principales ciudades, confiscación de propaganda en Londres de los que no quieren una coronación sino una elección, derroche de dinero público, rituales y disfraces medievales marcaron el ... del show global que coronó a Carlos III y Camila. Pero con la aprobación de la monarquía en caída libre...

07/05

GARA

El Supremo tumba el plan de Sunak para deportar migrantes a Rwanda

El Tribunal Supremo británico confirmó ayer la ilegalidad del plan del Gobierno de expulsar a Rwanda a los demandantes de asilo que lleguen de forma irregular, un duro golpe para el Rishi Sunak, que respondió que trabaja en un nuevo tratado con el país africano.

16/11

GRAN BRETAÑA EN LA ENCRUCIJADA: **HUELGAS Y CRISIS POLÍTICA CON ELECCIONES EN EL HORIZONTE**

Ibai AZPARREN

Gran Bretaña cerró 2023 con malas noticias. El primer ministro Rishi Sunak ha atravesado cambios y tensiones desde que asumió el cargo, incluyendo la salida de Nicola Sturgeon de su cargo como Ministra de Escocia, la profunda crisis del NHS (National Health System) y la coronación del Rey Carlos III entre el enorme entusiasmo de los sectores favorables a la monarquía y la gran indiferencia en los colectivos sociales más golpeados por una realidad que hace mucho tiempo no vivía el país.

El combo de inflación y crisis política sumió al país en una ola de inusuales protestas. Las huelgas sindicales afectaron al correo, los trenes, la guardia costera, los controles migratorios, los hospitales y hasta la administración pública. Sunak, en vez de atender las demandas, propuso en una nueva legislación para frenar las huelgas. Además, el Primer Ministro ha sido severamente criticado por sostener el plan de su antecesor, Boris Johnson, de enviar a todos aquellos que soliciten asilo en el país británico a Ruanda.

El rey Carlos III y la reina Camila saludan desde el Palacio de Buckingham. Abajo, el primer ministro británico, Rishi Sunak, y la jefa de la Comisión Europea, Ursula von der Leyen, tras una reunión en Londres.
OLI SCARFF, DAN KITWOOD | AFP

Con las legislativas previstas a más tardar en enero de 2025, los conservadores, en el poder desde hace casi 14 años, se sitúan muy por detrás del Partido Laborista en las encuestas, en un contexto económico sombrío que puede acentuar sus pérdidas y en un escena internacional complicada con el continuado conflicto entre Ucrania y Rusia y la masacre de Israel en Gaza.

01/18   03/28   02/16

06/12   04/06

ETAPA BERRI BAT **ESKOZIAN**

Aitor AGIRREZABAL

2022a bere erreferendum proposamenari atea itxita amaitu zuen Nicola Sturgeonek eta 2023ko otsailean bere dimisioa iragarri zuen Holyrood-eko gobernuburu gisa zortzi urte eman ostean, Edinburgoko Parlamentuaren historia laburreko agintaldi luzeena. Bere Osasun ministro Humza Yousaf aukeratu zuen SNPk Sturgeonen ildoari «segida» emateko.

Segida hori, baina, ez da aldaparik gabekoa izanen. Alderdia inoiz baino banandua-go agertu da azken hilabeteetan. Eskoziaren independentzia SNPren oinarrizko misioa bada ere, Yousafek bertan behera utzi du Sturgeonek hurrengo hauteskunde orokorrak de facto erreferendum gisa erabiltzeko egindako proposamena, Erresuma Batuko Gorte Gorenak ebatzi ondoren Holyroodek Westminsterren aginpiderik gabe ezin zuela benetako erreferendum bat antolatu.

Handik hilabete eta erdira atxilotu zuten Peter Murrell, SNPko zuzendari ohi eta ministro nagusi ohiaren senarra, eta Colin Beattie, alderdiko diruzain ohia. Ikerketak 2021eko uztailean hasi ziren, agintariek dohaintzen kudeaketari buruzko salaketa batzuk jaso zituztenean. Eta ekainean Sturgeon bera atxilotu zuten. Kargurik gabe atera bazen ere, itzala luzea da eta SNPren botere hegemonikoan izan duen eragina aztertu ahalko da Erresuma Batuan egingo diren hauteskundeetan.

Londres eta Edinburgoren arteko gatazkak ez dira hor amaitzen. Urte hasieran, britainiar Gobernuak iragarri zuen blokeatu egingo zuela 16 urtetik aurrera genero autodeterminazioa ahalbidetzeko Edinburgoko Parlamentuak onartu zuen legea.

Humza Yousaf, SNPko buruzagi berria, Edinburgon. Ondoan, Nicola Sturgeon eta bere senarra, Peter Murrell. ANDY BUCHANAN | AFP

IRLANDA TRAS 25 AÑOS DE PAZ:

ENTRE EL AUGE DEL SINN FÉIN Y EL DESAFÍO DEL BREXIT

Ibai AZPARREN

El 10 de abril de 1998, líderes republicanos y unionistas alcanzaron un insólito acuerdo de paz. Las negociaciones culminaron en un pacto que constituyó uno de los casos más representativos en cuanto a la resolución de conflictos armados. Irlanda conmemoró este 2023 los 25 años del Acuerdo de Viernes Santo agitada por los efectos colaterales de la salida de la UE y la crítica situación del unionismo ante lo que muchos cronistas políticos han descrito como el tsunami Sinn Féin.

La formación republicana ya debería gobernar en el norte si no fuera por el bloqueo unionista, mientras que en el sur son la primera opción en todas las encuestas. El liderazgo de Mary Lou McDonald y Michelle O'Neill ha conseguido ampliar el atractivo de Sinn Féin a parte del electorado antes inalcanzable. Ambas se reunieron en el aniversario del acuerdo con el presidente estadounidense Joe Biden, de origen irlandés, que quiso mandar en Belfast un mensaje claro: «Espero que el Gobierno se restablezca lo antes

posible». En el trasfondo, la parálisis de las instituciones de poder compartido, bloqueadas por el DUP, opuesto al Acuerdo Marco de Windsor, firmado por el Gobierno británico y la UE para sustituir al controvertido protocolo fronterizo del Brexit para el norte.

El sur, donde no hay partidos de extrema derecha en el Parlamento, despertó de golpe ante la violencia xenófoba, que reventó las calles de Dublín en una protesta contra los migrantes. El fenómeno de la nueva extrema derecha ya está en Irlanda, país que vivió uno de los éxodos más importantes provenientes de Europa.

La presidenta del Sinn Fein, Mary Lou McDonald, y la viceprimera ministra de Irlanda del Norte, Michelle O'Neill, hablan con los medios de comunicación. Abajo, el presidente estadounidense Joe Biden en Belfast para la conmemoración del 25º aniversario del "Acuerdo de Viernes Santo".

PAUL FAITH, JIM WATSON | AFP

04/04

EGUNEKO GAIA **03** OSTIRAL SANTUKO AKORDIOAREN XXV. URTEURRENA

Adamsek eta Clintonek jendaurreko solasaldia egin dute New Yorken

Irlandako Bake Akordioaren 25. urteurrena gogoraraazteko ekitaldien artean, uhartetik kanpo eta Atlantikoaz bestaldean egin da berezienetako bat. Bill Clinton AEBko presidente ohia eta Gerry Adams Sinn Féin-eko buru izana New Yorken elkartu dira, duela mende laurden lortutako

MUNDUA

Rishi Sunak promociona el acuerdo con la UE en el norte de Irlanda

El premier británico, Rishi Sunak, viajó ayer al norte de Irlanda para tratar de obtener el apoyo de las fuerzas políticas locales al Acuerdo marco de Windsor firmado con Bruselas, un mecanismo para reformar el protocolo que regula el comercio en el norte de la isla tras el Brexit. El unionismo dice que se tomará «su tiempo».

01/03

12/11

Bajo el lema «Time for Change», más de mil delegados y delegadas de Sinn Féin se reunieron en Athlone ante un año clave para los republicanos. La formación ya debería gobernar en el norte si no fuera por el bloqueo unionista, mientras que en el sur es la primera opción para liderar el Gobierno, en lo que podría ser la mayor sacudida política en el Estado desde su fundación.

Sinn Féin, preparado para liderar el cambio del norte al sur de Irlanda

MUNDUA

Errefuxiatuen aurkako pogrom ultrak giroa aztoratu du Hego Irlandan

Haserrea areagotu egin zen atzo Irlandako Errepublikan, berperan Dublinen izandako istiluen ostean; izan ere, agintarien arabera, jiskar-sortzaileek, eskuin muturrean

25/11

13/04

MUNDUA

Biden sugiere inversiones en su apoyo a las instituciones norirlandesas

El presidente de Estados Unidos, Joe Biden, alentó a restablecer las instituciones de poder compartido en el norte de Irlanda en su visita a Belfast en el 25 aniversario del Acuerdo de Viernes Santo, pero evitó molestar al unionismo que las bloquea, al que prefirió seducir con promesas de triplicar las inversiones estadounidenses en el territorio.

17/01

MUNDUA

DETENIDO EN PALERMO EL CAPO DE COSA NOSTRA

MESSINA DENARO; FIN DE CARRERA PARA OTRO JEFE DE LA MAFIA

Más de 200 imputados en el mayor juicio contra la mafia calabresa de la 'Ndrangheta fueron condenados en la primera sentencia del primer macrojuicio contra esta organización, considerada una de las más fuertes y violentas del mundo.

Miles de años de condena en el macrojucio a la mafia calabresa

21/11

13/06

EGUNEKO GAIA **03** MUERE EL CAVALIERE

La muerte del ex primer ministro y magnate italiano Silvio Berlusconi, protagonista de los cambios de la política italiana, de la industria de los medios de comunicación, y de múltiples escándalos de la que siempre quedó impune, cierra un capítulo en la historia italiana, pero deja a la vez numerosos herederos políticos en Italia y más allá.

Silvio Berlusconi deja a su muerte un legado político vivo

16/01

Meloni se queda sin gasolina

Emakume bat, lehen aldiz Italiako ezkerreko alderdi nagusiaren buru

28/02

ADDIO SILVIO, *ADDIO*

Mirari ISASI

2023 fue el año de la muerte de Silvio Berlusconi, protagonista de los cambios en la política de Italia, de la industria de los medios de comunicación y de múltiples escándalos de corrupción y prostitución de menores de los que siempre salió impune.

Jefe de Gobierno en tres ocasiones, fue el precursor del populismo de derechas –y de los ataques furibundos a los jueces que le investigaron y de jactarse de su machismo– y dejó numerosos herederos políticos en su país y más allá. Ocurrió en junio.

Seis meses antes, el año había arrancado mal para Giorgia Meloni. Los precios desorbitados de los carburantes provocaron la primera minicrisis de gobierno los primeros días del año. Contra ellos prometió luchar la primera ministra antes de formar su gabinete, pero luego, a la hora de tomar la decisión de hacer desaparecer los impuestos –algunos realmente absurdos– y bajar el IVA sobre los combustibles, llegaron las dificultades y las excusas oficiales. La crisis fue sorteada.

Menos suerte tuvo la mafia, sea siciliana o calabresa, pues el año empezó con la detención de Matteo Messina Denaro, capo de la Cosa Nostra, justo el día en el que se cumplían 30 años del arresto de su pre-

Tribunal en que se celebra el juicio contra más de 350 presuntos miembros de la 'Ndrangheta de Calabria. Abajo, Elly Schlein, nueva líder del líder del Partido Democrático de Italia. GIANLUCA CHININEA, ALBERTO PIZZOLI | AFP

decesor, Salvatore Riina, y acabó con la sentencia de 2.200 años de condena para más de 200 imputados –entre los que destacó el exsenador de Forza Italia Giancarlo Pittelli– en el macrojuicio a la mafia calabresa de la 'Ndrangheta.

En el balance positivo en materia política, destacó la elección de Elly Schlein al frente del Partido Democrático, la primera mujer al frente de una formaciónque pretende recuperar el voto progresista para plantar cara a Meloni.

LA JUGADA DE MITSOTAKIS DA AIRE A LA ULTRADERECHA

Arriba, el primer ministro y líder del partido Nueva Democracia, Kyriakos Mitsotakis. Abajo, el recién elegido líder de Syriza, Stefanos Kasselakis. Aris Messinis | AFP

Mirari ISASI

El derechista Kyriakos Mitsotakis venció en las elecciones de mayo beneficiándose de la división en la izquierda y el descalabro de Syriza, pero al carecer de mayoría absoluta forzó una repetición de los comicios para beneficiarse de la prima electoral que entraba en vigor en esa segunda cita. Consiguió la mayoría absoluta pese a la pérdida de votos, pero el auge de ultraderecha y neonazis, que entraron en el Parlamento, le amargaron la victoria. Syriza volvió a caer y el carismático Alexis Tsipras se hizo a un lado, dando paso a Stefanos Kasseladis, un empresario personalista y centrista. Su elección, tras un mes escaso de militancia, supone un giro hacia la socialdemocracia y ha hecho que el partido se parta en dos y empiece a naufragar.

AUTONOMIA-ESTATUSA ESKURATZEKO PROZESUA, ABIAN

Maite UBIRIA BEAUMONT

«Historiaren trena pasatzen ez uzteko» deia egin du, urte berriari ongi etorria egiteko mezuan, Korsikako presidenteak, Gilles Simeonik.

Arleseko espetxean jaso zuen erasoaren ondorioz Yvan Colonna presoa hil zenean zabaldu zuen frantses Estatuak Korsikako herriaren aitortzarako bidea, 2022ko martxoan.

«Lerro gorririk gabeko» elkarrizketa prozesua iragarri zuten orduan Emmanuel Macronek eta, Bastian zein

Parisen izandako solasaldiek lehen emaitza utzi zuten 2023an.

Uztailaren 5ean Korsikako Asanbleak autonomiaren aldeko deliberoa bozkatu zuen eta irailaren 28an «Frantziako Errepublikan ainguratutako autonomia»ri bere onespena eman zion Macronek, zailtasunak zailtasun, Konstituzioaren erreforma errailetan emanez.

Gilles Simeoni presidenteak Emmanuel Macron Frantziako presidentea hartu du Korsikako Asanblean. Pascal Pochard-Casabianca

Putin saluda que el caos mundial fortalece el eje China-Rusia

Vladimir Kara-Murza kazetari errusiarrari 25 urteko kartzela zigorra ezarri dio Moskuko epaitegi batek, Ukrainako gerraren kontra egindako kritikak «traizotzat» jo ondoren. Azken urteotan Errusian oposizioko kide batek jasotako zigor gogorrena da.

Kara-Murza oposizioko kideari 25 urteko zigorra ezarri diote

Errusiak abortuari gerra, krisi demografikoari aurre egiteko

Rusia afianza sus apoyos en África con dinero, armas y cereales

Rusia y China se cotejan militarmente y el G7 se compromete con Ucrania

RUSIA VIRA AL ESTE, GEOPOLÍTICA E IDEOLÓGICAMENTE

Dabid LAZKANOITURBURU

La operación militar ordenada por Putin contra Ucrania selló el alejamiento geopolítico, diplomático e ideológico-cultural de Rusia respecto a Europa.

Una pulsión que, habida cuenta de la crisis estructural del país heredero de la URSS, una crisis provocada por factores internos y externos –como la presión de Occidente– le echa en brazos de China, que pugna con EEUU por la hegemonía mundial.

Sabedora de su posición subalterna, Rusia ha hecho su apuesta por el gigante asiático, lo que le sirve para sacudirse el hostigamiento occidental y le permite sacar músculo geopolítico en regiones como Oriente Medio y África, en las que estadounidenses y europeos están a la defensiva o en retirada.

2023 ha sido el año de Rusia en África. De la mano de asonadas militares aupadas a la ola de los agravios contra los colonizadores (Francafrique), el Kremlin, con sus compañías privadas de mercenarios, se ha hecho con una pequeña pero estimable parte del pastel de riquezas y minerales del continente negro, cooptado en buena parte por China.

Todo ello, como Pekín, desde una posición teórica de «no injerencia» que esconde la injerencia total en los gobiernos y economías de esos países y el desprecio que Moscú comparte por todo lo que tenga que ver con los derechos humanos.

Hay que reconocer a Rusia que no es hipócrita y practica la misma política en casa. Un autoritarismo neozarista que encarcela a opositores, silencia cualquier crítica a la guerra y comulga con la ortodoxia más rancia, la que criminaliza los derechos de las mujeres, de los colectivos LGTB...

El presidente ruso Vladimir Putin, durante la Pascua ortodoxa en la catedral de Cristo Salvador en Moscú. SERGEI KARPUKHIN | AFP

ERDOGAN
PROLONGA
SU DOMINIO

Pablo RUIZ DE ARETXABALETA

Recep Tayyip Erdogan venció de nuevo en las elecciones presidenciales con el 52,1% de los votos. A pesar de la crisis económica, su retórica convenció y evitó la sorpresa de su rival, Kemal Kiliçdaroglu (CHP), que había aglutinado a prácticamente toda la oposición –hasta seis partidos– para desalojar a Erdogan.

El presidente turco se apoyó también en una política económica que recalienta la economía, poco sostenible a largo plazo.

Su victoria esfumó las esperanzas sobre derechos humanos de los numerosos activistas políticos encarcelados o exiliados. Precisamente, el prokurdo HDP se presentó en las generales bajo el paraguas de otra formación afín ante la siempre presente amenaza de ilegalización, y evitó presentar un candidato a la presidencia ante el reto de expulsar a Erdogan.

En política exterior, el presidente turco mantuvo su equi-

librio con Rusia en torno a la guerra de Ucrania, fue un decisivo apoyo a Azerbaiyán para expulsar a los armenios de Nagorno Karabaj y, pese a una encendida retórica contra Suecia, acabó por reconsiderar el bloqueo a su entrada en la OTAN, vinculando su luz verde al estancado proceso de adhesión de Turquía a la UE. Sumaba esta exigencia a la reclamación a Estocolmo de la perse-

Recep Tayyip Erdogan se dirige a sus partidarios tras la victoria en las elecciones presidenciales turcas.

Murat Certin Muhurdar | AFP

cución y extradición de refugiados kurdos. Suecia eliminó las restricciones a la exportación de armas a Ankara, cambió su Constitución y reforzó sus «leyes antiterroristas» para satisfacer a Turquía.

En el juego de presiones, EEUU recurrió a la venta de cazas F-16 a Ankara, que siguió controlando los tiempos en la negociación, con la aprobación en el Parlamento.

30/10

26/04

11/05

Turquía castiga a sus extranjeros: deportaciones inhumanas en masa

Nueva vuelta de tuerca de Erdogan en Kurdistán en vísperas de elecciones

La izquierda kurda, la fuerza del desempate en Turquía

Erdogan levanta el veto a Suecia en la OTAN y vuelve a llamar a la UE

Erdogan revalida su mandato y gobernará Turquía cinco años más

11/07

29/05

08/01

07/09

06/19

05/12

10/29

KURDUENTZAT EZ DA ITXAROPENIK ERDOGANEKIN

Pablo RUIZ DE ARETXABALETA

Mendebaldeko Kurdistanen jendea beldur da Afrinen eta Serekaniyen, Turkiaren inbasioetan ikusi zutena errepikatzeko. Turkiako hegazkinek segurtasun indar kurduetako gutxienez 29 kide hil zituzten, PKK-k bere

Abdullah Ocalanen askatasunaren aldeko manifestazioa Qamishli hirian.
DELIL SOULEIMAN | AFP

gain hartutako Ankarako Barne Ministerioaren aurkako atentatu baten mendeku gisa. Rojavako eta Irakeko Kurdistango lurraldeen aurkako operazio militarrak, droneekin eta artilleriarekin, lau egunez luzatu ziren. Ospitaleak, petrolio putzuak, instalazio elektrikoak eta ur ponpaketa izan ziren helburuetako batzuk.

Okupazioa eta eskubideen etenaldi iraunkorra islatzen dira Imranliko espetxean, non Abdullah Ocalan 24 urtez bakartasun erregimenean giltzapetuta egon den. Azken hiru urteetan haren abokatuei eta senideei ere ukatu egin zaie kontakturik izatea. Horrek areagotu egin zuen bere bizitzarekiko kezka.

Turkiako hauteskundeek itxaropen bat zabaldu zuten, Erdogan gabe gauzak aldatuko zirelakoan, uste izanik konponbide baterako aukera historiko bat izango zela. Baina Erdoganek irabazi zuen. Eta bozketaren aurretik ere, Turkiako Poliziak 150 abokatu, kazetari, GKEko kide eta ordezkari politiko baino gehiago atxilotu zituen sarekada masibo batean. Presidentetzarako hauteskundeak baldintzatzeko operatibo gisa aurkeztu zen, eta kurduek espero dezaketena ere aurreratu zuen.

Grezian, agintariak Erdogan askiesten saiatu ziren, eta Ocalanen ezkerreko ideologiaren aldeko talde kurduek autokudeatutako Lavrioko errefuxiatu eremutik atera zituzten.

RUSIA ENTREGA
AL ALIADO AZERÍ DE TURQUÍA
LA FRUTA MADURA ARMENIA

Manifestantes frente a la Policía mientras piden la dimisión del primer ministro armenio, Nikol Pashinyan, en el centro de Ereván. KAREN MINASYAN | AFP

Dabid LAZKANOITURBURU

Abandonada a su suerte por un Putin que decidía primar su relación con el turco Erdogan, quien tiene la llave del paso al Mar Negro –vital en la guerra de Ucrania–, Armenia, que había amenazado con un acercamiento a Occidente, asistía impotente al asalto final del régimen de Azerbaiyán para recuperar el enclave de mayoría armenia del Alto Karabaj.

El Ejército azerí, junto con cientos de miles de civiles del enclave y sus alrededores, fueron expulsados en la guerra (1988-1994) que coincidió con el desplome de la URSS –Stalin había decidido, con sus habituales juegos de naipes con pueblos y fronteras, ceder Nagorno Karabaj a la república de Azerbaiyán y no a la de Armenia–. Los armenios lograron la victoria por una superioridad militar basada en la combatividad.

Herido, el régimen azerí, liderado por la dinastía iniciada por el otrora dirigente comunista local Aliev, no olvidó nunca la afrenta y, con la riqueza del petróleo y del gas de la ribera del Mar Caspio, y el apoyo geopolítico de Turquía –forma parte del mismo mundo turcomano– fue modernizando su Ejército. Tras varias escaramuzas en la segunda década

A la tercera, la vencida

Adandonada a su suerte por Rusia, Armenia no ha podido hacer nada para defender el enclave armenio de Nagorno-Karabaj de la tercera ofensiva militar azerí.

GN | **GARA**

del milenio, en otoño de 2020 lanzó una ofensiva que obligó a los karabajíes a devolverle territorios.

Lejos de aflojar las tuercas, Azerbaiyán bloqueó el corredor de Lachin, único punto de conexión del Alto Karabaj con Armenia. Ante la inacción de los 5.000 soldados rusos de interposición, le bastó un día de ofensiva en noviembre para lograr la rendición y plantar su bandera en Stepanakert.

Los 120.000 karabajíes han huido a Armenia. Azerbaiyán le exige ahora un corredor terrestre a su enclave de Nayichevan.

ADVERTENCIAS DESOÍDAS
Y MUERTOS EVITABLES

Mirari ISASI

20.000 muertos es el trágico balance de las devastadoras inundaciones que arrastraron al mar barrios enteros de la ciudad de Derna, en el este de Libia, el 11 de septiembre al paso del ciclón Daniel. Una catástrofe sin precedentes y evitable si las autoridades hubieran atendido a las advertencias sobre las grietas aparecidas ya en 1998 en las dos presas que acabaron reventando por la presión del agua.

Su mal estado y la falta de medidas de seguridad y de mantenimiento desde 2008, junto a la desorganización ligada al caos en que está hundido el país provocaron la tragedia. Días después, la Fiscalía abrió una investigación para esclarecer responsabilidades y, sobre todo, aclarar el destino de los fondos para el mantenimiento de las presas.

Aspecto de las calles de Derna tras la avalancha de agua.
AFP

15/09

17/09

Varias personas cargan a una víctima del terremoto en la aldea de Imi N'Tala, en el centro de Marruecos.
FADEL SENNA | AFP

PÁNICO Y DEVASTACIÓN
EN EL ALTO ATLAS

Mirari ISASI

La tierra sacudió violentamente el 9 de septiembre el Alto Atlas marroquí sembrando el pánico y la devastación, y dejando un rastro de muerte, con alrededor de 3.000 víctimas mortales. Fue el seísmo de mayor intensidad desde que existen registros. Su epicentro estuvo en la provincia de Al-Hauz, a 80 km de Marrakech.

La tragedia provocó una oleada de solidaridad. Argelia abrió su espacio aéreo, cerrado desde setiembre de 2021, a vuelos de transporte de ayuda humanitaria y heridos. Las casas de adobe se derrumbaron sin dejar bolsas de aire, por lo que fue difícil sobrevivir bajo los escombros. Los habitantes de zonas aisladas se quejaron de que se les dejó solos. Mohamed VI se hallaba en el Estado francés y no regresó hasta pasados varios días.

13/09

10/09

Zugazart

05/10ean argitaratua

Pablo RUIZ DE ARETXABALETA

Borroka armatuaren berrekiteak markatutako testuinguruan, Fronte Polisarioaren sorreraren eta Espainiak Mendebaldeko Saharan zuen presentziaren aurkako lehen ekintza armatuaren 50. urteurrena ospatu zuen saharar herriak. Bere kongresuan borroka armatua berritu zuen atzera ere, lurraren gaineko subiranotasuna berreskuratzeko ardatz nagusi gisa. Estatu espainoleko Gobernuaren biraketaren ondoren, autonomiaren proposamena babestuz, Marokok eta Estatu espainolak aire eta itsas espazioei buruz hartutako akordioak salatu zituen Polisariok, okupazioa legitimatzen dutela gogoratuz.

POLISARIOAREN 50. URTEURRENA,
EGOERA KRITIKO BATEAN

Okupazio hori indartu egin zen, Saharaen gaineko Marokoren subiranotasunaren onarpen formala eginik Israelek. Saharako hiriburuan kontsulatu bat irekiko zuela eta lehen agregatu militarra izendatu zuela iragarri zuen. Bi herrialdeek merkataritza, garraio, turismo eta lankidetza militarreko akordioak bazituzten aurretik ere. Azken itun horren bidez, Israelgo arma-industria indartsuaren azken belaunaldiko droneak eta misilak eskuratu ditzake Marokok, bai eta Inteligentziako baliabideak ere.

Hain zuzen, gerrak Polisariok espero ez zuen erritmoa hartzea eragin dute droneek eta hegazkinek. Egoera kritiko batean, Marokok nazioartean aurrerapenak lortzen dituela ikusi du Fronteak, eta baieztatu du NBEk negoziatutako gatazkari irtenbidea emateko egindako eskaerei entzungor egin diola. Dagoeneko Rabatek ez du autonomiari buruzko kontsulta ere aipatzen. Joe Biden AEBetako presidenteak, bitartean, Donald Trumpek egoera honi eman zion babesari eutsi dio.

05/11

02/02

07/18

06/04

05/30

04/26

02/06

GARA 2023 | 1 | 28 | larunbata   5

EGUNEKO GAIA **03** NUEVO CASO DE BRUTALIDAD POLICIAL EN EEUU

Las imágenes de la paliza que mató a Nichols obligan a Biden a pedir calma

Esta pasada noche se esperaba la publicación de las imágenes de la detención de Tyre Nichols en las que se ve a cinco policías darle una paliza mortal. El presidente llamó a la calma y a la protesta pacífica. Ya se compara este caso de brutalidad con el de los agentes que hace 30 años apalearon mortalmente a Rodney King en Los Ángeles, que incendió los ánimos y las calles de EEUU.

GARA 2023 | 4 | 26 | asteazkena   5

EGUNEKO GAIA **03** PRESIDENCIALES EN EEUU

Joe Biden se lanza a por la reelección para ser presidente hasta los 86 años

El presidente estadounidense lo había dicho una y otra vez, y solo quedaba hacerlo de forma oficial: Joe Biden anunció ayer su candidatura –una vez más, junto a Kamala Harris como candidata demócrata a vicepresidenta– para un segundo mandato. Si lograra la reelección en noviembre de 2024 y completara otra legislatura más, Biden dejaría la Casa Blanca con 86 años.

6   2023 | 2 | 19 | osteazkena **GARA**

EGUNEKO GAIA **03** TENENCIA DE ARMAS Y TIROTEOS

La Segunda Enmienda de la Constitución estadounidense recoge «el derecho de las personas a tener y portar armas». Solo en el mes de enero se han contabilizado 52 tiroteos en masa y 1.600 personas muertas por armas de fuego. Aunque es un problema permanente, va más allá: un tercio es obra de gente que tenía prohibido ir armada.

1.600 muertos en un mes delatan un problema permanente en EEUU

2023 | 4 | 5 | asteazkena **GARA**

EGUNEKO GAIA **04** PRIMER PRESIDENTE DE EEUU PROCESADO

TRUMP, IMPUTADO, SE DECLARA «NO CULPABLE»

6   2023 | 5 | 10 | asteazkena **GARA**

EGUNEKO GAIA **03** PRIMER VEREDICTO CONTRA EL EXPRESIDENTE

Trump, condenado por abuso sexual y difamación, pero no por violación

Un jurado de Nueva York condenó al expresidente de EEUU Donald Trump por abuso sexual y difamación, pero excluyó la condena por violación en el caso que denunció la escritora E. Jean

01/28   04/05   05/10

BIDENEN PERSPEKTIBAK,
AEBETAKO HAUTESKUNDEEN URTEAN

Joe Biden presidentea Narendra Modi Indiako lehen ministroari Washingtongo Etxe Zurian egindako harreran.

STEFANI REYNOLDS | AFP

Urtzi URRUTIKOETXEA

Urtebete barru legegintzaldia amaitzen denean, 82 urte izango ditu Joe Bidenek. Bere asmoa betez gero, bigarren agintaldi baten inaugurazio-ekitaldian egongo da 2025eko urtarrilaren 20an. Horretarako, baina, azaroaren 5eko hauteskundeak irabazi beharko ditu. Oro har, agintean den presidenteak Etxe Zuriari eustea da ohikoena, barne-zati-

ketarik edo antzeko faktorerik izan ezean. Eta, hala ere, kezka nabari da Alderdi Demokratan, datozen hilabeteetarako sumatzen diren hodei ilunei erreparatuta.

Estatu Batuetako ekonomia ondo doa, pandemiatik indartsu irten da eta langabezia oso behean dago. Inflazioa midterm edo agintaldi erdiko argudioetako bat izan zen, baina presidenteak lortu du prezioak apal-

tzea: 2022an, Saudi Arabiara egindako bisita batek ireki zuen petrolioaren iturria; orain, bere barne-erreserbetatik tiraka ari da Washington estatubatuarrek autoaren erregaiz merke betetzen segi dezaten. Bidenomics izeneko marketin kanpainak ez du esperotako emaitzarik eman, ordea, eta presidentearen onarpen-mailak oso behean jarraitzen du. Inflaziotik etorri den beste arazoa interes-tasa altuena da, etxebizitzaren prezioekin batera; Erreserba Federalak beherantz eragitea espero da, besteak beste, hipotekek Bidenen boto-emaile gazte eta ez hain gazte asko estutzen dituztelako.

Kontuak kontu, Delawareko senatari ohiak iragarpen txarren aurrean uste baino hobeto jarduten den ospea du. Hala gertatu zen 2022ko hauteskundeetan: abortu-eskubidearen aurkako Gorenaren epaiaren ostean, errepublikanoek ezin izan zuten Senatuaren kontrola lortu (are gehiago, senatari bat kendu zieten demokratek) eta, hala ere, Bidenek behin eta berriz esan zuen arren bigarren agintaldi batera aurkezteko asmoa zeukala, espekulazioak etengabeak izan ziren beste figura demokrata batzuen inguruan, Kamala Harris edo Gavin Newsom, kasu. Kaliforniako gobernadoreak etengabeko kanpaina antzeko batean jarraitzen du, bere estatutik kanpo ere ekitaldiak eginez. Zalantzarik gabe, 2028ko hautagai demokratetako bat da… eta aurten bertan presidenteari ezbeharren bat gertatuz gero, haren lekua presidenteordeak hartuko luke ziurrenik, baina Newsom, badaezpada ere, ez da urrun ibiliko.

08/03

04/06

MUNDUA

Tensión máxima en las relaciones entre EEUU y China por el «globo espía»

MUNDUA

Trump comparece ante la Justicia por su intento de asonada poselectoral

MUNDUA

EEUU vuelve a desafiar a China con la visita de la presidenta taiwanesa

MUNDUA

Kevin McCarthy AEBetako Ordezkarien Ganberako burua kargugabetu dute

MUNDUA

Biden y Xi muestran acercamiento y reactivan su comunicación militar

02/06   10/04   11/17

Egungo perspektibatik begiratuta, litekeena da bozkatzeko ilusio txikiena pizten duten bi hautagaiak egotea azaroko botopaperetan, bere arazo politiko eta juridiko guztiekin ere Donald Trump izendatzen badute Alderdi Errepublikanoko presidentegai. Bidenen mesede ere izan litekeen polarizazio politikoa ekarriko luke presidentearen eta presidente ohiaren arteko lehiak, gero eta diskurtso filonaziagoa daukan muturreko hautagaiaren aurrean dagoen harresi bakar gisa. Baina "otsoa dator" jokaldia oso arriskutsua da, batez ere Etxe Zurian lau urte bete ostean zure lorpenak saldu behar dituzulako, aurkariarekiko beldurra baino gehiago. Eta dena delakoagatik Trump hautagai ez balitz, Bidenen aldeko eskema guztia gainbehera etor liteke. Nikki Haleyk badaki emakumezko lehen presidentea (ez zuria, gainera) errepublikanoa izan litekeela.

Ezkerrean, Donald Trump Manhattango Zigor Auzitegian New Yorken.
Behean ezkerrean, marinel estatubatuarrek globo txinatarraren hondakinak berreskuratu dituzte Myrtle Beacheko kostaldean, Hego Carolinan.
Behean eskuinean, Georgiako herritarrek Poliziaren basakeriaren aurka protesta egin dute.
ED JONES, CHENEY ORR | AFP

24/05

20 | Mundua

López Obrador firma el decreto que nacionaliza el litio mexicano

El presidente de México, Andrés Manuel López Obrador, ha firmado un decreto que nacionaliza el litio, mineral estratégico para el desarrollo de nuevas tecnologías, a fin de que su explotación sea exclusiva del Gobierno.

26 | Mundua

La violencia le costó a México el equivalente al 18,3% del PIB en 2022

21/02

LOS FAMILIARES DE LOS ESTUDIANTES DE AYOTZINAPA
SIGUEN EXIGIENDO LA VERDAD

Ainara LERTXUNDI

En el noveno aniversario de su desaparición forzada, familiares de los 43 estudiantes desaparecidos en Ayotzinapa en 2014, acompañados por estudiantes de la escuela rural, acamparon frente al Campo Militar 1 de Ciudad de México para reclamar «toda la información» sobre el caso.

En su sexto y último informe, el Grupo Interdisciplinario de Expertos Independientes (GIEI) responsabilizó al Estado mexicano por su insistencia en ocultar información y al Ejército, que «no solo permitió que se dieran los ataques, sino que los encubrió y no facilitó la información».

En el plano económico, el presidente mexicano, Andrés Manuel López Obrador, firmó un decreto que nacionaliza el litio

México extraditaba a EEUU a Ovidio Guzmán López, hijo de Joaquín "El Chapo" Guzmán, detenido en enero.

Manuel López Obrador. AFP

LULA, **KARIBEKO HERRIALDEA ESKUALDEKO ERAKUNDEETARA ITZULTZEAREN ALDE**

Nicolas Maduro Venezuelako presidenteak agur esan du Itamaraty Jauregitik irtetean, Brasiliara egindako bisitan. SERGIO LIMA | AFP

Ainara LERTXUNDI

Ekainean, Brasilian, Hego Amerikako lehen goi-bilera egin zen. Bertan, Luiz Inacio Lula da Silva presidente brasildarrak Nicolas Maduro Venezuelako presidentea eta herrialdea bera eskualdeko erakundeetara itzultzearen alde egin zuen.

Madurok gailur horretan esku hartu izanak garrantzi sinboliko handia izan zuen Venezuelarentzat, nazioartean Gobernu venezuelarrari ezarritako ia erabateko isolamendua hautsi egin baitzuen.

Venezuelari beste gatazka fronte bat zabaldu zaio Guyanan. David Granger presidente berriak bi herrialdeek aldarrikatzen dituzten uretan esploratzeko baimena eman zion Exxon Mobil petrolio-enpresari; Venezuelako Gobernuaren haserrea piztu zuen horrekin. Desadostasunaren muinean 160.000 kilometro koadroko lurralde bat dago, Venezuelako ekialdeko mugaren eta Esequibo ibaiaren artean dagoena.

24 |

MUNDUA

Deshielo entre EEUU y Venezuela tras un acuerdo sobre elecciones y presos

Mundua | 25

Venezuela y Guyana acuerdan «no usar la fuerza ni la amenaza»

10/20   12/16

08/03
04/06
02/06
10/04
11/17

AVANCE DE LA DERECHA EN LAS ELECCIONES REGIONALES
MIENTRAS PROSIGUEN LOS DIÁLOGOS CON EL ELN

Ainara LERTXUNDI

Las elecciones locales y regionales dibujaron un giro a la derecha del país. La coalición del Pacto Histórico, que sufrió un fuerte revés, perdió la alcaldía de Bogotá. El presidente, Gustavo Petro, mostró su disposición a trabajar «para construir en común un país que combata la corrupción, la injusticia y haga frente a la crisis del cambio climático».

Petro sufrió otro fuerte revés político y personal con la detención de su hijo mayor el 29 de julio en el marco de la causa que lo investiga por el posible delito de lavado de dinero y enriquecimiento ilícito. En el operativo también arrestaron a su exesposa, Daysuris Vásquez Castro.

Al conocerse la noticia, afirmó que «como persona y padre me duele mucho tanta autodestrucción y el que uno de mis hijos pase por la cárcel; como presidente de la República aseguro que la fiscalía tenga todas las garantías de mi parte para proceder de acuerdo a la ley. A mi hijo le deseo suerte y fuerza. Que estos sucesos forjen su carácter y pueda reflexionar sobre sus propios errores».

En el marco de los diálogos con el ELN, esta guerrilla anunció que «la suspensión de las retenciones con fines económicos está condicionada al cese al fuego y a la búsqueda de financiación para la supervivencia» de los guerrilleros. El V Ciclo de conversaciones finalizó el 17 de diciembre en México.

La desaparición durante más de 40 días de cuatro hermanos en la selva amazónica tras accidentarse la avioneta en la que viajaban con su madre –quien falleció junto a otros adultos– mantuvo al país en vilo. Su hallazgo fue calificado de «milagro».

A la izda., el presidente colombiano Gustavo Petro y el comandante del ELN Antonio García se dan la mano junto al presidente cubano, Miguel Díaz-Canel, al final de la tercera ronda de negociaciones de paz en La Habana. A la dcha., soldados del Ejército posan con los cuatro niños perdidos en la selva durante más de un mes. Yamil Lage, Anónima I AFP

11/08

24/11

NOBOA FRENA EL 'CORREÍSMO' TRAS UNAS ELECCIONES MARCADAS POR EL MAGNICIDIO DE UN CANDIDATO

Asier VERA SANTAMARÍA

El empresario y político liberal Daniel Noboa logró frenar a Luisa González, la candidata elegida por el expresidente Rafael Correa. La victoria de Noboa, que tomó posesión el 24 de noviembre, tuvo lugar tras unas elecciones teñidas de sangre, con el asesinato del candidato por el movimiento Construye, Fernando Villavicencio.

A la salida de un mitin en un colegio del norte de Quito, un sicario acabó con su vida a tiros. Villavicencio había prometido crear cárceles de seguridad y combatir el narcotráfico en un país asediado por la violencia con 7.500 muertes en 2023. Noboa prometió prisiones al estilo de Bukele, aunque solo en su primer día del año, Ecuador registró 50 muertes violentas.

El presidente electo de Ecuador, Daniel Noboa, a su llegada al palacio de Carondelet, en Quito. GALO PAGUAY | AFP

HAUTESKUNDE GARRANTZITSUAK TESTUINGURU BEREZI BATEAN

Miguel Diaz-Canel presidenteak botoa ematen Legebiltzarrerako hauteskundeetan. AFP

Ainara LERTXUNDI

Krisi ekonomikoak eta migrazioak markatutako testuinguruan, zortzi milioi kubatar baino gehiago deituta zeuden, azken bost urteetako hauteskunde prozesurik garrantzitsuenean parte hartzera. Martxoaren 27an egin ziren Legebiltzarrerako hauteskundeetan, Herri Boterearen Batzar Nazionaleko 470 diputatuak aukeratu behar zituzten. Oposizioak, aldiz, ez bozkatzera deitu zuen.

«Pertsona batzuek egoera ekonomiko zaila botoa emateko borondatearen aurretik jar dezakete, baina ez dut uste gehiengoa denik», adierazi zuen Miguel Diaz-Canel presidente kubatarrak.

Ehunka mila kubatarrek alde egin dute azken hilabeteetan herrialdetik, egoera ekonomikoak bultzatuta.

03/28   09/16

Miembros de las maras presos en la nueva cárcel de Tecoluca. AFP

BUKELE PISOTEA LA CONSTITUCIÓN
PARA PERPETUARSE EN EL PODER

Asier VERA SANTAMARÍA

Nayib Bukele se aseguró su reelección como presidente de El Salvador en las elecciones del 4 de febrero. Aprovechó su gran popularidad gracias a su "guerra" contra las pandillas para lograr un segundo mandato de cinco años. Todo ello pisoteando la Constitución que prohíbe la reelección en varios artículos.

Durante esta legislatura, su partido, Nuevas Ideas, ha conseguido el control de la Asamblea Legislativa, que ha colocado a jueces y fiscales afines, logrando así un poder absoluto.

La Fiscalía también reabrió el "caso Ellacuria", tras acusar al expresidente Al-

fredo Cristiani de la matanza ocurrida en 1989 de seis jesuitas, entre ellos, el vasco Ignacio Ellacuria, exponente de la Teología de la Liberación.

26/02

01/11

LA NUEVA "PRIMAVERA" DE BERNARDO ARÉVALO
SUFRE LA ARREMETIDA DEL STATU QUO

Asier VERA SANTAMARÍA

El socialdemócrata Bernardo Arévalo ganó con los votos la presidencia de Guatemala el 14 de enero, pese a los obstáculos que tuvo que sortear. Su calvario judicial comenzó tras quedar en segundo lugar en la primera vuelta de las elecciones celebrada el 25 de junio de 2023.

El mismo día que se oficializaron los resultados, un juez, a petición de la Fiscalía, ordenó suspender la personalidad jurídica del Movimiento Semilla. La Corte de Constitucionalidad impidió la ilegalización hasta que se celebrara la segunda vuelta el 20 de agosto, que ganó Arévalo de manera contundente. La Fiscalía pidió incluso que se anulasen los comicios. Arévalo tachó las acciones en su contra de intento de «golpe de Estado», que anunció fallido.

Protesta ante el acoso judicial contra Bernardo Arévalo frente a la Fiscalía General Guatemala.
JOHAN ORDOÑEZ | AFP

26/07

30/08

10/01

11/01

LULA VUELVE A TOMAR LAS RIENDAS
PESE AL ASALTO ULTRA A PLANALTO

Mirari ISASI

El 1 de enero, Luiz Inácio Lula da Silva vuelve a tomar las riendas de un Brasil más polarizado que nunca con la promesa de rescatar del hambre a 33 millones de personas y de la pobreza a más de 100 millones de brasileños, y de reconstruir las ruinas dejadas por su predecesor, el ultraderechista Jair Bolsonaro, haciendo especial hincapié en la recuperación del papel protagónico del país en el escenario internacional y en su compromiso con el medio ambiente, con la vista puesta en la Amazonía.

Lula da Silva, elegido ya presidente de Brasil, saluda a sus seguidores junto a su esposa en su camino al Palacio de Planalto. RICARDO STUCKERT | AFP

Pero al inicio de su mandato tuvo que hacer frente a un intento bolsonarista de golpe de estado, emulando el asalto al Capitolio de EEUU. El 8 de enero, miles de ultras bolsonaristas asaltaron en Brasilia las sedes del Congreso, la Presidencia y el Tribunal Supremo tras derribar sin problemas el cordón policial que custodiaba la zona. Los poderes Ejecutivo, Legislativo y Judicial cerraron filas, controlaron la situación en horas y comenzaron a tomar medidas: desmantelaron, en-

tre otros, el campamento que los bolsonaristas habían montado frente al cuartel general del Ejército exigiendo una intervención militar que devolviera el poder a Bolsonaro; y se detuvo a, al menos, 1.500 personas.

El Ejército no respondió a las llamadas al golpe, pero tampoco reaccionó ante la instalación de los campamentos y el asalto del 8 de enero, lo que evidenció la división en una institución permeada por un bolsona-

rismo que buscó su lealtad colocando militares y policías en más de 6.000 cargos.

Pero ese intento de derrocar a Lula colocó a Bolsonaro, que igual que Donald Trump había agitado el fantasma del fraude electoral durante meses, en el punto de mira y su descrédito político se extendió incluso a la derecha y algunos de sus aliados. En marzo regresó a Brasil con intención de reagrupar a la derecha, pero bajo la lupa de la Justi-

15/09

Primera condena de 17 años de cárcel por la asonada bolsonarista

La Corte Suprema de Brasil condenó ayer a 17 años de cárcel al primero de los 1.390 acusados por la asonada del 8 de enero, cuando una horda de seguidores de Jair Bolsonaro asaltó las sedes de los tres poderes, ocho días después de la investidura de Luiz Inácio Lula da Silva.

24 — MUNDUA

La Corte Suprema de Brasil declaró constitucional el derecho de los indígenas a las tierras que han ocupado históricamente, rechazado por grandes empresarios del agronegocio y grupos políticos de ultraderecha. El tribunal anuló el «marco temporal» que limitaba este derecho y avalaba las expulsiones de las últimas décadas.

Victoria de los indígenas brasileños en el derecho a sus tierras históricas

23/09

12/01

MUNDUA

La división paralizó al Ejército de Brasil frente a los campamentos golpistas

Bolsonaro en Florida, un visitante incómodo para EEUU

31/03

MUNDUA

Bolsonaro regresa a Brasil bajo la lupa de la Justicia para reagrupar a la derecha

Tres meses después de haber salido del país tras su derrota electoral frente a Lula da Silva, el expresidente ultraderechista Jair Bolsonaro, relacionado con varios casos de corrupción y fraude fiscal y con el asalto a las sedes de los tres poderes en enero, regresó ayer a Brasil con el objetivo de reagrupar a la atomizada derecha.

Mundua 25

El Tribunal Electoral inhabilita a Bolsonaro durante ocho años

El expresidente de Brasil Jair Bolsonaro ha quedado inhabilitado para ejercer sus derechos políticos durante ocho años por abuso de poder, según la decisión del Tribunal Supremo Electoral, que estima que sus «mentiras fraudulentas» trataban de subvertir la democracia.

01/07

cia, que le investiga por varios casos de corrupción y fraude fiscal y por el asalto a los tres poderes del Estado.

La primera condena por aquel intento de golpe de estado llegó en septiembre y las causas siguieron avanzando: hay 1.413 denunciados, 66 encarcelados y 30 condenados. Pero entre las incógnitas aún por resolver, el papel de Bolsonaro, al que el Tribunal Supremo Electoral le ha inhabilitado por ocho años por abuso de poder durante la campaña electoral, al considerar que sus «mentiras fraudulentas» trataban de subvertir la democracia.

Superada la crisis del inicio de mandato, Lula sacó a Brasil del aislamiento al que le había llevado Bolsonaro y volvió a la escena internacional jugando un papel desta-

A la izquierda y abajo, los partidarios del expresidente Jair Bolsonaro (a la dcha.) asaltan el Congreso Nacional en Brasilia el 8 de enero de 2023.
SERGIO LIMA, EVARISTO SA | AFP

cado en diversos foros, especialmente los Brics, y reforzando su papel mediador, que ofreció a Ucrania y Rusia. Reforzó sus lazos con China y apostó por el multilateralismo que respalda Pekín, y junto a su homólogo Xi Jinping, defendió la idea de fortalecer el comercio en monedas locales y no en dólares.

Mientras, en casa, los pueblos indígenas lograban un importante triunfo al declarar la Corte Suprema constitucional su derecho a las tierras que han ocupado históricamente, algo que rechazaban los grandes empresarios del agronegocio y la ultraderecha, anulando el «marco temporal» que limitaba ese derecho y avalaba las expulsiones. El mismo fallo era una llamada al Gobierno para avanzar en la «demarcación» de las tierras indígenas.

ALLENDEREN KONTRAKO
ESTATU KOLPEAREN 50. URTEURRENA

Salvador Allenderen irudia Txileko diktaduran preso politikoak galdekatu eta torturatu zituzten Estadio Nazionalaren aurrean. PABLO VERA | AFP

Ainara LERTXUNDI

2023ko irailaren 13an, bost hamarkada bete ziren Salvador Allende presidentearen kontrako estatu kolpea gertatu zenetik. Egun, Gobernuan Gabriel Boric ezkertiarra egon arren, Augusto Pinochet eta diktadura garai-

ko krimenak, tartean desagerpenak eta torturak, zuritu eta justifikatzen dituzten diskurtsoak ugaritu dira herrialdean; are gehiago, Konstituzio berria onartzeko plebiszitua galduta –2022ko irailean–, Kontseilu Konstituziogile berria osatzeko iazko maiatzean egin ziren hauteskundeak eskuin muturreko Alderdi Errepublikanoak irabazi ondoren. Botoen herenak baino gehiago eskuratu zituen. Ia hamar puntura geratu zen Unidad ezkerreko koalizioa (%28,45); eta botoen bostenak eskuratu zituen Chile Seguro talde kontserbadoreak (%21,1). Abenduaren 17an bigarren erreferendum bat egin zen Konstituzio proposamen berria onartzeko, kasu horretan eskuinak idatzirikoa. Orduan ere ezezkoak irabazi zuen eta hortaz, 1980an, diktadura garaian, idatziriko Konstituzioa mantentzen da.

Bestalde, urrian Pedro Barrientos militar ohia atxilotu zuten Ameriketako Estatu Batuetan, 1973ko estatu kolpearen ostean Victor Jara abeslaria eta ekintzailea torturatzea eta hiltzea leporatuta. Barrientos 1990ean iritsi zen AEBetara, turista bisa batekin. Handik zazpi urtera estatubatuar batekin ezkondu zen.

Angoleko eta Temucoko espetxeetan, preso politiko maputxeek ehun egun baino gehiago iraun zuen gose greba egin zuten, Angoleko kartzelan guztiak bilduta egoteko modulu berezia berrezartzea lortzeko eta maiatzaren 7an Txileko beste leku batzuetara sakabanatu zituzten sei komuneroak espetxe horretara birbidal zitzaten.

Zugazart

Publicado el 21/11

MILEI
PROTAGONIZA LA IRRUPCIÓN ULTRA DEL AÑO

Resultado de la elección presidencial en Argentina

El libertario de ultraderecha Javier Milei, nuevo en la esfera política, ganó la segunda vuelta de la elección presidencial argentina, prometiendo cambios "drásticos" en la estrategia económica del país en medio de su peor crisis en dos décadas

Javier Milei, 52 años
La Libertad Avanza
14.476.462 votos **55,7%**

44,3% 11.516.142 votos
Sergio Massa, 51
Unión por la Patria

Participación **76,31%** **99,35%** de votos contados

Fuentes: Cámara Nacional Electoral, Reuters   Fotos: Getty Images   GN | **GARA**

Daniel GALVALIZI

En un 2023 en el que la ultraderecha quedó fuera del poder en el Estado español y entró al gobierno en Finlandia, ha sido en Argentina donde este fenómeno global ha logrado su mayor hito, con la llegada del excéntrico anarco-capitalista Javier Milei a la Casa Rosada.

Con solo dos años de trayectoria política y una fama ganada por pelearse a gritos en los platós defendiendo ideas extravagantes y contando su peculiar vida privada, con clonación de perros y profesorado de sexo tántrico inclusive, el líder ultra ganó las primarias, fue segundo en las generales y derrotó con 56% en el balotaje al peronista Sergio Massa.

Es la segunda vez desde la posguerra que un presidente que no sea del peronismo ni de la socialdemócrata UCR llega a la jefatura de gobierno. El anterior fue Mauricio Macri, fundador de PRO, partido que pactó una alianza táctica que ayudó a Milei a ganar los comicios.

Ese respaldo provocó además la implosión de la coalición opositora Juntos por el Cambio y su sector más centrista se desmarcó de Milei, lo que se suma a un peronismo desarticulado y sin jefe nítido, por lo que la oposición al líder ultra será fragmentada, con el Congreso y la judicatura como principal campo de batalla.

En sus primeras medidas, el presidente ha emprendido un decreto-ley polémico con fuerte impronta neoliberal, incluyendo desregulaciones laborales y de mercado, y ha enviado una ley "omnibus" al Congreso que plantea cambios radicales en la economía, unas 40 privatizaciones y la no renovación de miles de contratos de empleados públicos.

Javier Milei celebra junto a su hermana Karina la victoria en la segunda vuelta de las elecciones.
Luis ROBAYO | AFP

15/08

11/12

04/12   05/09

24/08

19/06

24/10

18/01

18/10

CHINA AFRONTA LA PRESIÓN DE EEUU
SIN DESPEGAR TRAS LA PANDEMIA

Dabid LAZKANOITURBURU

El abrupto final en diciembre de 2022 de las draconianas medidas contra la covid 19, provocado por un creciente malestar popular, mandó ya señales de que algo no iba bien en el férreo control chino de su devenir social y económico.

Señales que se han visto confirmadas a lo largo de 2023, año en el que la economía del gigante asiático no ha terminado de despegar y de repetir sus ya habituales y espectaculares crecimientos.

Cierto es que estos imponen unas expectativas que cada vez son más difíciles de cumplir. Subir cuanto más arriba se está es más difícil que hacerlo cuando se está abajo.

Esa crisis de crecimiento se ha evidenciado en una preocupante deflación, en un paro juvenil del que ya no se dan cifras oficiales y en una crisis inmobiliaria que recuerda experiencias sufridas en Occidente.

Tampoco el décimo aniversario de las Nuevas Rutas de la Seda ha sido como para echar cohetes. Junto a la marcha atrás de países-puertos europeos estratégicos como Italia y, en menor medida, Grecia, otros gobiernos, sobre todo africanos, denunciaban la espiral de deuda sin fin a la que se ven abocados con la construcción y explotación por parte de China de las infraestructuras de esas rutas.

Todo ello en el marco de una crisis demográfica al constatar que, por primera vez en más de 60 años, China redujo su población en 2022. La tendencia persiste y no parece que las mujeres chinas estén dispuestas a acatar el «consejo» del PCCh de que paran más. Paradojas de la historia posterior a la directriz maoísta del hijo único.

Mientras China miraba de reojo a su vecino y rival indio, cuya presidencia del G-20 trató de torpedear durante todo el año, sentía el aliento de los EEUU de Biden en la espalda.

El presidente Xi Jinping y Joe Biden caminan juntos durante la Semana de Líderes del Foro de Cooperación Económica Asia-Pacífico (APEC) en Woodside, California. BRENDAN SMIALOWSKY | AFP

12/03 · 08/03 · 09/04 · 09/09 · 16/11

Lejos de desmarcarse de la guerra comercial de Trump contra China, el actual inquilino de la Casa Blanca no dudaba en mostrar músculo, como cuando en febrero estuvo a punto de provocar una grave crisis diplomática al derribar, que no invitar a salir de su espacio aéreo, un globo-espía chino que China aseguraba se había desviado de su función meteorológica hasta avistar bases militares estadounidenses.

Las dos veces que Biden se entrevistó con el líder chino, Xi Jinping, no dudó en llamarle dictador a preguntas de la prensa y para sonrojo de sus consejeros diplomáticos.

Pero, sin duda, Taiwán ha sido –como durante la visita en verano de 2022 a la isla de la presidenta demócrata de la Cámara de Representantes, Nancy Pelosi–, el escenario de la pugna bilateral, sin olvidar los litigios por el Mar de China meridional.

En vísperas de las elecciones de enero de 2024 en la antigua Formosa, EEUU no dudaba en seguir suministrando ayuda militar y diplomática al soberanismo taiwanés, pese a que, formalmente, se mantiene fiel al principio de «Una sola China».

China, por su parte, no cesaba de hostigar, políticamente y con maniobras militares cada vez más temerarias y cercanas a la isla, a un gobierno que reivindica el derecho de sus habitantes a no ser anexionados por Pekín, que apela a razones históricas, que no cívicas.

El nuevo primer ministro, Li Qiang, presta juramento tras ser elegido durante la cuarta sesión plenaria de la Asamblea Popular Nacional. Abajo, partidarios de Taiwán y de China se enfrentan en Los Ángeles.
GREG BAKER, FREDERICK BROWN | AFP

162

09/09

09/14

KIMEK LAGUNTZA ZIURTATU DIO
PUTINI

Pablo RUIZ DE ARETXABALETA

Kim Jong-un Ipar Koreako presidenteak babesa eskaini zion Vladimir Putin Errusiako homologoari Ukrainako «borroka santuan», Siberian egindako bilera batean. Nahiz eta elkarlanerako «perspektibak» baino aipatu ez zituzten, sinbolismo politikoaz harago, Mendebaldearekiko eta Hego Korearekiko seinale gisa (Seulek armez laguntzen du Ukraina), Errusiak behar dituen munizio eta armak eta Piongiangek suziriekiko eta sateliteekiko duen interesa goi-bileraren atzean izan ziren. AEBek lankidetza horren aurka ohartarazi zioten Piongiangi.

Ipar Koreak dozenaka misil balistiko probatzen jarraitu zuen, atzerriko mehatxu militarren aurrean autodefentsarako eskubidea aipatuz. AEBek eta Hego Koreak «gerra totalaren» ariketa militarrak eta benetako suarekin maniobra handiak egin zituzten haien aliantzaren 70. urtean.

Kim Jong Un, Vladimir Putin presidentearekin Vostochnyko kosmodromo errusiarrera egindako bisitan.   AFP

EL TIGRE
QUE SACA LAS GARRAS

Manifestantes contra los planes de compensación por el trabajo forzoso de Japón en tiempos de guerra   Jung Yeon-Je | AFP

Josep SOLANO

La presidencia del conservador Yoon Suk Yeol ha puesto Corea del Sur en el centro de varias cuestiones geopolíticas importantes, como el refuerzo de las maniobras militares con Estados Unidos y Japón, inaugurando una triple alianza en una cumbre en Washington considerada como «una nueva era de cooperación trilateral». Este acuerdo, ya implementado en sendos ejércitos, incluye una relación más fluida y ejercicios regulares. Seúl también ha tratado de acordar amistosamente con Japón compensar a un grupo de ciudadanos de ese país sometidos a trabajos forzados en fábricas japonesas durante la II Guerra Mundial. Este conflicto histórico impide una mejora de las relaciones entre ambos países.

07/03

22/08

IMPERIO DE SOL
PONIENTE

Josep SOLANO

La decisión de iniciar el vertido de los millones de metros cúbicos de aguas residuales radiactivas tratadas de la central nuclear de Fukushima en el océano Pacífico ha supuesto la medida más controvertida e importante a la que se ha tenido que enfrentar Japón en las últimas décadas. A pesar de tener la comunidad científica y atómica a su lado segurando que la evacuación era segura, no ha podido evitar suscitar controversias y preocupaciones ambientales.

El primer ministro, Fumio Kishida, con el secretario de Estado estadounidense, Antony Blinken. Protesta contra el vertido de las aguas de Fukushima al mar. ANDREW HARNICK, KAZUHIRO NORI | AFP

Japón finaliza su año de presidencia del G7 con mayor peso en el G7 ante China pero suscitando la ira de Pekín después de las críticas a los derechos humanos o por sus supuestas injerencias sobre Taiwan o Hong Kong, incitando una política de bloques.

25/08   01/09   18/04   16/05

INDEPENDENTISMOA
GARAILE
OUTREMER-EN

Oscar Temaru presidente ohiak Tavini alderdi independentistaren garaipena ospatu du. SULIANE FAVENNEK | AFP

Ainara LERTXUNDI

Polinesia Frantseseko independentistek gehiengo osoa eskuratu zuten maiatzaren 1ean, lurraldeko hauteskundeen bigarren itzulian. Tavini Huira'atira alderdiak, boten %44,5 jasota, Parlamentuan 57 eserleku lortu zituen. Garaipen horrek indar-posizioan jarri zituen independentistak, Gobernu frantsesarekin deskolonizazio-prozesu bat eta autodeterminazio-erreferendum bat negoziatzeko. «Polinesiako herritarrek aldaketaren alde bozkatu dute. Gobernuak kontuan hartuko du emaitza demokratiko hori. Hautatutako gehiengo berriarekin lan egingo dugu, konpromisoz

eta zehaztasunez, gure herritar polinesiarren eguneroko bizitza hobetzen jarraitzeko», adierazi zuen Gerald Darmanin Barne ministro frantsesak.

05/02

15/08

02/08

23/10   05/08   30/07

DESAFÍO
A LAS POTENCIAS OCCIDENTALES

Mirari ISASI

La Guardia Presidencial de Níger derrocó el 26 de julio al mandatario Mohamed Bazoum, procesado posteriormente por «alta traición», en un nuevo desafío para las potencias occidentales, especialmente EEUU y el Estado francés.

Fue el sexto golpe de estado desde 2020 en el África Occidental francófona y la cancelación de los acuerdos de cooperación militar con París fue inmediata.

Ambos países, y la UE, suspendieron la ayuda financiera y de seguridad a su hasta entonces aliado en su lucha contra las facciones islamistas del ISIS y Al Qaeda, mientras las juntas golpistas de Guinea Conakry, Mali y Burkina Faso hacían frente común con la nigerina y las dos últimas advertían con un frente común ante una eventual intervención militar de la Unión Africana en Níger.

Manifestantes sostienen una bandera rusa y una pancarta con imágenes de varios líderes africanos. Al lado, el general Abdourahamane Tiani, nuevo hombre fuerte de Níger, leyendo una declaración en la televisión nacional.   AFP

GOLPE MILITAR POSELECTORAL
CONTRA LA DINASTÍA BONGO

Mirari ISASI

Un golpe de Estado militar, en el que también participó la Guardia Republicana, «guardia pretoriana» presidencial, acabó el 30 de agosto, tras 55 años, con la longeva dinastía Bongo de Gabón, unos minutos después de que Ali Bongo fuera pro-

clamado vencedor de unas disputadas elecciones para un tercer mandato. El país es uno de los más ricos de África en términos de PIB per cápita gracias al petróleo, madera y manganeso, y a su escasa población, pero también lo es en pobreza y corrupción. La asonada fue celebrada por la población y la diáspora. A diferencia que en otros golpes de Estado en la región, París y la UE contemporizaron con lo ocurrido en Gabón, que volvió a evidenciar la pugna Occidente vs. China-Rusia.

El general Brice Oligui Nguema saluda cuando toma posesión como presidente interino de Gabón.   AFP

31/08   01/09

*Ciudadanos saludan
a soldados del Ejército
leales en la ciudad de
Port Sudan.*
AFP

EL EJÉRCITO HUNDE AL PAÍS
Y SE HUNDE EN UNA GUERRA FRATRICIDA

Dabid LAZKANOITURBURU

El país africano se ha visto hundido en la mayor crisis de desplazados actual en el mundo por la guerra fraticida entre el Ejército regular y los paramilitares de las FAR.

Estos últimos, herederos de las temibles milicias Janjawid –que se lo digan a los habitantes de Darfur– y liderados por el general Mohamed Hamdane Daglo, rechazaron las condiciones de su integración como se-

gundo en las Fuerzas Armadas y se rebelaron en abril contra el Ejército, capitaneado por el hasta entonces hombre fuerte, el general Abdel Fattah al-Burhane.

El mismo que en 2019 sacrificó a su líder, el etermo autócrata Omar al-Bashir, en el altar de las protestas populares pero no dudó en reprimirlas y ahogarlas tras un sangriento golpe de Estado. ¿Le ha llegado su hora?

17/04
19/04
25/04

27/04
23/04

MILAKA HILDAKO,
LURRIKARA SORTA BATEN ONDORIOZ

Ainara LERTXUNDI

2023ko otsailaren 6an, lurrikara sorta batek Kurdistan, Turkia eta Siria astindu zituen. 28.000tik gora pertsona hil ziren eta 80.000tik gora zauritu. Sismoak Turkian bizi diren 85 milioi pertsonetatik %15i eragin zien, batez ere kurduei eta bi milioi siriar errefuxiaturi.

Recep Tayyip Erdogan Turkiako presidenteak nabarmendu zuenez, «1939ko lurrikaraz geroztik izandako hondamendirik handiena» izan zen; orduan 30.000 pertsona hil ziren.

«Milaka pertsonak sentitzen dute agintariek bakarrik utzi dituztela. Ez da laguntzarik iritsi, ezta janaririk ere. Ez dago ez urik, ez argirik. Herritarrak eurak saiatzen ari da maite dituzten pertsonak hondakinen artetik ateratzen», salatu zuten sorosle boluntarioek.

EPPK gerrilla kurduak aldebakarreko su-etena aldarrikatu zuen, laguntza eta erreskate lanak errazteko.

Hatayko eraikinetako hondakinen arteko erreskatelanak.   Bulent Kilic | AFP

02/09

02/14

AUMENTA
LA REPRESIÓN

Pablo RUIZ DE ARETXABALETA

El régimen teocrático iraní se puso en guardia ante el aniversario de la muerte de la joven kurda Mahsa Amini. El gobierno de los clérigos aumentó la vigilancia y la represión para evitar que se reactivaran las manifestaciones de 2022. Tanto activistas como familiares de manifestantes fallecidos en aquellas movilizaciones fueron detenidos, y el Gobierno impidió incluso que la familia de Amini conmemorara el aniversario en público y detuvo temporalmente a su padre.

Teherán llevó la represión más allá de sus fronteras para golpear al exilio donde los kurdos han buscado seguridad al abrigo de algunos de los grupos que operan en Irak.

El exviceministro de Defensa Alireza Akbari, ejecutado por espionaje.   AFP

Durante cien días lanzó misiles contra la sede del Partido Democrático del Kurdistán Iraní, en la ciudad iraquí de Koya.

En un caso aún sin aclarar, cientos de niñas fueron envenenadas con gases tóxicos en decenas de escuelas y tuvieron que ser hospitalizadas.

En el exterior se produjo un cambio radical que se apuntó como posibilidad de desatascar varios conflictos en el área. Irán y Arabia Saudí, enemigos tradicionales, restablecieron relaciones diplomáticas con la mediación de China, que gana influencia en la región.

Otras rivalidades se mantienen. Washington negó que el canje de diez presos con Irán y el desbloqueo de 6.000 millones de dólares de fondos iraníes retenidos en Corea del Sur supusiera un acercamiento y mantuvo y amplió las sanciones. Un ataque atribuido a Israel causó daños en un almacén de munición del Ministerio de Defensa en Isfahán.

Por su parte, Irán ejecutó al ex viceministro de Defensa Alireza Akbari, acusado de espionaje para el MI6 británico.

07/06

11/03

16/09

17/09

15/01

11/09

24/09

24/08

11/11

EL AÑO DE INDIA...
Y DE SU CARA OCULTA

Dabid LAZKANOITURBURU

Sin lugar a dudas, el 2023 del calendario gregoriano, el 1945 según el calendario Shaka hindú, ha sido el año de India.

Con 1.400 millones de habitantes, superaba a China como el país más poblado del planeta. Su economía crece dos dígitos y ha dado un nuevo salto para competir como la nueva «fábrica del mundo».

Por si esto fuera poco, superaba a Rusia en una carrera hacia la luna convirtiéndose en el primer país en mandar una nave al polo sur del satélite, entrando en el selecto club de potencias espaciales (Rusia, China y EEUU).

Todo ello en un año en el que el gobierno del primer ministro Narendra Modi ha aprovechado la presidencia india del G-20 para catapultarse como actor inevitable en la arena internacional. Para recelo de Pekín.

Ello no le ha impedido consensuar con su rival chino, al que le separan litigios territoriales y la competencia por la primacía en Asia-Mundo, la ampliación de los BRICS, club también formado por las economías emergentes brasileña y sudafricana y por Rusia.

India se ha guardado asimismo de mantener su equidistancia respecto a la guerra de Ucrania para adquirir petróleo y gas ruso a precio de saldo y sometido a sanciones occidentales.

En paralelo, reforzaba su alianza militar bilateral con EEUU, también en el marco de la alianza Quad (Japón y Australia).

Pero, como la luna, India tiene su cara oculta. Y no solo por sus siderales desigualdades sociales. Está gobernada por un panhinduísmo excluyente, ultraconservador y que tiene a la minoría musulmana y al progreso social como enemigos a batir.

El primer ministro de la India, Narendra Modi, junto al presidente de EEUU, Joe Biden (C), y otros líderes mundiales en el homenaje al Mahatma Gandhi en Raj Ghat. Al lado, la nave espacial Chandrayaan-3 antes de su exitoso aterrizaje en el polo sur de la luna. LUDOVIC MARIN, ANÓNIMA | AFP

kir:

2023

KIROLAK

EL "GLORIOSO" Y LAS GLORIOSAS **NO COINCIDEN EN LA MÁXIMA**

Jon ORMAZABAL

De penalti, en el último minuto de la pró-rroga de un play off tras una temporada eterna y con una tranquilidad en las antí-podas de los corazones de miles de alave-sistas que superaban con creces las 180 pulsaciones, Asier Villalibre entró en la historia del Deportivo Alavés al materiali-zar su sexto ascenso a Primera.

Tras una brillante temporada en la que estuvieron 15 jornadas en puestos de as-censo y en ningún momento bajaron de los puestos de play off, los de García Plaza tuvieron el cielo en sus manos en la última jornada ante la UD Las Palmas, pero eso hu-biera sido ascender de forma directa, y ya se sabe que al "Glorioso" le va lo épico y las agonías, y eligió la vía del sufrimiento para regresar a la élite.

Lo hizo además en el Ciutat de Valencia, donde el 15 de mayo de 2022 los albiazules habían despedido su etapa más longeva, de seis años, en la máxima categoría, tomán-dose su particular revancha y afrontar su 18ª temporada en Primera. Las celebra-ciones estuvieron a la altura y, a pesar de la falta de gol y de los puntos que se le han escapado en los últimos partidos, los al-biazules han terminado este año tan es-

pecial superando con cierta holgura el reto principal de evitar los puestos de descenso, a falta de una segunda vuelta en la que el ob-jetivo debe ser el de no volver a poner a prueba el corazón de la volcada afición.

La pena es que el primer equipo masculi-no y el Alavés Gloriosas no hayan podido coincidir a la vez en la máxima categoría del fútbol español, ya que ni con Mikel Crespo ni con Iñigo Juaristi en el banquillo pudie-ron evitar el descenso de la Liga F, tras ter-minar en 16ª posición.

Celebración de jugadores y aficionados en Gasteiz por la subida del Alavés a Primera Divsión.

JAIZKI FONTANEDA | FOKU, LOF

Villalibre lleva al Alavés a Primera con un penalti en el descuento

HÉROES SIN CAPA DE UN ASCENSO BIEN TRABAJADO Y MERECIDO

GASTEIZ TOMA LA CALLE Y VIBRA EL ASCENSO CON SUS HÉROES

18/06   19/06   20/06

Balance de la temporada 2022-23

Esquema de juego

Del 1-4-3-3 al clásico 1-4-2-3-1. Valverde inició el curso apostando por un triángulo en medio campo con Vesga, Sancet y Muniain. Con el transcurso de la temporada fue reforzando la medular, desplazando a los hermanos Williams a las bandas y metiendo a Guruzeta de delantero centro.

> ONCE BÁSICO

1	Unai Simón
18	De Marcos
3	Vivian
5	Yeray
17	Yuri
6	Vesga
8	Sancet
10	Muniain
11	Nico Williams
7	Berenguer
9	Iñaki Williams

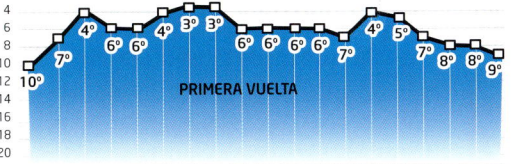

Evolución de la clasificación, jornada a jornada

PRIMERA VUELTA

SEGUNDA VUELTA

Lo mejor y lo peor del conjunto

> LO MEJOR
La ilusión generada en el primer tramo del campeonato al marcharse en puestos de Champions al parón por el Mundial y la consagración en las alineaciones de Nico Williams y Sancet.

> LO PEOR
La irregularidad de un equipo que se ha desplomado por las lesiones y la falta de relevos en la plantilla. Asimismo, San Mamés no ha sido un fortín y se ha quedado sin marcar en diez partidos en casa.

Utilización de la plantilla

Jugador	MJ	PJ	PT	PS	Tarjetas	Goles
Williams	2.851	36	34	2	2	10
De Marcos	2.820	37	32	5	7	1
Uni Simón	2.746	31	31	0	2	0
N. Williams	2.669	36	32	4	3	6
Vesga	2.575	36	28	8	5	3
Sancet	2.548	36	32	4	6/1R	10
Yuri	2.442	29	27	2	8/1R	1
Vivian	2.375	29	26	3	8/1R	1
Yeray	2.366	28	27	1	7/1R	1
Berenguer	2.303	37	26	11	4	4
Muniain	1.688	30	19	11	2	0
Dani G.	1.491	25	18	7	6	0
Guruzeta	1.420	30	17	13	2	6
Iñigo M.	1.339	15	15	0	1	1
Lekue	1.324	20	14	6	1	0
Raúl García	955	35	6	29	4	2
Paredes	854	16	9	7	3	0
Zarraga	842	26	6	20	5	0
Herrera	698	17	9	8	4/1R	0
Agirrezabala	674	8	7	1	0	0
Vencedor	184	10	0	10	2	0
Balenciaga	113	3	1	2	0	0
Capa	104	7	1	6	1	0
Villalibre	96	5	1	4	0	0
Adu Ares	78	8	0	8	0	0
Morcillo	65	10	0	10	0	0
Ezkieta	0	0	0	0	0	0

MJ: Minutos jugados. PJ: Partidos jugados. PT: Partidos titular. PS: Suple a algún compañero.

GARA

UN 125º ANIVERSARIO SIN EUROPA

Nico Williams, durante el encuentro con el Almería. Al lado, el equipo femenino antes de comenzar el partido contra el Levante. ARITZ LOIOLA, MARISOL RAMÍREZ | FOKU

Manex ALTUNA

El Athletic se marcó como objetivo regresar a Europa tras un lustro sin conseguirlo, pero se derrumbó en el tramo final de Liga y se quedó a las puertas de la final de Copa. La temporada acabó con una sensación de frustración tremenda. El conjunto rojiblanco peleó hasta la última jornada, pero fue perdiendo fuelle y Osasuna le arrebató el puesto para disputar la Conference League. También le dejó sin final de Copa al eliminarle en la prórroga de las semifinales en San Mamés. Campaña con altibajos en el estreno de la directiva de Jon Uriarte.

Han pasado ya seis años desde la última participación en competiciones europeas y el Athletic necesitaba recuperar la autoestima en las celebraciones por el 125º aniversario. Iribar se ha erigido en la figura principal de las conmemoraciones con la colocación de una estatua suya en los aledaños de San Mamés y el homenaje que le brindaron los porteros con motivo de su 80 cumpleaños.

En cuanto al equipo femenino, no ha podido retener a jugadoras como Oihane Valdezate y Oihane Hernández y terminó en mitad de la tabla tras alcanzar las semifinales de Copa. El Athletic se ha visto obligado a afrontar una reestructuración dando el paso a la cantera y realizando incorporaciones como las de Nahikari García, procedente del Real Madrid. En el conjunto blanco coincidió también con el entrenador David Aznar que ha sustituido a Iraia Iturregi. La exjugadora rojiblanca ha pasado a formar parte del cuerpo técnico del Basconia, tercer filial de la estructura masculina.

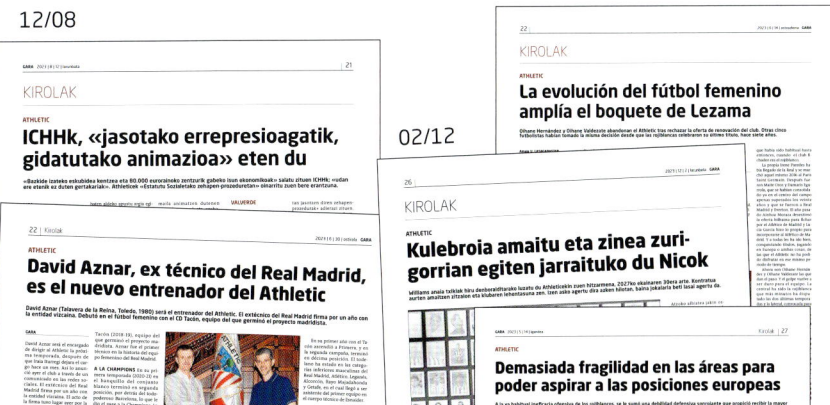

12/08

KIROLAK

ATHLETIC

ICHHk, «jasotako errepresioagatik, gidatutako animazioa» eten du

22 | Kirolak

ATHLETIC

David Aznar, ex técnico del Real Madrid, es el nuevo entrenador del Athletic

14/06

KIROLAK

La evolución del fútbol femenino amplía el boquete de Lezama

02/12

KIROLAK

ATHLETIC

Kulebroia amaitu eta zinea zuri-gorrian egiten jarraituko du Nicok

ATHLETIC

Demasiada fragilidad en las áreas para poder aspirar a las posiciones europeas

30/06

14/05

BESTE BALOI BAT LANGARA,
ZIKLO ALDAKETA ETA ITZULERA ZORIONTSUA

Alavesen aurkako partida. Irudian Gaizka Garitano, Eibarreko entranatzailea zena momentu hartan. JON URBE | FOKU

Amaia U. LASAGABASTER

Bigarren mailan hasi eta bigarren mailan amaitu du urtea Eibarrek. Bigarren denboraldiz jarraian, langara bota zuen baloia eta igoera azken unean egin zion ihes, berriro ere play-offean.

Hasiera ezin hobea eman zion 2023ri, eta hainbat astetan bazirudien ez zutela errepikatuko aurreko ikasturteko amaiera gogorra. Baina astenia kontua balitz bezala, taldearen errendimendua gainbehera etorri zen udaberrian. Martxoa-

ren 20tik bederatzi jardunaldi lotu zituen irabazi ezinik. Eta irabazi zuenean, Ligako azken partidan, igoera zuzenetik kanpo zegoen; eta ondorengo play-offeko lehen kanporaketan, Alavesen kontra galdu zuen.

Klubak beharrezkotzat jo zuen ziklo aldaketa bat eta, taldean izan ziren ohiko sarrera-irteerez gain, Joseba Etxeberriak Gaizka Garitano ordezkatu zuen. Elgoibartarrarekin futbol erakargarriagoa eskaintzen dute gorri-urdinek, ikusgarria batzuetan, entrenatzailearen izaera erasotzaileari jarraituz. Baina, batez ere defentsan dituen gabeziengatik, zenbakiak ez dira nahi bezalakoak, eta Eibarrek play-offeko postuetatik kanpo amaitu du urtea.

Gizonek lortu ez dutena ospatu dute emakume armaginek; denboraldi bat bigarren mailan eman ondoren, Liga F-ra itzuli baita Yerai Martinek zuzentzen duen taldea. Igoerak, besteak beste, eszenatoki aldaketa ekarri dio, Ipuruan jokatzen baitu, baita beharrezko egokitzapen prozesua ere. Ondo ari da eta, horri esker, abenduko hamabi kanpai hotsak jaitsieratik kanpo ospatu ditu.

UN AÑO QUE QUEDARÁ IMPRESO CON LETRAS DE ORO
EN LA HISTORIA ROJILLA

Jagoba Arrasate, tras la final de Copa en Sevilla ante el Real Madrid. JAGOBA MANTEROLA | FOKU

Natxo MATXIN

2023 fue un año que quedará impreso con letras de oro en el poco más de un siglo de trayectoria deportiva del primer equipo masculino de Osasuna. Unir una final copera y una clasificación europea en una misma campaña es algo que el club rojillo nunca había protagonizado y que será francamente difícil que se vuelva a repetir.

Estamos hablando, por tanto, de la mejor temporada en la historia del club rojillo, si nos atenemos de manera exclusiva a los objetivos conseguidos. Logros que son fruto del crecimiento exponencial del trabajo realizado por el cuerpo técnico encabezado por Jagoba Arrasate.

El preparador vizcaíno supo afrontar un cambio de ciclo con sobresaliente nota, después de la salida de estandartes como Oier y Roberto Torres. Osasuna fraguó este excelente curso en la recuperación de su rendimiento casero, mostrándose ante sus rivales como un bloque sólido y muy complicado de derrotar.

La final copera disputada en Sevilla –quedarán grabadas en la retina de la hinchada las estampas vividas en las calles de la ciudad andaluza– y la clasificación para la Conference fueron los momentos álgidos del ejercicio. Después tocó pelear en los despachos el derecho a jugar la competición europea en un litigio con la UEFA que mantuvo en vilo a la afición navarra hasta su resolución positiva.

Por otro lado, Osasuna femenino volvió a quedarse a las puertas del ascenso por quinto año consecutivo. Ni en la última jornada liguera –un triunfo en el campo del Cacereño le hubiera servido–, ni en el playoff con el Granada pudo conseguir dicha meta.

No todo fueron éxitos deportivos, también se dieron episodios menos agradables. Así, después de un largo proceso judicial, varios miembros de la directiva presidida por Miguel Archanco ingresaron en prisión para cumplir las penas impuestas por la Audiencia Provincial de Nafarroa.

Balance de la temporada 2022-23

Esquema de juego

A la ya habitual versatilidad táctica de Arrasate, esta temporada el técnico de Berriatua le ha añadido algunas variantes ofensivas más osadas, como el 4-3-3 del que ha hecho gala la escuadra navarra en más de un encuentro disputado en El Sadar.

> ONCE BÁSICO

25	Aitor
7	Moncayola
23	Aridane
5	David García
3	Juan Cruz
6	Lucas Torró
22	Aimar
16	Moi Gómez
9	Chimy Ávila
17	Budimir
12	Abde

Evolución de la clasificación, jornada a jornada

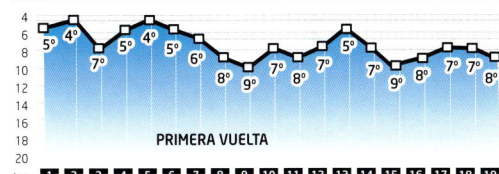

PRIMERA VUELTA

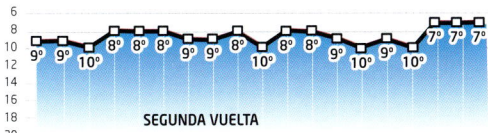

SEGUNDA VUELTA

Lo mejor y lo peor del conjunto

> LO MEJOR
La exitosa transición que se ha forjado en la plantilla después de salir jugadores históricos y tener menor presencia otros que han sido esenciales en los últimos años.

> LO PEOR
La grave lesión de Darko y las que han afectado en el lateral derecho hasta el punto de buscar soluciones con el polivalente Moncayola y el canterano Diego Moreno.

Utilización de la plantilla

Jugador	MJ	PJ	PT	PS	Tarjetas	Goles
David García	2.683	32	31	1	8, 1R	2
Torró	2.489	33	31	2	10	1
Moi Gómez	2.458	33	28	5	5	3
Moncayola	2.445	37	25	12	6	1
Manu Sánchez	2.116	31	22	9	3	0
Juan Cruz	2.057	27	21	6	7	0
Aimar	2.022	31	23	8	6	3
Aitor F.	1.890	21	21	0	1	-19
Budimir	1.808	31	22	9	5	8
Aridane	1.791	23	20	3	1	0
Chimy Ávila	1.724	29	23	6	7,1R	8
Unai García	1.718	21	20	1	6,1R	0
Herrera	1.530	17	17	0	3	-23
Abde	1.513	28	19	9	3, 2R	4
Kike Barja	1.314	27	15	12	1	1
Rubén Peña	1.281	20	14	6	2/1R	0
Nacho Vidal	1.249	20	15	5	4	0
Rubén García	1.152	29	11	18	2	2
Ibáñez	1.061	25	12	13	1	0
Darko	1.033	26	9	16	5	1
Kike García	998	35	7	28	5	2
Diego Moreno	636	11	7	4	1	0
Iker Muñoz	249	8	2	6	0	0
Iker Benito	176	4	2	2	0	0
Herrando	27	2	1	0	1R	0
Roberto Torres	9	2	0	2	0	0

MJ: Minutos jugados. PJ: Partidos jugados. PT: Partidos titular. PS: Suple a algún compañero.

GARA

07/05

El alma combativo de Osasuna se estrella con el espíritu eficaz blanco

Pese a la rebaja, penas de hasta cinco años en el 'caso Osasuna'

20/01

26/07

La UEFA da marcha atrás y permite que el club rojillo juegue en Europa

Oier Sanjurjo, una de las leyendas rojillas, anuncia que cuelga las botas

30/05

UNA TEMPORADA MARCADA POR EL REGRESO A LA CHAMPIONS
Y LA CLASIFICACIÓN PARA OCTAVOS COMO PRIMERA DE GRUPO

Balance de la temporada 2022-23

Esquema de juego: Imanol ha alternado dos sistemas. El 4-4-2 con centro del campo en rombo por el que se decantó la pasada temporada tras la lesión de Oyarzabal y el 4-3-3 al que ha vuelto al recuperar al eibartarra, Barrenetxea y Momo Cho.

> ONCE BÁSICO

1	Remiro
18	Gorosabel
6	Aritz Elustondo
5	Zubeldia
24	Le Normand
20	Pacheco
12	Aihen
15	Diego Rico
3	Zubimendi
8	Merino
4	Illarramendi
23	Brais Méndez
21	David Silva
14	Kubo
7	Barrenetxea
19	Sorloth
10	Oyarzabal

Evolución de la clasificación, jornada a jornada

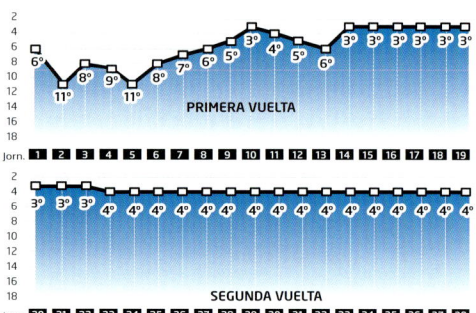

PRIMERA VUELTA

Jorn. 1 2 3 4 5 6 7 8 9 10 11 12 13 14 15 16 17 18 19

SEGUNDA VUELTA

Jorn. 20 21 22 23 24 25 26 27 28 29 30 31 32 33 34 35 36 37 38

Lo mejor y lo peor del conjunto

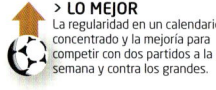 > LO MEJOR
La regularidad en un calendario concentrado y la mejoría para competir con dos partidos a la semana y contra los grandes.

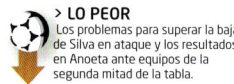 > LO PEOR
Los problemas para superar la baja de Silva en ataque y los resultados en Anoeta ante equipos de la segunda mitad de la tabla.

Utilización de la plantilla

Jugador	MJ	PJ	PT	PS	Tarjetas	Goles
Le Normand	3330	37	37	0	7	1
Remiro	3420	38	38	0	1	-35
Zubimendi	3102	36	35	1	12	1
Le Normand	2794	33	31	2	6	0
Zubeldia	2546	31	29	2	10	1
Merino	2499	33	28	5	6,1R	2
Kubo	2454	35	29	6	3	9
Brais Méndez	2416	34	28	6	6	8
Sorloth	2398	34	28	6	4	12
David Silva	1956	28	25	3	3	2
Aihen	1756	23	20	3	2	0
Gorosabel	1711	27	19	8	3	0
Diego Rico	1647	20	18	2	3	0
Aritz Elustondo	1449	25	16	9	5, 1R	0
Oyarzabal	1216	23	14	9	1	4
Pacheco	1188	17	12	5	2	0
Illarramendi	1076	24	13	11	5	1
Barrenetxea	872	23	9	14	4	3
Carlos Fernández	624	24	8	16	6	1
Momo Cho	578	19	5	14	1	1
Pablo Marín	356	10	3	7	1	0
Álex Sola	345	10	3	7	1	0
Robert Navarro	337	17	1	16	2	0
Guevara	217	8	2	6	2	0
Isak	154	2	2	0	0	1
Turrientes	102	6	1	5	0	0
Karrikaburu	87	6	0	6	1	0
Sadiq	82	2	1	1	0	1
Olasagasti	63	3	0	3	1	0
Magunazelaia	63	2	0	2	0	0
Ander Martín	39	3	0	3	0	0

MJ: Minutos jugados. PJ: Partidos jugados. PT: Partidos titular. PS: Suple a algún compañero.

Los compañeros mantean a Illarramendi en su retirada. Al lado, el expresidente Iñaki Badiola, durante el juicio en el que fue condenado por injurias y calumnias. ANDONI CANELLADA | FOKU

Joseba ITURRIA

La Real fue fiel a su cita de cada diez años con la Liga de Campeones al finalizar cuarta la temporada 2022-23 y dio un gran nivel para clasificarse para los octavos como primera de su grupo, invicta y como equipo menos goleado, tras superar al finalista de la última edición, el Inter, y a dos habituales en la competición como Benfica y Salzburgo.

El conjunto blanquiazul fue el mejor por detrás de los habituales Barcelona, Real Madrid y Atlético de Madrid, superó a sus dos rivales directos de las últimas temporadas, Betis y Villarreal, y aprovechó la crisis económica y deportiva del cuarto clasificado en los años anteriores, el Sevilla.

La Real logró su cuarta clasificación consecutiva para Europa. Solo el equipo campeón jugó cuatro temporadas seguidas en competiciones continentales desde la 1979-80, la de la imbatibilidad, a la de la posterior a la segunda Liga (1982-83).

El año 2023 trajo también la condena al expresidente de la Real Iñaki Badiola a diez años y ocho meses de prisión por distintos delitos de injurias y calumnias vertidas de forma anónima desde dos cuentas de Twitter contra distintos políticos, jueces, periodistas y un medio de comunicación entre 2017 y 2018. Un Juzgado de Donostia entendió que quiso «desahogarse» de su destitución en 2008 de la presidencia de la Real, de haber sido declarado judicialmente «culpable» del concurso de acreedores en el que entró el club y de estar inmerso en distintos expedientes abiertos en su contra por la Hacienda guipuzcoana. Badiola presentó un recurso a esa condena en el que intentó desacreditar las investigaciones de la Ertzaintza que permitieron vincularle con esas cuentas.

28/07

05/06

25/04

03/05

15/11

Y EL FÚTBOL VOLVIÓ A PARAR

Amaia U. LASAGABASTER

La Liga F acabó su primera temporada con el octavo título del Barcelona, que también ganó Champions y Supercopa. El empuje del equipo culé, el crecimiento general de los equipos o el éxito de la selección española en el Mundial invitaban a pensar en una segunda temporada de la competición profesional con mayor protagonismo del fútbol y más sosiego en los despachos, pero no ha sido así y en 2024 se ha repetido la historia del año anterior, con la Liga comenzando una semana más tarde de lo previsto.

Esta vez han sido las futbolistas las que se han plantado, convocando una huelga, seguida de forma unánime pese a la disconformidad de algunas jugadoras, por segunda vez en su historia. Reclamaban una subida de salario que finalmente se produjo aunque no alcanzara las cifras que plantearon los sindicatos. Al límite de la viabilidad quedó la competición, a la que el CSD había asestado el enésimo golpe pocos meses antes, al imponerle el pago del 20% de sus ingresos, todavía limitados, a una Federación Española de Fútbol que ya se llevaba un buen pico por otros conceptos.

En lo deportivo, 2023 ha empezado como acabó, con el Barcelona al frente y aparentemente inalcanzable. La emoción se concentra en la lucha por Europa y la pelea por la supervivencia, que se le está poniendo muy complicada al Sporting de Huelva, el equipo que más temporadas consecutivas lleva en la élite junto a Real y Atlético y solo por detrás de Levante y Athletic.

Derbi Real-Athletic en Anoeta. En la imagen, Allegra y Nerea Nevado. Gorka Rubio | FOKU

08/21 07/29 08/26

09/06

KOPA IRABAZI
ETA ETXEA GARBITU

Amaia U. LASAGABASTER

Zenbat emakumek ez ote zuten sentituko Espainiako selekzioko futbolariek ordezkatzen zituztela 2024ko udan? Exijentzia ezin handiagorekin eta baldintza hobegarrietan lan egin, arrakasta itzela lortu eta, sari gisa, etxea garbitu behar, lankide gizonezkoek beste aldera begiratzen zuten bitartean.

Benetako saria, zorionez, hartu dute Espainiako jokalariek ere, Munduko Txapelketaren finalean bizi izan ziren gertakizun lotsagarrien ondorioz, iritzi publikoa Federazioaren barruan gertatzen zenaz ohartu baitzen azkenean. Jokalariek aspaldi salatu zuten erakundearen funtzionamendua, eta horregatik batzuk selekziotik kanpo geratu ziren, baina Munduko Txapelketa irabazi behar izan zuten, agintariek eta gizarteak haien ahotsa entzuteko. Jokalariek hurrengo asteetan erakutsitako jarrera irmoak, presio mota guztiei aurre eginez, horma asko eraitsi zituen Espainiako Federazioaren barruan, eta dagoeneko baldintza eta lan ingurune hobea eman dizkiete.

Zoritxarrez, prozesu gogor horri aurre egin behar izan zioten, garaipen historiko bat ospatzen egon behar zutenean, abuztuaren 20an lehen aldiz irabazi baitzuten lehen Munduko Txapelketa. Erabat merezi-

Espainiako jokalari eta teknikariek garaipena ospatu dute Australia eta Zeelanda Berriko 2023ko Emakumezkoen Munduko Txapelketa.

FRANCK FIFE | AFP

ta, behetik gora egin baitzuten –Irene Paredes eta Oihane Hernandez euskaldunak zirela haien artean–, kanporaketetan futbol bikaina eskainiz eta, azkenean, kopa eskuratuz, finalean Ingalaterra gaindituik.

«Historiko» etiketa asko banatu zituen, edozein kasutan, Australiak eta Zeelanda Berriak antolatutako Munduko Txapelketak. Ozeanian ospatutako lehena, bi herrialdeek antolatutako lehena, 32 selekzioek parte hartu zuten lehena, herrialde antola-

08/27

07/22

09/26

07/20

tzaileetan asistentzia eta telebistako jarraipen errekorrak hautsi zituzten, FIFAri emakumezkoen Munduko Txapelketa baten inoiz izan dituzten diru-sarrera handienak eman zizkion eta FIFAk, era berean, sariak hirukoiztu egin zituzten eta 30.000 dolarreko gutxieneko prima ziurtatu zien parte hartu zuten futbolari guztiei.

Kirol mailan, emakumezkoen futbolak duen etengabeko hazkundea nabarmendu zen. Horrela. txapelketa 32 parte hartzailetara zabaltzea, aurretik zalantzak sortu zituela, erabaki egokia zela ikusi zen. Selekzio xumeenak ere lehiatu ziren eta Estatu Batuen –historian lehen aldiz podiumetik kanpo– eta Alemaniaren kanporatze goiztiarrak, Kolonbiak eskainitako irudia eta emaitza edota Hegoafrika eta Maroko kanporaketetara heltzeak konfirmatu zuten futbola aro berri batean sartu dela.

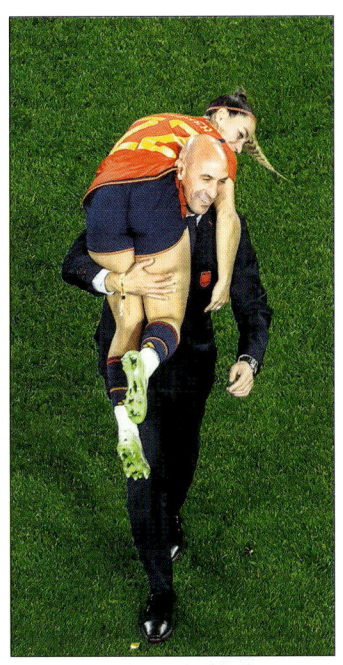

Luis Rubiales Espainiako Futbol Federazioko presidenteak Athenea del Castillo jokalaria hartu du bere sorbaldan finala amaitzean. Eskuinean, Espainia eta Ingalaterraren arteko partidaren une bat.

David Gray, William West | afp

Euskal Selekzioa, Txileren aurkako lagunarteko partida hasi aurretik. RAÚL BOGAJO | AFP

NAZIOARTEAN LEHIATZEKO
ESTATUTUEN ALDAKETAREN ZAIN

Manex ALTUNA

Estatu espainoleko Kongresuan 2022an onartu zen Kirol Lege berriaren babespean, Euskal Pilota Federazioak ofizialtasuna bermatzeko nazioarteko federazioaren estatutuak aldatzeko proposamena egin eta gaia aztertzeko konpromisoa jaso zuen. Izan ere, araudiak dio estatu bakoitzeko federazio bakarra egon daitekeela eta, kasu honetan, Espainiakoak –eta, hein handi batean, Frantziakoak– betetzen du ordezkaritza hori, euskal selekzioaren aukerak oztopatuz.

Hala ere, Euskadiko Pilota Federazioak itxaron egin beharko du Nazioarteko Federazioko kidetzat onartzen duten edo ez jakiteko. Proposamenak federazio desberdinen artean sortutako liskarrak ekidite aldera, uztailean Mexikon egitekoa zen bozketa bertan behera utzi baitzuten, Espainiako Federazioak egindako presioen ondoren.

Federazio desberdinen artean izandako bileretan desadostasun handiak izan ziren erabakiaren inguruan. Ildo horretan, Xabier Cazaubon baionarrak, Nazioarteko Federazioko presidenteak, idazkari kargutik kendu zuen Julian Garcia Angulo, Espainiakoaren presidentea, bere aurka eta bozketaren aurka sare sozialetan egindako presioarengatik.

Euskadiko Federazioko presidentea den Gotzon Enbilek, berriz, prozesuak bizirik segitzen duela eta lanean jarraituko dutela nabarmendu zuen. Ezezkoa jasoz gero, bi urtetan ezingo litzateke beste bozketa bat egin.

2026an Argentinan ospatuko da pilotako hurrengo Munduko Txapelketa, eta 2030ean Euskal Herrian jokatuko da, Bilbon eta Gernikan, hain zuzen.

HAU DA 2030 AGENDAREN **ABC**-A

A
POBREZIARI HOBETO **AURRE EGITEA** ETA OPAROTASUNA **PARTEKATZEA**

B
BERDINTASU-NAREN ALDE ETA DISKRIMINAZIOA SAIHESTEKO **GEHIAGO EGITEA**

C
HONDAKINAK **MURRIZTEA,** ENERGIA **GUTXIAGO** KONTSUMITZEA ETA **GEHIAGO** BIRZIKLATZEA

EZER EZ DA ALDATZEN
EZER ALDATZEN EZ BADUGU

Agenda 2030
Euskadiren konpromisoa

Euskadi, auzolana, bien común

EUSKO JAURLARITZA · GOBIERNO VASCO

03/14

06/05

11/20

AITOR ELORDIK BETE DU, HEIN HANDI BATEAN,
IKER IRRIBARRIAK UTZITAKO ZULOA

Aitor Elordi, Buruz Buruko txapelduna. MARISOL RAMÍREZ | FOKU

Jon ORMAZABAL

Haria ez da eten, eta Aitor Elordik bete du, hori posiblea den heinean, ezustean Iker Irribarria bezalako txapeldun handi batek utzitako zuloa. Dena joan da azkar, oso azkar aramarraren kirol ibilbidean, eta inoizko Buruz Buruko txapeldunik gazteenak 26 urterekin eten behar izan zuen bere pilotari bizitza, belauneko lesio baten erruz. Mar-

txoaren 4an jokatu zuen goierritarrak, Donostian, lagunez inguratua, bere azken partida, denon oroimenean geratuko diren pilotakada ikusgarriak lagata. Buruz Buruko bi txapel eta Binakako beste bat eraman ditu palmaresean, hain gazterik denok txunditu gintuen pilotariak.

Ez zuen denbora askorik behar Aitor Elordik aramarrak utzitako zuloa estaltzen has-

teko. Aramarra ez bezala, zu txikian egositako pilotaria izan da mallabitarra, baina 2023an eztanda egin du bere joko oldarkor eta ikusgarriarekin. Lehenengo, Jose Javier Zabaletarekin Binakako txapela jantzi zuen bizkaitarrak, finalean Laso eta Imaz baina askoz gehiago izanda. Baina bere burua eta dohainak Buruz Burukoan erakutsi zituen batez ere, txapelketa ikusgarri baten ostean, finalean faborito agertzen zen Jokin Altunari (22-18) gailenduta.

Amezketarrak Lau eta Erdikoan, bere modalitaterik gustukoenean hartu zuen errebantxa, bere lehen final handia jokatu zuen Peio Etxeberriari nagusitasunez irabazita, txapelketa latz baten ondoren. Kaiolako laugarren txapela du Altuna III.ak, eta Aimar Olaizolaren zazpiak hurbilago daude.

Emakumeen esku pilotak ere etengabe hazten jarraitzen du eta palmaresean Amaia Aldaik eta Olatz Arrizabalagak agintzen jarraitzen badute, azpitik gauzak zaildu dizkieten pilotari gazte berriak agertzen hasi dira, 14 urterekin buruz buruko finala jokatu zuen Goiuri Zabaleta kasu. Leitzarrari irabazita, hirugarren txapela jantzi zuen jarraian Amaia Aldaik, eta Binakakoan Arrizabalaga-Oses izan ziren onenak.

Gainerako modalitateetan ere txapeldun berri asko izan ditugu, hala nola trinketean. Berezkoen txapelketan historian lehen aldiz Hego Euskal Herriko pilotari ba-

Goitik behera: Altuna III, Lau eta Erdiko irabazlea;
Winter Series txapelketako emakumezkoen finala
Mendibil-Aldazabal eta Mugartegi-Lejardi bikoteen
artean; eta Iker Irribarriaren agurra,
Donostiako Atano III.a pilotalekuan.

ARITZ LOIOLA, JAIZKI FONTANEDA, GORKA RUBIO I FOKU

Lau eta Erdiko finala

Jokin **ALTUNA ALTUNA**		Peio **ETXEBERRIA VITTORINI**
Altuna III.a	**Kirol izena**	Peio Etxeberria
1996/03/27	**Jaiotze data**	1998/10/16
27 urte	**Adina**	25 urte
Amezketa	**Jaiotze herria**	Zenotz
Aurrelaria	**Postua**	Aurrelaria
Aspe	**Enpresa**	Aspe
1,80 m	**Altuera**	1,80
78 kilo	**Pisua**	78 kilo
2014/06/24	**Debuteko data**	2017/11/03
Eibar	**Debuteko herria**	Larraintzar
Astelena	**Debuteko frontoia**	Larraintzar
Gorka Altuna	**Botileroa**	Andoni Gaskue
28 garaipen 9 porrot	**Lau eta Erdiko historiala**	10 garaipen 9 porrot

FRONTOIA: Bizkaia (Bilbo) 3.000 ikusle.
ORDUA: 18.15ak aldera (ETB1)

PALMARES PROFESIONALA

> 2022 Binakako Txapelduna	> 2021 Promozioko Buruz Buruko txapeldun
> 2021 Lau Terdiko Txapelduna	
> 2021 Buruz Buruko Txapelduna	
> 2020 Lau Terdiko Txapelduna	
> 2018 Buruz Buruko Txapelduna	
> 2017 Lau eta Erdiko Txapelduna	

EZAUGARRIAK

Errepertorio zabala, txapelketan saketik gehien lortu dituena	9	**Sakea**	8	Abiadura eta norabidea
Sorbaldak hemen sufriarazten du gehien	8	**Errestoa**	9	Txapelketako onena, hiru tanto baino ez dizkiote egin
Eskuina oso fresko, abiadura ematen dio	8	**Joa**	8	Eskuina oso fresko, abiadura ematen dio
Bikaina, angeluak bikain bilatzen ditu	10	**Erremea**	8	Aldiro hobeto, ikasten jarraitzen du
Intuizioa eta fisikoki oso indartsua	9	**Defentsa**	9	Hanka oso arinak eta fisikoki oso indartsua
Era guztietako erremateak egiteko gai	9	**Airea**	9	Eskuin boleaz presio handia jartzen du, gantxo geroz eta hobea
Hanka oso arinak, leku guztietara heltzen da	9	**Mugikortasuna**	9	Hanka oso arinak, leku guztietara heltzen da
Oso ondo prestatua, partidak luzatzeari beldurrik ez	9	**Erresistentzia**	10	Fisikoki zezen bat da.
Unerik larrienetatik irteteko gai dela erakutsi du	10	**Mentalitatea**	8	Erabakiak gero eta hobeto hartzen ditu, lehen finalaren zalantza

Las finales, es lo que tienen

Juan MTZ de IRUJO
Pelotari

Muchas veces hablamos que las finales son un mundo aparte, de que todo lo anterior vale de poco y más allá del tópico, las finales, es lo que tienen. Para explicar lo de ayer creo que a Peio Etxeberria le pudo la presión, por muy tranquilo que haya estado entre semana, pues a la hora a la hora H del día D, que fue en el Bizkaia a las siete de la tarde, pues no estuvo el pelotari que hemos visto durante el campeonato. Empezó con muchos nervios, lanzaba el golpe a destiempo y le vi con las ideas poco claras. Pero son cosas que pasan, es del deporte, es así, ya está, a todos nos ha pasado.

De hecho, yo siempre comento que en la primera final que disputó, por parejas con Óscar Lasa, me retiré a vestuarios sin enterarme que había jugado la final y ayer Peio me recordó a aquel momento. Cuando estaba en la cancha, estás con tantas ganas, quieres hacer tantas cosas que las prisas te matan. Para hacer las cosas bien hay que hacer las cosas despacio y esa fue la calma que tuvo Jokin contra la precipitación en todo momento de Peio.

Seguro que Altuna III habrá perdido finales jugando más espectacular que lo que lo hizo ayer, pero supo jugar el partido que tenía que jugar para ser campeón. No se contagió con las prisas de Peio y eso tiene mucho mérito. Con una gran pausa en el cuerpo, en todo momento cogía la pelota donde la pedía el partido, sin arriesgar a pegar ganchos, sin cometer un error en todo el partido.

Y con ello no le dio la opción a Peio de reconducir su mal arranque, en cinco minutos se puso 10-3 por detrás y no le dio tiempo. Hay veces que se dan las vueltas, pero enfrente estaba Jokin y resultó imposible.

---

tek, Luis Sanchez nafarrak, jantzi zuen buruz buruko txapela, aurretik Superprestigioa ere irabazita.

Aspaldiko ametsa betez, Imanol Ansa urnietarrak jantzi zuen txapelik preziatuena, finalean Juanenea baino gehiago izanda. Palan ere Buruz Buruko txapeldun berria utzi zigun 2023. urteak, Dan Necolek irabazi baitzuen Ibai Perezen aurkako finala.

Zesta izan zen txapeldun berririk utzi ez zigun modalitate bakarra, Aritz Erkigak jantzi baitzuen Buruz Burukoa. Gernikako Winter Seriesean Erkiaga eta Lopez izan ziren txapeldunak, gernikarraren ibilbideko azken partidan.

TOURRA EUSKAL HERRIAN: JARRAIPEN ITZELA, ETA ITZALAK

Festa giroa txirrindulariak Irun eta Hendaia arteko Santiago zubitik igarotzean. GORKA RUBIO | FOKU

Arnaitz GORRITI

Euskadiko Autonomia Erkidegoak izango zuela 2023ko Tourreko hasiera, «Grand Depart» delakoa, gauza jakina zen. Eta gure artean pasatu den urtean eskainitako ikuskizunik gogoangarriena izan ez bada, ez zaio asko falta izango. Ez Tourragatik bakarrik, bestela ere lasterketa honek jendetza, kolorea, jarraipena eta ikuskizuna berarekin daramatzalako, baizik eta agintari politikoen usteen gai-

netik, jendetzak eskainitako jarraipena eta berotasuna itzelak izan direlako. Hiriburuak zalez gainezka, errepide bazterrak ere bai... Euskararen presentzia ere, berdin aurkezpen orokorrean zein etapen sari banaketetan, nabarmentzeko modukoa izan da, lasterketak berak duen nazioarteko oihartzunari bertoko kolorea eta ahotsa eskainiz.

Bestela ere Tourreko etapa ezberdinetan ikurrinak ikustea eta jarraitzea oso

ohikoa izan arren, joan den uztailean goiz jo zuen euskal zaleen atxikimenduak. Hain izan da handia Tourrak euskal gizartean izan duen eragina, hasiera batean Tourra «arriskuan» jartzea pentsatzen zuten ertzainen grebak eta protestak ere aurretik eraman dituela.

Ezin ahaztu Tour honetan, gainera, Pello Bilbaok eta Jon Izagirrek etapa garaipenak lortu zituztela; ez Euskal Herriko etapetan, baina bai da egia garaipen hauek biak –baita Pello Bilbaok sailkapen nagusian lortu zuen seigarren postua– sekulako pozez bizi izan zirela Euskal Herrian, 2018an Omar Frailek lorturiko etapa garaipenaren ondoren iritsitako aurrenekoak izan zirelako.

Ez zen debaldekoa izan jai hori guztia antolatzea. Hasteko, Tourra antolatzen duen ASO elkarteari 12,2 milioi euro ordaindu zitzaizkion lasterketa EAE barrutik Baionaraino joan zedin. Horrez gain, beste 16 milioi pasa «antolakuntza gastuetan» joan zi-

07/24

07/04

06/29

06/29

07/02

07/04

07/03

ren. Egia da bueltan ia 104 milioi euro etortzea aurreikusi zela lehenengo momentutik. Gauza jakina da gastuaren zamarik handiena herritarren poltsikoetatik eratorritako gastu publikotik egin den bitartean, irabazien parte oso handia esku pribatuetara joan dela.

Era berean, Euskal Herri osoko errepideak, Nafarroa eta Ipar Euskal Herri osoa barne, erabiltzeko aukerak aipatu ere ez ziren egin. Horrez gain, asteburuero euskal txirrindularitzaren harrobia jorratzeko antolatzen diren lasterketei baino arazo eta traba gutxiago jarri zitzaizkion Tourrari. Telebista kamerarik inguruan ez duen eta fokuen argitik at geratzen den eguneroko lan horretan, txirrindularitzaren oinarrian lan egiten duten horiek ez dute beren bururik ikusi, ezta gerora ere beren lanerako erraztasunik ere, Tourrak Euskal Herrian izan duen presentziak lizentzia kopurua piztu duen arren.

Tourreko lehen etapa Galdakaon. Ehunka zalek babestu dituzte txirrindulariak ikurrinekin. Oskar Matxin | FOKU

El Jumbo hace historia en una buena temporada
para los ciclistas vascos

Jonas Vingegaard celebra en el podio de París la victoria en la 110ª edición del Tour de Francia.   Marco Bertorello I AFP

Joseba ITURRIA

El Jumbo-Visma se convirtió en 2023 en el primer equipo en ganar las tres grandes en una misma temporada con Jonas Vingegaard en el Tour, Primoz Roglic en el Giro y Sepp Kuss en la Vuelta. Además, el danés se llevó la general de O Gran Camino, Itzulia y Dauphiné y el esloveno la Volta, Tirreno y la Vuelta a Burgos. Los dos sumaron quince victorias, su sprinter Olav Kooij trece y además ganó cuatro clásicas del World Tour con Dylan van Baarle (Omloop), Wout van Aert (E3 Saxo Bank) y Christophe Laporte (Gent-Wevelgem y A Través de Flandes).

El UAE, con 57 victorias, y Tadej Pogacar, con 17, lideraron el ranking UCI gracias a los puntos del esloveno en las clásicas, al ganar Flandes, Lombardía, Amstel, Flecha y Jaén, además de Andalucía y París Niza, y ser segundo en el Tour.

Jasper Philipsen fue con 19 el que más triunfos sumó, cuatro en el Tour, y su Alpecin ganó con Mathieu van der Poel San Remo, París Roubaix y el Mundial, tres etapas con Groves en la Vuelta, una en el Giro y otras dos clásicas del World Tour con Philipsen y Kragh Andersen. Junto a estos tres equipos brilló Remco Evenepoel, con trece victorias, once en el World Tour.

Los demás tuvieron difícil ganar y por eso fue muy positiva la temporada de los vascos, con once victorias, dos en el Tour

A la izda., última etapa de la Euskal Herriko Itzulia en Eibar; en el podio, Jonas Vingegaard, Mikel Landa y Ion Izagirre. A la dcha., presentación de los equipos de la Fundación Euskadi. Abajo, Ion Izaguirre llega primero a la meta en la 12ª etapa del Tour de Francia. Jaizki Fontaneda, Oskar Matxin, Marco Bertorello I foku, afp

con Pello Bilbao y Ion Izagirre. El gernikarra comenzó con un triunfo y un tercer puesto en la general en Down Under, fue cuarto en la Comunitat Valencia y UAE Tour, séptimo en Strade Bianche y, tras abandonar en Suiza cuando era quinto en la general por la muerte de su compañero Gino Mäder, acabó sexto el Tour, donde le dedicó la victoria en Issoire. También fue segundo en la Klasikoa tras Evenepoel.

Mikel Landa acabó segundo en la Itzulia tras Vingegaard y en Andalucía tras Pogacar, quinto en la Vuelta y la Volta, séptimo en Tirreno, 17º en la Klasikoa, sin estar a su mejor nivel en el Tour, decimonoveno.

Oier Lazkano fue el vasco que más victorias logró, cuatro, con una etapa y la general en Boucles de la Mayenne, otra en Burgos y el campeonato de España. Ion Izagirre ganó

su segunda etapa en el Tour y en Lizarra, fue tercero en la Itzulia, quinto en la Klasikoa, séptimo en Getxo, octavo en Montreal y duodécimo en Suiza. Además ganaron Omar Fraile una etapa en Andalucía, Jonathan Castroviejo, decimoquinto del Tour, el estatal contrarreloj y Txomin Juaristi la crono de Portugal.

En categoría femenina el SD Worx tuvo un dominio insultante con Demi Vollering, la mejor de la temporada, Lotte Kopecky y Marlen Reusser, que acapararon las mejores pruebas del World Tour. Annemiek van Vleuten ganó la Vuelta tras aprovechar que Vollering se había parado a orinar y el Giro en su ausencia, pero estuvo lejos de su sucesora.

Ane Santesteban acabó octava el Tour y décima el Giro antes de fichar por tres años

con el Laboral Kutxa, que peleó hasta el último momento su entrada en el World Tour tras una gran progresión en la que destacaron Usoa Ostolaza y la debutante Eneritz Vadillo.

10/04

18/06

SASKIBALOIA
Barruan zuen guztia emanda, Gernikak agur esan dio aurtengo denboraldiari

ZARAGOZA	64
GERNIKA	52

BALONCESTO
La heroicidad de Bilbao Basket ayuda a que Baskonia sea líder en solitario

KIROLAK
La ilusión de Gipuzkoa Basket de disputar la final duró 34 minutos

GIPUZKOA BASKET	64

LIGA ENDESA
IDK Euskotren acribilla a triples a un Gernika que se cae tras el descanso

LOINTEK GERNIKA	66
IDK EUSKOTREN	98

Basket Navarra al borde de desaparecer por falta de financiación

24/04

05/02

29/06

A la izda., Max Heidegger en el partido Baskonia y Casademont Zaragoza. A la dcha., varias generaciones para celebrar en Durango la Copa Vasca femenina de baloncesto.
ENDIKA PORTILLO, GORKA RUBIO | FOKU

UN AÑO DE JUICIOS BUENOS Y MALOS

Arnaitz GORRITI

2023 solo ha tenido un buen sabor de boca para cuatro personas: en febrero, Ibon Navarro y Dario Brizuela fueron campeones de Copa en las filas de Unicaja y en marzo, la bilbaina Gracia Alonso y la donostiarra Lara González emulaban a los dos primeros logrando el título del Torneo del KO con la camiseta de Basket Zaragoza. Brizuela remataría su gran año estrenando paternidad y firmando con el Barça.

Por lo demás, los juicios han tomado un inesperado protagonismo. En enero, Pierriá Henry perdía su licencia de jugador por un resultado «irregular» –no positivo– de un control antidopaje y un año después, no hay resultados a la vista. En Gernika, Mario López pasaba del banquillo de Lointek al de los acusados por ser el presunto autor de abusos sexuales a una antigua jugadora de las categorías inferiores del club, entre 1998 y 2001, cuando ella era menor. La conmoción en el pueblo y el club ha eclipsado el caminar del equipo, así la Liga Femenina como en Europa.

Entre tanto, Saski Baskonia recurre a Dusko Ivanovic, luego de cesar a Joan Peñarroya por malos resultados en el inicio de una campaña 2022/23 al que se llegó sin confianza en el entrenador catalán, tras los fiascos de Copa y play-offs de la ACB. Mientras, Bilbao Basket sigue la estela de Jaume Ponsarnau y busca consolidarse mientras el club alivia su deuda. IDK Euskotren y Kutxabank Araski siguen otro año en la élite, guiados por el buen juicio de sus dirigentes. Y dentro de su precariedad, la Liga Femenina firmó su segundo Convenio Colectivo.

Las jugadoras del Super Amara Bera Bera celebran la Supercopa Ibérica. Los jugadores del Bidasoa saludan a la afición en Irun. Alba Menéndez, capitana del Bera Bera, levanta el trofeo de la Copa en Málaga. GORKA RUBIO, ANDONI CANELLADA | FOKU, LOF

BERA BERA TIENE QUE CONFORMARSE
CON LA ESTRENADA SUPERCOPA IBÉRICA

Natxo MATXIN

Ejerciendo como anfitrión, Super Amara Bera Bera se hizo con la primera edición de la Supercopa Ibérica a principios de septiembre, confirmando así su buen inicio de la presente temporada, tras finalizar la anterior con un regusto amargo al caer en las semifinales del playoff por el título liguero frente al Elche.

El cuadro dirigido por Imanol Álvarez vuelve a ser candidato a hacerse con la competición de la regularidad, donde se va a encontrar con las ilicitanas, además del Costa del Sol Málaga y el Caja Rural Aula Valladolid, como principales adversarias en un curso que está siendo muy igualado superada la primera vuelta.

Tuvieron suerte dispar Replasa Beti Onak y Zubileta Evolution Zuazo en su lucha por evitar el descenso. Aunque complicándose la vida más de lo esperado, las de Atarrabia lograron la permanencia en el último partido del playdown al derrotar por la mínima al Granollers, lo que, de rebote, provocó la pérdida de categoría del bloque barakaldarra.

En el apartado masculino, el anuncio de que Jacobo Cuétara no continuará en el banquillo de Bidasoa Irun ha sido uno de los bombazos del año. Cierto que el equipo finalizó la 2022-23 en la cuarta posición liguera –el peor resultado en sus últimos cinco años–, pero el gran inicio de la actual, empatando con el Barcelona, no hacía presagiar semejante decisión.

Los rectores de la entidad amarilla quieren un cambio de ciclo y, para ello, ya han designado a quien capitaneará ese nuevo rumbo, el joven técnico Álex Mozas –38 años–, actual entrenador del Torrelavega. Mantener el nivel liguero y mejorar el rendimiento europeo serán sus retos.

Finalmente, aunque sin pasar por excesivos apuros clasificatorios, Helvetia Anaitasuna ha venido manteniendo su línea irregular, en la que combina partidos de mucho mérito frente a rivales de entidad con envites en los que claramente va de más a menos y acaba perdiéndolos.

09/25 08/21

08/31 06/12 09/17

URDAIBAI ETA ARRAUN LAGUNAK-EN URTEA

Arnaitz GORRITI

Arraunean erreferentzia gizonek ezarri ohi dute, baina emakumeei dagokie aurreneko aipua 2023ari dagokionez; hasteko, Euskotren Ligak aurrenekoz zortzi partaide izan zituelako, espero baino maila hobea eman zutelako, Donostia Arraun Lagunak, Orio eta Donostiarra Ur Kirolak taldeen arteko lehia biziarekin –Tolosaldea ahaztu gabe–, eta Nadeth Agirre Orioko patroiaren agurreko urtean Oriok bere nagusitasuna Donostia Arraun Lagunaken mesedetan galdu zuelako, bai Euskotren Ligan, baita Kontxako

banderan ere, non aurreneko jardunaldian Tolosaldeak lorturiko ezusteko garaipenari buelta ematea lortu zuen "Lugañene" ontziak bigarren asteburuan.

Badu oraindik zertan hobetu emakumeen arraunak. Esaterako, Galiziako ontziek oraindik koska bat beherago daudela erakutsi zuten, baina «dekretuz» maila mantentzea dagokienez aurreneko urte hauetan, hobetzen joateko tenorea ere izango dute.

Gizonezkoei begiratuta, Urdaibai izan zen itsasoetako errege. Eusko Label Liga berriz ere eskuratzeaz gain –bigarren amaitu

duten Zierbenak eta Hondarribiak baino 12 puntu gehiagorekin, alajaina!–, Kontxako Banderan jardunaldi bietan nagusi izanda eraman zuten etxera urtero gehien estimatzen eta bilatzen den trapua. Hori aski ez eta, datorren urteari begira Iker Zabala entrenatzaileak eta Gorka Aranberri Patroi titularrak bertan jarraitzea erabaki dute –Jon Salsamendik Orio laga du; Jose Luis Korta Castrora itzuli da; Joseba Fernandezek San Juan entrenatuko du–. Bestetik, Santurtzik maila galdu duen bide beretik itzuli da San Pedro elitera.

Kontxako Banderako irabazleak Donostiako portuan: Arraun Lagunak emakumezkoetan eta Urdaibai gizonezkoetan. ANDONI CANELLADA | FOKU

ALEX TXIKON SE REGALÓ UN HISTÓRICO ASCENSO INVERNAL AL MANASLU
EL DÍA DE REYES

Imanol CARRILLO

Cuentan las leyendas que tres reyes de Oriente, utilizando la Ruta del Incienso, que conectaba el territorio de Egipto con India pasando a través de la Península Arábiga, llegaron al lugar que buscaban para homenajear al «rey de los judíos». Esta historia o relato se ha convertido en el tradicional Día de Reyes. Pues el 6 de enero de 2023, Alex Txikon, junto a su expedición, logró un histórico ascenso invernal que no se lograba desde 1984, convirtiéndose en el rey de las montañas nevadas y gélidas del Manaslu (8.163 metros).

Lo que en dos ocasiones anteriores se le había negado, ese mencionado día el vizcaíno obtuvo el mejor regalo posible: el buen tiempo se abrió ante sus ojos y, junto a seis sherpas de su expedición, logró coronar la octava montaña más alta del planeta, en una inusual ascensión invernal que no se lograba desde enero de 1984. Todo ello lo plasmó en un libro: "Manaslu invernal".

El de Maialen Rojo fue otro de los nombres de 2023. La escaladora gasteiztarra de 25 años ganó la beca Xabier Ormazabal con el proyecto "Alpeetan esploratzen". En cuanto a carreras de montaña, la Zegama-Aizkorri volvió a asombrar al mundo con las victorias de Kilian Jornet y Nienke Brinkman. Ambos corredores, además, batieron los récords de la prueba: 3 horas, 36 minutos y 40 segundos el catalán y diez veces ganador, y 4 horas, 16 minutos y 43 segundos la neerlandesa. La donostiarra Sara Alonso fue tercera.

Sin embargo, no todo fueron buenas noticias en la montaña. En el mes de enero Amaia Agirre e Iker Bilbao fallecieron en el mazizo del Fitz Roy tras ser arrastrados a una grieta por una avalancha de nieve húmeda. Los homenajes fueron muy emotivos y siempre serán recordados como amantes de la montaña.

Dos imágenes de la expedición de Alex Txikon en el escenso al Manaslu.   ALEX TXIKON

21/01

28/01

16/01   28/04   26/11

NADIA EROSTARBE ETA ANNETTE ETA JANIRE GONZALEZ ETXABARRI AHIZPAK, OLATUEN GAINEAN DANTZAN

Annette Gonzalez. WORLD SURF LEAGUE

Imanol CARRILLO

2023a emakumeen urtea izan zen olatu gaineko kirolean. Nadia Erostarbe zarauztarrak euskal surflari batek Challenger Series mailan inoiz lortu duen emaitza onena eskuratu zuen Brasilgo Saquarema hondartzan hirugarren postua eskuratuta eta 2024an CS mailan lehiatzeko plaza irabazita.

Lehen mailara igotzeko zorian ere izan zen Erostarbe. Ez zuen batere bide samurra izan; izan ere, ez zuen eskuratu 2023an CS mailan lehiatzeko plaza eta, ondorioz, txapelketa bakoitzean parte hartu ahal izateko, plaza hutsik izango ote zen edo gonbidapen bat lortuko ote zuen zain egon behar izan zuen, horrek berekin dakartzan ezinegon eta zailtasunekin.

Aipatu beharreko beste bi surflari Annette eta Janire Gonzalez Etxabarri ahizpak dira.

Zumaiarrek Europako Junior itzuliko lehen bi postuak eskuratu zituzten. Janirek, gainera, finalera iritsi eta itzuliko azken txapelketa irabazi zuen Galiziako Razo hondartzan. Bertan, Nicolas Paulet biarriztarra ere txapeldun izan zen.

09/11

10/23

10/02   09/25   11/27

KERMAN LEJARRAGA CUELGA LOS GUANTES

Kerman Lejarraga, durante un pesaje.
MARISOL RAMÍREZ I FOKU

Manex ALTUNA

«El Revólver» de Morga anunció su retirada en abril. Decidió colgar los guantes al no encontrarse en condiciones de darlo todo. A sus 31 años, deja una carrera repleta de victorias, además de haber sido campeón de Europa en dos pesos diferentes. Su palmarés es espectacular: 34 triunfos, 26 de ellos por KO, y tan solo tres derrotas. Dos fueron contra David Avanesyan y le costaron el título europeo logrado en 2018. Sin embargo, se levantó y volvió a ganar el cinturón en 2021. La pegada que tenía y su personalidad nunca se olvidarán. Transmitía pasión y conseguía reunir a miles de personas en sus peleas.

20/04

12/06

2023 CORONA
A NOVAK DJOKOVIC
EN LA CIMA DEL TENIS

Natxo MATXIN

A sus 36 años, Novak Djokovic coronó en 2023 la cima del tenis. El jugador serbio superó a sus dos grandes rivales históricos –Rafa Nadal y Roger Federer– en la suma de Grand Slams, alcanzando su número 24 –dos más que el mallorquín– al vencer en Roland Garros y Estados Unidos, una cifra hasta ahora nunca alcanzada por ningún tenista.

El de Belgrado, único jugador en la historia en ganar tres veces cada torneo de Grand Slam, también se impuso en Australia y solo Carlos Alcaraz en Wimbledon impidió que el balcánico redondease su sobresaliente temporada con un cuarto grande.

En el apartado femenino, hubo bastante más diversidad, siendo las grandes triunfadoras del año Aryna Sabalenka –Australia–, Iga Swiatek –Roland Garros–, Marketa Vondrousova –Wimbledon– y Cori Gauff –Estados Unidos–.

Djokovic celebra un punto durante la final de Roland Garros Open
EMMANUEL DUNANT I AFP

JON RAHM,
AUGUSTAKO JAKA JANTZIRIK,
MUNDUAREN JOPUNTUA
IZAN ZEN SAUDI ARABIARA
JOATEAN

Imanol CARRILLO

Jon Rahmen urtea errusiar mendi bat bezalakoa izan zen. Bizkaitarrak historia egin zuen apirilean, Augustako Mastersa irabazitakoan. Hau lortzen zuen bigarren euskalduna bihurtu zen, bi aldiz garailea izan zen Txema Olazabal hondarribiarraren ondotik. Rahmen ibilbide profesionaleko bigarren txapelketa handia zen, 2021ean lorturiko US Openarekin batera. Gero beste hiru garaipen ere lortu zituen, eta Europako taldearekin Ryder Cup ospetsuan txapeldun izatea lortu zuen.

Jon Rahmek garaikurra erakutsi du Augustako Master Torneoa irabazi ondoren.
CHRISTIAN PETERSEN I AFP

Kirol arloan lorturiko sari guztiek errebes bat jasan zuten urte amaieran. Ekainean Barrikako golfl jokalariak gogor kritikatu zuen Saudi Arabiak bultzaturiko LIV Golf txapelketa, azpimarratuz diruagatik ez zela hara joango. Hala ere, abenduan, 500 milioi euroko eskaintza onartu eta Saudi Arabiako «sportwashing» horren parte izango da hemendik aurrera, PGAtik kanporatua izanda.

04/11   12/09

kul:

2023

KULTURA

Zugazart

03/01ean argitaratua

ESTIBALITZ URRESOLAREN ETA VICTOR ERICEREN FILMAK, URTEKO NABARMENENEN ARTEAN

Xole ARAMENDI ALKORTA

Estibalitz Urresolak (Laudio, 1984) letra larriz idatzi du bere izena Euskal Herriko zinemagintzan 2023. urtean. Arrakasta betean da. Bide entzutetsua egiten ari da "20.000 especies de abejas". Ez da makala lortutakoa, are gehiago kontuan izanik bere lehen film luzea dela.

Gure oroimenean iltzatuta geratu da Sofia Otero filmeko protagonistak Berlingo Zinema Jaialdian agertokira igo eta eskaini zuen esker oneko hitzaldia, ikusleen artean irribarre konplizea sortuz. Gaueko ezustekoa izan zen 9 urteko haurrak aktore onenaren garaikurra jasotzea.

Lanak pertsona transexualei fokua jarri die. Luciaren begietatik bizi dugu filmaren kontakizuna. Haurrak oso argi dauka zein den bere nortasuna, baina bere lekua egin beharko du, ingurune hurbilenetik, familiatik hasita.

«Luciak ondo baino hobeto daki nor den, munduari adierazteko modua aztertzen ari da. Niri interesatzen zaidana da familiekin hasitako elkarrizketa horietatik datorren ideia bat, ez direla haurrak ibiltzen direnak, trantsizioa besteek egiten dutela, batez ere beste horren begiradak, aurrean duenari begiratzen dionean. Begiraden eraldaketa zen lantzea intere-

satzen zitzaidana. Aldaketa hori gertatzen denean, harremanak berpiztu egiten dira, eta horrek eboluzio, ikaskuntza eta topaketa leku batera eramaten du», hausnarketa egin zuen Estibalitz Urresolak 7K astekarian.

Pentsatu nahi du filmak balio dezakeela agian a priori besteen integrazioaren eta besarkadaren aurka leudekeen sektoreentzat ere. «Patriarkatuaren barruan minorizatutako identitateen kolektiboentzat, 'trans' horretan beren eskubideentzat mehatxu bat ikusten dutenentzat, filmak ideia hori apur bat higatzeko balio ahal izatea nahiko nuke», adierazi zuen.

08/09

08/15

08/08

10/11

12/01

"Irati" filmaren aurkezpena. Ondoan, Paul Urkijoren filmaren eszena bat. MARISOL RAMÍREZ | FOKU

Patricia Lopez Arnaiz gasteiztarrak gorpuztu du Luciaren ama. Bere lana ere saritua izan da zenbait jaialditan. Ane Gabarain, Itziar Lazkano eta Martxelo Rubio izan ditu ondoan aktore lanetan.

Jaialdietan egindako bide arrakastatsuak jarraipena izan du zinema aretoetan. Nabarmentzekoa da karteldegira iritsi eta lehenengo asteburuan 25.000 pertsonatik gora zirela ikusia zutenak.

ERICE

Victor Erice da beste izen nabarmendueta-ko bat. 'Cerrar los ojos' filmak Zinemaldian ikusi zuen argia.

1990eko hamarkadan, pelikula bat filmatzen ari zela, Julio Arenas aktorea itsasoan desagertu zenetik hiru hamarkada joan direnean, telebista saio batek kasua berpiztu-ko du. Michel Gaztambide lagun izan du Eri-cek, gidoia idaztean.

Oscar sarietarako hasierako aukeraketan hautatua izan zen "20.000 especies de abe-jas" filmarekin batera. Azkenean ez dute aurrera egin.

Ana Torrent aktoreak lan egin du filmean, 'El espíritu de la colmena' (1979) lanean parte hartu zuenetik bost hamarkada igaro direnean. Sei urte eskas besterik ez zituen Torrentek orduan. «Badakizu nor den Frankestein?», bota zion galderak Ericek. «Bai,

04/12   05/17

baina oraindik ez didate aurkeztu», haurraren erantzuna. Liluratuta geratu zen zuzendaria Torrentek esandakoarekin. Une hartantxe hasi zen dena.

Manolo Solo, Jose Coronado, Soledad Villamil eta Helena Miquel ere interpretazio lanetan ari dira.

"El sur" (1983) eta "El sol del membrillo" (1992) etorri ziren gero. Orain kameraren atzean jarri da zinemagilea hiru hamarkadaren ostean. «Askok pentsatzen duenaren kontra, ez diot inoiz zinema egiteari utzi», adierazi zuen Ericek, hala ere, Zinemaldian hedabideetako ordezkariekin egindako solasaldian, era guztietako proiektu artistikoetan parte hartu baitu azken urteotan.

BERGER

Zakurra eta robota ditu protagonista Pablo Bergerren azken proiektuak, "Robot dreams". Bien arteko adiskidetasun istorio samurraren lekuko da ikuslea.

Harrera beroa izan du. Zinema Europarraren Sarietan animazio onenaren garaikurra eskuratu zuen. Saria jasotzera eszenatokira igotakoan, Bergerrek publikoaren aurrean azpimarratu zuen «animazioa ez dela genero bat».

«Filma egiteko arrazoi bakarra da Sara Varonen komikiaz maitemindu nintzela. Istorioarekin maitemindu nintzen, baina, batez ere, haren amaierarekin maitemindu nintzen. Amaiera hunkigarri horietako bat da. Eta irakurtzen duzunean pentsatzen duzu: 'Hau filmatu nahi dut'», adierazi zion GARAri.

Estibalitz Urresola, erdian, "20.000 especies de abejas" filmeko hiru aktoreekin batera. Ibon Cormenzanaren "El autobús de la vida" filmaren filmaketa. Iratxe Fresnedaren "Tetuan" pelikularen aurkezpena. Andrea Jaurrietaren "Nina" filmaren grabaketa. TOBIAS SCHWARTZ, ARITZ LOIOLA, GORKA RUBIO, JAIZKI FONTANEDA I FOKU

Bergerren esanetan, erronka da ikusleria zinemara nola erakarri: «Film hau egitean, buruan nuen ikuslea ni neu nintzen. Harritu, hunkitu eta maitasun istorio polit bat ikusi nahi duen edonor horrelako film batekin gozatzeko prest dago, publiko orokorrari Zusendung baitago, hitzaren zentzurik zabalenean. Horrekin esan nahi dut zinemazale zorrotzenak, fantasiazko zinemaren zaleak, haur batek eta ikusle helduagoek goza dezaketela».

Bestalde, Negu kolektiboak –Mikel Ibarguren, Ekain Albite, Nicolau Mallofre eta Adria Roca– Locarnoko zinema jaialdian aurkeztu zuen "Negu hurbilak" filma.

Julio Medem ("Minotauro. Picasso y las mujeres del Guernica"), Daniel Calparsoro ("Asalto al Banco Central"), Ibon Cormenzana ("El bus de la vida") eta Jon Garaño, Aitor Arregi eta Jose Mari Goenaga ("Marco") dira proiektu berriak esku artean dituzten egileetako batzuk. Beraz, 2024an ere izango da zer ikusia Euskal Herriko zinemetan.

23/09

23/08

02/09   25/09   24/09

JAIONE CAMBORDA,
PRIMERA MUJER VASCA EN ALZARSE CON LA CONCHA DE ORO

Al lado, Isabel Herguera, directora de "El sueño de la sultana". Abajo, mensaje en vídeo del director Hayao Miyazaki, premio Donostia; Paco Sagarzazu recibe el premio Zinemira; y Estibalitz Urresola, ganadora del premio Egile Berriak.

IDOIA ZABALETA, JAGOBA MANTEROLA, GORKA RUBIO I FOKU

Xole ARAMENDI ALKORTA

La donostiarra Jaione Camborda hizo historia al lograr la Concha de Oro con "O corno", convirtiéndose así en la primera mujer vasca en alzarse con el máximo galardón de Zinemaldia. La directora dedicó el premio a aquellas mujeres que «abrieron camino y nos iluminaron a través del cine y las artes».

"O corno" es la primera producción gallega en participar en la Sección Oficial. Ocurrió justo cuando se conmemoraban 50 años desde que Víctor Erice, primer vasco en recibir un premio Donostia, ganara la Concha por "El espíritu de la colmena". Fue una noche muy especial en la que también brillaron "Kalak" (Isabella Eklöf) y "Puan" (María Alché y Benjamin Naishtat). Otra de las protagonistas de la 71ª edición del Festival de Cine fue Isabel Herguera. "El sueño de la sultana" se hizo con el Premio Irizar del Cine Vasco. La obra, la primera de animación europea en participar en la Sección Oficial, ha llevado a la pantalla el cuento feminista homónimo de la autora de Bangladesh Begum Rokeya Hossain.

Un total de 19 títulos realizados en Euskal Herria –"Bidasoa 2018-2023", de Fermin Muguruza; "Mirande, film baterako zirriborroa", de Josu Martinez, y "Arnasa betean, emakume zinegileak", de Bertha Gaztelumendi y Rosa Zufia, entre otros– participaron en un festival en el que por primera vez las películas de la Sección Oficial fueron ofrecidas en su integridad con subtítulos en euskara.

En el recuerdo quedan el agradecimiento virtual de 23 segun-

01/10

27/09

10

2023 | 9 | 9 | larunbata GARA

EGUNEKO GAIA **04** ZINEMALDIAREN AURKEZPEN OFIZIALA

Hayao Miyazakik Japoniatik jasoko du hirugarren Donostia Saria

Hayao Miyazakik jasoko du hirugarren Donostia Saria. Birtualki egingo du, Tokiotik, bertan egongo da animeen egile handia. Javier Bardem ere ez da Zinemaldian izango, 2024ko Irekiera Galara atzeratu baita bere sariaren ekitaldia, Hollywoodeko aktoreen greba dela-eta. «Festa handia izan dadin merezi du», azaldu zuen Rebordinosek. Erice da, beraz, saria Donostian jasoko duen bakarra.

Xole ARAMENDI | DONOSTIA

10

2023 | 10 | 1 | igandea GARA

EGUNEKO GAIA **05** ZINEMALDIA 2023

Jaione Camborda, primera mujer vasca en conseguir la Concha de Oro

La donostiarra marca una fecha histórica para el cine vasco. Se ha coronado en una Sección Oficial que durante diez días ha estado marcada por la estrellas en la alfombra roja y la

"JOSU MARTINEZ Zinema zuzendaria eta ikertzailea

«Ez naiz ez polizia ez epailea, Jon Mirande kondenatzeko»

Xole ARAMENDI | DONOSTIA

AHOTSA

"BIDASOA, 2018-2023», POLITIKA ARRAZISTEN AURKAKO UBIDEA

KRONIKA

Xole ARAMENDI

EG **04** | 11

12 | ZINEMALDIA

2023 | 9 | 28 | osteguna GARA

Zinemaldiko filmen herenak, aurten **euskaraz ere bai**

ERREPORTAJEA

09/09   29/09

28/09

---

dos –detalle muy inusual en él– del maestro japonés Hayao Miyazaki por el Premio Donostia. La capital guipuzcoana acogió el premier europeo de "Kimitachi wa Do Ikiruka / The Boy and the Heron".

Quien sí acudió a su cita con la ciudad que lo vio crecer fue Víctor Erice. El cineasta recogió emocionado el Premio Donostia el mismo día que presentaba "Cerrar los ojos" en una rueda de prensa que se convirtió en una auténtica master class. Del cine y de la vida. Los asistentes pudimos disfrutar de un autor elocuente e interesante, buen comunicador, frente a la fama de distante que lo rodea.

También recibió un merecido reconocimiento Paco Sagarzazu a través del Premio Zinemira. Fue la edición en la que la polémica estuvo marcada por

Al lado, Víctor Erice, premio Donostia. Abajo, Tzu-Hui Peng y Ping-Wen Wang, de "A Journey in Spring"; y Jaione Camborda, al recibir la Concha de Oro.

JON URBE, JAGOBA MANTEROLA I FOKU

la proyección de "No me llame Ternera", documental dirigido por Jordi Évole y Màrius Sánchez sobre el militante vasco Josu Urrutikoetxea.

Por lo demás, a pesar de la presencia de estrellas europeas como Juliette Binoche, Mads Mikkelsen, François Cluzet o

Dominic West, la huelga de actores de Hollywood se dejó sentir en la alfombra roja. Los fans se tuvieron que conformar con la visita de Jessica Chastain, intérprete que sí pudo viajar a Euskal Herria para defender "Memory", al ser este un filme independiente.

PALMARÉS

CONCHA DE ORO A LA MEJOR PELÍCULA
"O Corno"
Jaione Camborda

PREMIO ESPECIAL DEL JURADO
"Kalak"
Isabella Eklöf

CONCHA DE PLATA A LA MEJOR DIRECCIÓN
"Un viaje en primavera"
Peng Tzu-Hui, Wang Ping-Wen

CONCHA DE PLATA A LA MEJOR INTERPRETACIÓN
Ex aequo "Puan" y "Great absence"
Marcelo Subioto - Tatsuya Fuji

CONCHA DE PLATA A LA MEJOR INTERPRETACIÓN DE REPARTO
"Un amor"
Hovik Keuchkerian

PREMIO DEL JURADO AL MEJOR GUION
"Puan"
Benjamin Naishtat, María Aiché

PREMIO DEL JURADO A LA MEJOR FOTOGRAFÍA
"Kalak"

PREMIO KUTXABANK - NEW DIRECTORS
"Bahadur the brave"
Diwa Shah

PREMIO IRIZAR AL CINE VASCO
"El sueño de la sultana"
Isabel Herguera

EL TRIUNFO DE UN MULTIVERSO
ENLOQUECIDO

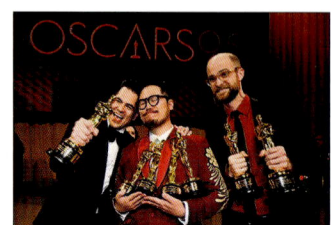

Michelle Yeoh, ganadora del Oscar a la Mejor Actriz; el productor Jonathan Wang, ganador del Oscar a la Mejor Película por "Everything Everywhere All at Once", y Daniel Kwan y Daniel Scheinert, ganadores del Oscar al Mejor Director por la misma película; y Brendan Fraser, ganador del Oscar al Mejor Actor por "La ballena".

ANGELA WEISS, MICHAEL TRAN I AFP

Koldo LANDALUZE

La 95ª edición de los premios de la Academia de Hollywood reconoció la originalidad, la ciencia ficción y el éxito en taquillas. La película estrella fue "Todo a la vez en todas partes", dirigida por Dan Kwan y Daniel Scheinert –Mejor película y Mejor director–, que se llevó un total de siete estatuillas de las once a las que optaba. La cinta basada en los peligros del multiverso también propició que Michelle Yeoh, Ke Huy Quan y Jamie Lee Curtis estrenaran sus respectivas vitrinas con su primer Oscar.

La otra película que destacó en cuanto a los premios recibidos fue la nueva versión del clásico literario de Erich Maria Remarque "Sin novedad en el frente". La cruenta cinta alemana escenificada en la Primera Guerra Mundial consiguió cuatro, destacando entre ellos el de Mejor película internacional, Mejor banda sonora o Mejor diseño de producción.

Uno de los momentos más emotivos de la noche fue la dedicatoria de Brendan Fraser tras recibir el Oscar a Mejor actor por su interpretación en "La ballena". Por otro lado, el director mexicano Guillermo Del Toro obtuvo su tercera estatuilla gracias a su sobresaliente cinta animada "Pinocho". Entre las grandes decepciones figuró "Los Fabelman", de Steven Spielberg, la cual aparecía en siete categorías diferentes y no fue reconocida en ninguna de ellas. Lo mismo que ocurrió con "Elvis" y "Tár", que, sumadas a las del filme de Spielberg, acumulaban entre todas ellas 14 nominaciones.

Listado de premiados en los Óscar

Mejor Filme: **Everything Everywhere All at Once**

Actriz: **Michelle Yeoh**, *Everything Everywhere All at Once*

Actor: **Brendan Fraser**, *The Whale*

Actriz de Reparto: **Jamie Lee Curtis**, *Everything Everywhere All at Once*

Actor de Reparto: **Ke Huy Quan**, *Everything Everywhere All at Once*

Director: **Daniel Kwan, Daniel Scheinert**, *Everything Everywhere All at Once*

Filme Internacional: **All Quiet on the Western Front** (Alemania)

Guion Original: **Everything Everywhere All at Once**, *Daniel Kwan, Daniel Scheinert*

Mejor Guion Adaptado: **Women Talking**

Cinematografía: **All Quiet on the Western Front**, *James Friend*

Diseño de Producción: **All Quiet on the Western Front**

Efectos Visuales: **Avatar: The Way of Water**

Edición: **Everything Everywhere All at Once**, *Paul Rogers*

Música Original: **All Quiet on the Western Front**, *Volker Bertelmann*

Canción Original: **Naatu Naatu**, *M. M. Keeravaani, Chandrabose, de RRR*

Sonido: **Top Gun: Maverick**

Vestuario: **Black Panther: Wakanda Forever**, *Ruth Carter*

Maquillaje y Peluquería: **The Whale**

Largometraje Animado: **Pinocchio de Guillermo del Toro**

Cortometraje Animado: **The Boy, the Mole, the Fox, and the Horse**

Largometraje Documental: **Navalny**

Cortometraje Documental: **The Elephant Whisperers**

Cortometraje de Acción en Vivo: **An Irish Goodbye**

Créditos de fotos: A24, Focus Features, MGM/United Artists Releasing, Neon, Netflix, Paramount Pictures, Searchlight Pictures, Universal Pictures. Warner Bros.

GN | **GARA**

8   2023 | 3 | 14 | astearte GARA

EGUNERO GAIA **04** CEREMONIA DE ENTREGA DE LOS ÓSCAR

«Todo a la vez en todas partes» tranquiliza unos Óscar inmovilistas

La edición 95 de los Premios de la Academia de Hollywood se rinde a "Todo a la vez en todas partes", que gana en casi todas las categorías principales y hace historia con la estatuilla a Mejor Actriz para Michelle Yeoh, primera persona asiática en conseguirla. Sin embargo, los galardones están lejos de cualquier diversidad real.

14/03

NAFARROAN ETA BIZKAIAN UDAZKENEAN LORATU ZEN BERTSOA

Iraitz MATEO

Udazkenean bertsolariek esna egon behar izaten dute nahitaez, ez dute hibernaziorako astirik izaten, Txapelketa Nagusia ez bada, herrialdeetako txapelketek betetzen baitituzte aretoak, pilotalekuak eta kiroldegiak. Nafarroakoa eta Bizkaikoa izan dira iragan udazkenean, bi txapelak banatuta geratu ziren: Julio Sotok Iruñean eta Nerea Ibarzabalek Bilbon.

Nafarroan, txapela janzteko hautagai askoko txapelketa izan zen 2023koa. Finalean ere berretsi zen hori; herrialde honetan bertsoa eta bere ekosistema gero eta zabalduago eta sendoago dagoen seinale. Abenduaren 2an, 2.300 lagun elkarturik, Sotok eraman zuen txapela; Eneko Lazkoz, Xabat Illarregi, Joanes Illarregi, Saioa Alkaiza, Josu Sanjurjo, Saats Karasatorre eta Sarai Robles ere Anaitasunan izan ziren kantuan. Ideia landu eta barre algarak nahasi ziren oholtzakoen eta azpikoen artean.

Abenduaren 16an, berriz, Bilboko Miribillak goia jo zuen. Denak izoztuta geratzeko uneak bizi izan ziren bertan, txapeldunak amaierako agurrean esan bezala: «...badirudi kontrastean / azpi izpi bat desastrean / dena izozten dela herri bat / kantuan hastean». Ibarzabalekin oholtza partekatu zuten Jone Uriak, Xabat Galletebeitiak, Gorka Pagonabarragak, Onintza Enbeitak, Oihana Bartrak, Aitor Etxabarriazarragak eta Aissa Intxaustik. Bizkaiko finalari bakoitzak bere kolore eta tonua eman zion; norberaren estiloak gailentzeaz gain, taldea osatzea lortu zuten, oholtza ia festagune bilakatzeraino, batzuen dantzekin eta besteen malkoekin. 2024ak ere emango du zer esana bertsolaritzan.

Goian, Nafarroako Bertsolari Txapelketako finala, Julio Sotok irabazi zuena. Behean, Nerea Ibarzabal, Bizkaiko Txapelketan berriro txapela irabazi zuena.

AITOR KARASATORRE, OSKAR MATXIN | FOKU

12/03

12/17

12/01   16/02   20/05

EGUNEKO GAIA **04** «BRETXA» MUSIKALAREN ESTREINALDIA

Estreinakoz oholtzan ikusiko ditugu 1813. urteko Donostiako gertakari lazgarriak. «Bretxa» musikalean 150 pertsona taularatuko dira, Bergara Antzerki Musikala Elkartearen eskutik eta Oihan Vegaren zuzendaritzapean.

«Bretxa», 1813ko sarraskia eszenan jarriko duen musikala

KULTURA

Ramón Barea recupera al Baroja más «brechtiano», social y trepidante

KULTURA

«Lavinia», spin off de «La Eneida», de la mano de Kabia Teatro

«Postdatarik gabeko gutunak», Kepa Errastiren bakarrizketa lagundua

KULTURA

Cuatro premios Max para la veteranía y el buen momento del teatro vasco

26/05   18/04

AÑO DULCE PARA NUESTRO TEATRO, GRACIAS AL TRABAJO BIEN HECHO

Amaia EREÑAGA

De acuerdo, admitámoslo. Tras la pandemia, hay una mayor oferta que demanda de artes escénicas; eso es algo general. Se está dando también una tendencia a la censura de montajes teatrales, sobre todo en el mercado del Estado español, debido el ascenso ultra en las instituciones. Pero, por contra, el 2023 ha sido un año dulce para el teatro vasco. Y eso hay que celebrarlo.

Por un lado, en junio se firmó el primer convenio de artes escénicas de la CAV entre la Unión de Actores (EAB), Eskena (la asociación de empresas de producción escénica) y varias estructuras empresariales. El convenio, que afecta a 400 empresas y 1.000 trabajadores, supone un antes y un después. Aunque con él no se evita totalmente la precariedad del sector, fue saludado por Eskena como un «referente laboral, (...) y la reivindicación de que las artes escénicas también son un sector económico».

Y por otro lado, 2023 destacó también por el reconocimiento al trabajo bien hecho de nuestra escena. Por ejemplo, en los premios Max, que se entregaron en abril, la escena vasca mostró su potencia: cuatro premios y mu-

chas nominaciones, además de la plasmación de la importancia ascendente de la dramaturga bilbaina María Goiricelaya –Max a Mejor Adaptación por "Yerma" y nominada la necesaria "Altsasu"–, el reconocimiento a la veteranía de Tanttaka –la compañía de Fernando Bernués y Mireia Gabilondo, que celebraba su 40º aniversario, se llevó el Max a la Mejor Labor de Producción por "Sexberdinak"– y la calidad de Pascal Gaigne, premio a la Composición Musical por el "Eta orain zer?", de Kukai.

Un par de datos más: Kamikaz Kolektiboa y Ttak Teatroa se llevaron el premio Donostia Antzerki Saria por "Hiru kortse, azukre asko eta brandy gehiegi", y La Otxoa dijo adiós... ¿o vuelve?

Arriba, presentación de "La lucha por la vida", de Pío Baroja, una producción del Teatro Arriaga. Abajo, ensayo del musical "La brecha".

OSKAR MATXIN, ANDONI CANELLADA | FOKU

Yacimiento de Irulegi y algunos de los objetos hallados en la campaña de excavaciones del verano de 2023.. IÑIGO URIZ | FOKU

IRULEGI SIGUE DANDO SUS FRUTOS Y MUESTRA UNOS VASCONES
CON PODER ADQUISITIVO

Pello GUERRA

Un año después de hacerse público el hallazgo de la Mano de Irulegi, el yacimiento arqueológico del valle de Araguren siguió dando sus frutos a través de una campaña de excavaciones de tres meses llevada a cabo durante el verano de 2023.

Los hallazgos realizados pusieron en evidencia una sociedad vascona con poder adquisitivo para comprar aceite del Adriático y vino etrusco, en la que se aprecia una paulatina romanización y que terminó expulsada del poblado por el ataque sufrido en el siglo I antes de Cristo.

Además, la campaña deparó una gran sorpresa al localizarse en una vivienda situada al este de la calle principal del poblado una escalera singular. Consta de siete peldaños y conecta la entrada de la casa con la vía principal, y es la única de esa época localizada en el entorno circumpirenaico.

Asimismo, en cada vivienda excavada se encontró un molino para hacer harina, «lo que nos habla del peso que tenía la familia en su socioeconomía», según señaló el director de las excavaciones, Mattin Aiestaran.

En vista de la importancia del lugar y de sus hallazgos, tanto el asentamiento de la Edad de Hierro como el castillo han sido declarados de Bien de Interés Cultural, una figura que se quiere aplicar a la propia Mano de Irulegi.

A lo largo del verano de 2023, el enclave recibió la visita de más de 2.000 personas, una afluencia de público que se intentó encauzar desde el Ayuntamiento habilitando un nuevo parking para 150 vehículos.

15/09

12/11

12/07

12/07

12/09

12/10

EGUNEKO GAIA 01 DURANGOKO AZOKA 2023

Goranzko joerari eutsi dio Azokak

Urte zailak ekarri zituen izurriak. Haiek gaindituta, baikor aurkitu genituen atzo kulturgintzako ordezkariak, Gerediaga Elkarteko zein Euskal Herriko argitaletxeetako kideak, Azokaren amaieran. Eta kulturazaleek badute datorren urtean agendan gordetzeko data: abenduaren 5etik 8ra egingo da Durangoko Azokaren 59. edizioa

EGUNEKO GAIA 03 DURANGOKO AZOKA 2023

HASIERA INDARTSUA AZOKAREN MARATOIAN

Adimen artifiziala eta euskara, bidegurutzean

DURANGOKO AZOKA 2023

Joxe Azurmendi, «gutxiago goretsi eta gehiago irakurtzeko» pentsalaria

DURANGOKO AZOKA 2023

BI INTIMITATEREN ENKONTRUA

AZOKA:
HELBURUAK GAINDITU DIRENEAN, POZA

Amaia EREÑAGA

Abenduaren 6tik 10era burutu zen Durangoko Azokaren 58. edizioa, eta lehenengo egunean jada antzeman zitekeen nondik nora joango zen, ateak zabaldu bezain laster bete egin zelako Landako. Ostiralean, esaterako, edukiera mugatu behar izan zuten.

Azokaren gosea zegoen. Pandemiaren "langa" pasatu ondoren, belaunaldi desberdinetako kultura zaleek Azokako "erromesaldia" berreskuratu zuten, eta nola gainera. Gerediaga elkartea, asebeteta: salmenta onak, giro ederra, ilara handiak –Zetak, ETS, Bulego eta Izaroren erakusmahaietan batez ere–, komikien eta biniloen merkatua goranzko bidean...

Salerosketaz harago, argitaletxe eta sortzaileen ordezkari denak bat zetozen. Olatz Osak, Elkar argitaletxeko zuzendariak, horrela laburbildu zuen: «Autore, hartzailea, argitaratzaile, diskoetxe... ekosistema osoa saretzeko ematen duen aukera paregabea da. Azoka nazionala da eta gauza askotarako balio du, elkarlan asko kozinatzen da hemen, kontaktuak egiten dira, askotan elkarri aurpegia jartzen diogu, gauza askotarako plaza da».

«Niretzat Azokarik onena izan da», gehitu zuen Izaro Andresek, esaterako. Beste urteekin alderatuta, hirukoitza sal-du baitzuen bere lan berriarekin. Eta Iker Aginagak, Baga Biga argitaletxeko arduradunak, sektoreak pairatzen duen euskarrien krisi latzari buruz hauxe: «Zuzenekorik gabe eta Azokarik gabe, euskarri fisiko gutxi salduko litzateke».

Pozik denak, beraz. Baina albiste kezkagarriren bat ere egon zen aurtengo edizioan: berezko protagonismoa izan ohi duen Plateruena egoera hauskorrean iritsi zelako 58. ediziora, Udalaren kudeaketaz berriz ateak zabaldu zituenenik urtea bete ez zenean, "impasse" batean geratu zelako.

Leihotikan taldearen emanaldia eta azokaren irudi orokorra. GORKA RUBIO, JON URBE | FOKU

Ziburun, euskal kulturaren karpa handia

Amaia EREÑAGA

Plazak euskara hutsez betetzeko gogoz sortu zen Ziburuko Euskal Liburu eta Disko Azokak laugarren edizioa bete zuen ekainaren 3an. Egitasmoak euskara hutsezko ekoizpenak biltzea izan zuen xede, eta mugaren bi aldeetako argitaletxe, idazle, musikari eta bisitariak batzea ere bazen beste helburuetako bat. Baita lortu ere. 450 metro koadroko karpan ezarri ziren 112 erakusmahaiek euskarazko produktu ezberdinak eskaini zituzten.

KULTURA

ZIBURUKO EUSKAL LIBURU ETA DISKOAREN LAUGARREN AZOKA

KAIOEN PARE, EUSKAL KULTURA ZALEEK HABIA DUTE ZIBURUN

KRONIKA

06/04

bizkaia.eus/eu/oma-basoa

Erreserba egin Reserva tu visita

Omako Basoa
El Bosque de Oma

Agustín Ibarrolak sortutako obra
Obra creada por Agustín Ibarrola
© Bizkaiko Foru Aldundia
Diputación Foral de Bizkaia

Bizkaia
foru aldundia
diputación foral

10/17 10/12

05/05 02/22 04/04

SARITUEN EGUTEGIA
ZUGAZART-ETIK
"BIDEAK" PODCASTERA DOA

Amalur ARTOLA

Urteko sarituen zerrendak etxe honetan izan ditu abiapuntua eta amaia. Abiapuntua, urtarrilean Unai Iturriagak Argia saria jaso zuelako, GARAn argitaratutako "Zugazart" tiretan «aktualitateko gaiei eta auzie umorez eta zorrotz heltzen dielako»; eta amaia, abenduan NAIZ Irratiko lantaldeak Rikardo Arregi Saria bildu zuelako, Mediabask-ekin batera ondutako "Bideak" podcast mamitsuarengatik. Kazetaritza bikainaren eredu, migrazioaren lekukotasun «hunkigarriak» bildu izana baloratu zuen epaimahaiak, «askotan gure barnea mugiarazten dutenak, pertsonalak baina, aldi berean, unibertsalak».

Bidean, antzerkiaren alorrean, Kamikaze kolektiboak eta Ttak Teatroak ireki zuten sariketen egutegia, Donostia Antzerki Saria eskuratu baitzuten "Hiru kortse, azukre asko eta brandy gehiegi" obrarengatik.

Literaturaren arloan eman ohi dira sari gehienak. Vianako Printzea saria Dolores Redondo donostiarrak hartu zuen, bere obran eta bereziki Baztaneko Trilogian Nafarroako paisaiak «pertsonaia bat gehiago» izan daitezen lortu duelako. Ibilbide osoagatik saria jaso zuen Kirmen Uribek ere, Eusko Ikaskuntzaren eskutik. Eta Patxi Zubizarretak sorpresaz hartu zuen Madril aldetik iritsi zitzaion Haur eta Gazte Literaturako Sari espainola; "Zerriak" obraren ka-

litate narratiboa eta proposatzen duen memoria ariketa aitortu zitzaizkion.

Etxera bueltan, Euskadi Literatura Sariek ere izan zuten go-

Ion Telleria eta Goizeder Taberna kazetariek jaso dute Rikardo Arregi saria, Naiz Irratian ekoiztutako "Bideak" podcastarengatik. JON URBE | FOKU

09/20 01/28  12/01

11/09

05/26

03/17   06/22   11/09

Ezkerretik eskuinera: Koldo Tellitu; Zea Mais taldea; Patxi Zubizarreta, Arantxa Urretabizkaia eta Joseba Larratxe Euskadi Literatura sarien irabazleak; eta gaztelaniazko literatura, itzulpena eta saiakera sarien aurkezpena. Idoia Zabaleta, Jon Urbe, Gorka Rubio, Jaizki Fontaneda | foku

goan Zubizarretaren emaria, Haur eta Gazte Literaturako Euskadi saria jaso baitzuen obra berberak. «Harridura guztietara ohitu gara, baina oraindik harritzea eta ohitzea dagokigu, eta hori literaturaren bidez egingo dugu», iritzi zuen idazle ordiziarrak sariketan. Urteko beste sarituak Arantxa Urretabizkaiaren "Azken etxea" (euskarazko literatura), Miren Billelabeitiaren "Norberak maite due-

na" (euskarazko saiakera), Joseba Larratxeren "Ni ez naiz Mikel Laboa" (komikia), Alejandro Morelloren "El peor escenario posible" (gaztelaniazko literatura), Ander Izagirreren "Vuelta al país de Elkano" (gaztelaniazko saiakera) eta Maialen eta Joxe Mari Berasategik egindako Abdulrazak Gurnahren "Paradisua" lanaren itzulpena izan ziren. Elkar sariak, bere aldetik, Ikastolen Elkartea goratu zuen,

euskararen biziberritzean egindako lanarengatik.

Musikaren arloan, Zea Mays taldeak egindako ekarpena saritu nahi izan zuen Donostiako Udalak ematen duen Adarra Sariak. Zineman, Felix Linaresen urtea izan zen: urtetan gidatu zuen "La noche de..." programari agur esateaz batera, Zinebik Ohorezko Mikeldi saria eskaini baitzion, hain zuzen ere urte horietan guztietan herritarrei

zinema gerturatzen egindako lan eskergarrengatik.

Azkenik, Euskal Kazetarien Elkargoak Silvia Intxaurrondo kazetari santurtziarrari eman zion Euskal Kazetariak saria. Sariketa berean Antonio Alvarez Solik GARAko kolaboratzaile izana ere omendu zuten Ohorezko Sariarekin, eta "Berria" egunkariko zuzendari ohi Martxelo Otamendik jaso zuen Ibilbide Profesionalaren saria.

Ezkerretik eskuinera: Oihana Goirienak Pablo Gonzalezen gutun bat irakurri zuen Euskal Kazetaritza Sarien galan; ondoan, sarituak; Patxi Zubizarretak, Espainiar Estatuko Haur eta Gazte Literatura Sariaren irabazlea; eta Felix Linares, Mikeldi saria. Aritz Loiola, Andoni Canellada, Oskar Matxin | foku

Zugazart —

GUGGENHEIM URDAIBAIREN AUZIA
KALERA ATERA DA

Amaia EREÑAGA

Gernika, 2023ko urriaren 28a. Aurrerantzean data zehatz hau kontuan izan beharko dugu, Guggenheim Urdaibai proiektuaren gorabeherak aztertzean. Egun horretan Guggenheim museo berri bat eraikitzeko makroproiektuaren kontra batu baitziren milaka herritar –4.000, zenbait iturrien arabera–, Bizkaiko eskualde honetako «premiei erantzuten ez dien» museo baten «eragin izugarriaz» kezkaturik.

Guggenheim Urdaibai Stop herritar plataformaren deiari erantzunez, protestaren indarra manifestazio handi batean bildu zen egun horretan. Handik egun batzuetara, EH Bilduk gobernatzen dituen Busturialdeko udalek gardentasuna eskatu zioten publikoki Bizkaiko Foru Aldundiari proiektuaren inguruan.

Herritarren mobilizazioa Gernikan, Guggenheim Urdaibai proiektuaren aurka. Ondoan, Cubiertos Dalia fabrika zaharra. GORKA RUBIO, MARISOL RAMIREZ | FOKU

Are gehiago, museoaren proiektu polemiko hau Gernikako Udalaren "giltza" bihurtu da: EH Bilduren herri honetako udal taldeak baldintza bat jarri baitio EAJri, Jose Maria Gorroño alkatearen aurkako zentsura mozioa aurkezteko eta gobernabiderako itun bat sinatzeko: Urdaibaiko Guggenheim proiektuaren gaineko kontsulta bat antolatzea «eta herritarrek erabakitzen dutena errespetatzea».

Xake joko honetan pieza asko daude jokoan: Elixabete Etxanobek, Bizkaiko diputatu nagusi berriak, museoa «bai ala bai egingo da» esan zuen; Lakuako Gobernuak aurten burutuko diren hauteskundeen ostera atzeratu du proiektuaren inguruko bere jarrera publikoa; Imanol Pradales, Urkulluren ordezko eta EAJren lehendakarigaiak, museoaren aldeko "sukaldean" sartuta egon da...

2024 honetan xake-matea, agian?

11/29

PNV y PSE continúan trabajando en los despachos para conseguir el desembarco del Guggenheim en Urdaibai. El Gobierno español ha dado un paso importante al reducir la protección de la franja litoral que los ecologistas pretenden que los juzgados no permitan.

PNV y PSE modelan cómo encajar el Museo Guggenheim en Urdaibai

POCOS CAMBIOS PARA TIEMPOS LÍQUIDOS

existentes». Un ejemplo de ello, EiTB: su director general, Andoni Aldekoa, llegó desde Lehendakaritza; la directora gerente, Ibone Bengoetxea, fue presidenta de Eudel y diputada foral del PNV; y la directora de estrategia y comunicación, Isabel Octavio, fue responsable de comunicación de Jon Darpón y jefa de gabinete de Nekane Murga.

Tras el verano, los y las trabajadoras de EiTB Media Irratia fueron llamados a secundar tres jornadas de huelga. «Tras trece años sin renovar el convenio y adecuar el trabajo a los nuevos tiempos sin negociar las nuevas condiciones que ello implica, exigen el respeto a los marcos de negociación y la mejora de las condiciones de trabajo», apuntaba entonces ELA.

Por cierto, en noviembre, dos estudios nos ofrecían algunos datos clarificadores: Menos de la mitad de la audiencia de EITB, el 48%, considera que el grupo «es veraz e imparcial en el tratamiento de la información». Lo llamativo es que esa cifra era del 50% en marzo de 2022 y la bajada se produjo después de que entonces ya se aconsejara en un estudio «actuar prioritariamente» sobre esta materia.

Y también en noviembre, con ganas de cambiar las cosas, la Cámara de Gasteiz acogía la comparecencia de los representantes de la iniciativa popular "Aldatu gidoia euskararen alde". Surgida en setiembre, esta dinámica busca lograr un cambio de paradigma del euskara en los medios audiovisuales, para revertir una tendencia que va a la baja. Es época de cambios necesarios.

Amaia EREÑAGA

Con un presente o, a lo más, futuro próximo marcado por la decadencia del formato de las televisiones generalistas, el 2023 ha sido un año sin novedades llamativas en EiTB. Ha habido cambios –plasmados en la creación de la cadena de contenidos Primeran puesta en marcha a principios de 2024–, pero, por lo demás, parece que la radio y televisión pública vascas se aferran a lo de siempre.

Arrancábamos el año con la constatación de que, como escribía Iñaki Iriondo en este periódico, «el PNV es tan reacio a las propuestas de la oposición para un mayor control de la Administración como proclive a extender sus tentáculos en los organismos

Concentración de trabajadores de EITB para denunciar los casos de censura en el ente público. Abajo, huelga de la plantilla de las emisoras de radio por la renovación del convenio. Aritz Loiola | FOKU

14/01

EiTB deberá dar explicaciones por la «amable» entrevista a «El Lobo»

Solo el 48% de la audiencia cree veraz e imparcial la información de EITB

KULTURA

Euskal ikus-entzunezkoen arloa indartzeko akordioa sinatu dute Gasteizko Legebiltzarrean

05/11

27/10

01/11   02/07

LANERAKO
LEGE-MARKO PROPIOA,
EUSKAL KULTURGILEEN
ESKARIA

Xole ARAMENDI ALKORTA

Burokraziaren labirintoan itota. Babesgabe. Soldata duinaren jabe egin ezinda. Horrelaxe bizi du makina bat euskal sortzailek egunerokoa. Izurriak areagotua. Euskal Herriko kultur jardueraren berezitasunekin bat datorren lege-markoaren aldeko borrokan ari da Lanartea, Euskararen Langile Profesionalen Elkartea. Legebiltzarrean SOS deia ere entzunarazi zuen apirilean.

Adriana Moscoso, Madrilgo Gobernuko Kultura Industrien zuzendari nagusia, Donostiara etorri zen otsailean, Artistaren Estatutuaren berri ematera. Hainbat neurri onartu dira, tartean langabeziagatiko prestazioa. Aurrerapentzat jo zuen zenbait euskal sortzailek bilera hartan, baina ez da nahikoa.

Egile eta artista autonomoentzako Gizarte Segurantzako sistema espezifikoa, lan eremuan aldizkakotasuna aitortzen duena, tarte eta kuota eskuragarriak ezartzen dituena, bai eta alta egoeran mantentzen laguntzeko formulak ere. Horiek dira sektorearen eskariak.

Kultur teknikarien protesta Bilbon. MARISOL RAMIREZ | FOKU

JON FOSSE,
LA INNOVACIÓN
POR BANDERA

El dramaturgo noruego Jon Fosse. OLE BERG-RUSTEN | AFP

Amalur ARTOLA

El eterno candidato al Nobel Jon Fosse obtuvo al final su galardón. Conocido especialmente por su obra teatral y traducido a más de 40 idiomas –no al euskara–, el noruego es autor de obras innovadoras y difíciles de catalogar, acercándose a nuevas formas literarias.

La academia valoraba «sus innovadoras obras de teatro y su prosa que dan voz a lo inefable», en las que presenta un mundo similar al creado por Kafka –autor admirado por Fosse– pero que se acerca más a la realidad cotidiana.

Además de teatro, Fosse escribe novela, poesía, ensayo, relato y cuentos infantiles. «Tras escribir unas treinta obras de teatro y viajar por todos lados, sentí que ya era suficiente y decidí volver a escribir ficción», contó Fosse.

06/10

AGUR, IRISARRI

Iker GURRUTXAGA

Bestelako jaialdi bat posible bada, hori Euskal Herria Zuzenean festibalak argi erakutsi du orain arte egin diren 27 edizioetan. Azken laurak, bost urtetan banatuta, Irisarrin izan dira. Herriari agur esango dioten urtean ezin ahaztu agur esan duten Willis Drummond edo Liher igaro ziren oholtzatik. Ezta ere bertatik pasatutako Sepultura, Vulk, Diabolo Kiwi, Potato, Soulfly eta abar. Horiek guztiak dira Irisarrin izandakoak. Orain, Arberatzek hartuko du lekukoa eta ea zer nolako bidea egiten duen EHZk bertan. Gauza bat behintzat ziur geratuko da: herriak eta herriarentzat auzolan bikainean antolatutako jaialdia da. Beste eredu bat posible da, edo, hobeto esanda, honek behar luke gainerakoen eredua.

07/01

2023an joandakoak

Astrud Gilberto

Abeslaria brasildarra, bossa novako ahots ezagunenetako bat. "Ipanemako neska" abestia hilezkor bihurtu zuen. Grammy saria irabazi zuen 1965ean.

Toni Negri

Uno de los referentes de la renovación del marxismo europeo de finales del siglo XX. Se le vinculó con las Brigadas Rojas y fue preso hasta su exilio en París.

Graxi Etxebehere

Militante abertzalea. Ortzaizen jaio zen 1951n. Erizain izateko ikasketak egin zituen Bordelen eta Baionako ospitalean, eta 40 urtez erizain lanetan jardun zuen Ortzaizen. Beti laguntzeko prest, oso ezaguna zen bere eskuzabaltasunarengatik eta bihotz onarengatik. 1992an eta 2015ean atxilotu egin zuten; azken horretan ETA erakundearen armagabetze prozesuan inplikatutako kideak hartzeagatik.

Cormac McCarthy

Escritor estadounidense que alcanzó el éxito con historias crueles y oscuras que han sido llevadas al cine, como "No es país para viejos" o "La carretera".

Xabier Mendiguren

Euskalgintzaren Kontseiluko lehenbiziko idazkari nagusia, 78 urte zituela hil zen, gaixotasun batek jota. Itzultzaile oparoa eta ohorezko euskaltzaina izan zen.

Izaskun Rekalde

Pantailak Euskaraz-eko bozeramaile eta lehendakaria. Ekonomia eta Enpresa Zientzietan doktorea. "Binke" aldizkariaren sortzaileetakoa izan zen.

Fernando Botero

El artista colombiano más célebre, conocido por las voluptuosas formas de sus obras, falleció a los 91 año en Mónaco. Nació en Medellín e inició sus estudios en Colombia, pero se desplazó a Madrid, donde completó su formación. En los años 60 comenzó a exponer en EEUU. Su obra se ha exhibido en todo el planeta.

Patxi Noblia

Militante abertzalea. Sokoa enpresaren sortzailea izan zen, eta Ipar Euskal Herriko ekonomia garatzea xede duen Herrikoa kreditu elkartearen sustatzaileetariko bat.

Jane Birkin

La actriz y cantante francobritánica popularizó a finales de los años 60 la canción "Je t'aime, moi non plus" junto a Serge Gainsbourg. Fue también guionista y directora.

Jon Etxabe

Apaiza eta ETAko kidea. Atxilotua eta basatiki torturatua, Burgosko Prozesuan epaitua izan zen, 50 urteko kartzela zigorra jasoz. Zamorako apaiz kartzelan egon zen.

Philippe Oyhamburu

Koreografo, idazle eta musikaria hil zen Biarritzen, 102 urte zituela. Olaeta eta Oldarra taldeetako kidea izan zen. Etorki balleta eta abesbatza sortu zituen.

Alan Griffin

Músico e investigador nacido en Irlanda pero afincado en Euskal Herria desde los 80, fue impulsor de la alboka y divulgador de la música vasca.

Francis Lafargue

Nacido en Biarritz, murió en Larresoro a los 68 años, tras una vida dedicada al ciclismo, primero como aficionado, y luego como profesional de la industria.

Se marcharon en 2023

Joseba Intxausti

Historialaria, UZEIren sortzailea, euskaltzaina. 87 urte zituela hil zen. Euskararen batasunaren eta modernizazioaren aldeko lanari eskaini zion bizitzaren zatirik handiena.

Francisco Paesa

Espía español que estuvo implicado en operaciones como la fuga del exdirector general de la Guardia Civil, Luis Roldán, o las tramas de los GAL a través de José Amedo.

Jorge Gimenez

Hiru hamarkadaz Alberdaniako editorea izan zen. Idazle, itzultzaile eta argitaratzailea, Euskal Idazleen Elkarteko lehendakari ere jardun zuen hamalau urtez.

Tina Turner

Conocida como "La reina del rock and roll", falleció a los 83 años en Suiza, dejando un legado único y numerosas canciones inolvidables. Nació en Tennessee y tuvo que sortear muchos obstáculos para abrirse camino en el mundo del rock siendo mujer y negra. Se sobrepuso a los impedimentos y se convirtió en un icono del empoderamiento y en una leyenda del rock.

Joan Mari Irigoien

Altzan jaio zen 1948an. Gaztaroan Venezuelara joan zen eta han deskubritu zuten idazle latinoamerikar belaunaldi berria. Euskal Herrira itzuli zenean, zuzentzaile, itzultzaile eta irakasle lanak egin zituen. Eleberria, poesia eta haur eta gazteentzako literatura landu zituen. "Babilonia" nobelak (1989) Kritikaren Saria jaso zuen, eta "Lur bat haratago" (2000) euskaraz idatzitako nobelarik zabalenen artean katalogatua izan da.

Harry Belafonte

Cantante, actor y activista por los derechos civiles. En la década de 1950 rompió barreras raciales en EEUU. Murió a los 96 años en Nueva York.

Gina Lollobrígida

La actriz italiana murió a los 95 años, tras una vida de película marcada por los éxitos cinematográficos de grandes producciones, las joyas y el glamour.

Henry Kissinger

Diplomático y estratega de gobiernos de EEUU, implicado en operaciones criminales de la Guerra Fría, como golpes de estado, matanzas y guerras.

Txomin Perurena

Uno de los mejores ciclistas vascos de la historia. Logró 158 victorias como corredor profesional con los equipos Kas, Fagor y Teka.

Jacques Gaillot

Religioso francés conocido como "el obispo de los pobres". Destituido por su compromiso político. Solidario muy activo con la causa vasca.

Jacques Pavlovsky

Donibane Lohizuneko fotokazetariak XX. mendearen bigarren erdialdeko gertakari politiko eta sozial nagusien berri eman zuen bere kamerarekin. Urruñan hil zen.

Guadalupe Etxebarria

Ikertzailea. Donostiako Bideo Jaialdiaren sorreran parte hartu zuen. Bordeleko Arte Eskolako zuzendaria eta Donostia 2016ko kultur zuzendaria ere izan zen.

Atxen Jiménez

Restauradora que inició su carrera en la cocina a los 14 años. Impulsora del restaurante Túbal de Tafalla. Reconocida con diversas distinciones.

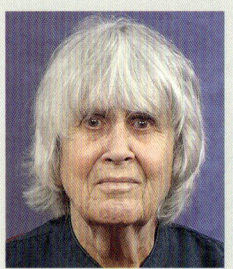

Joan Jara

Londinense, bailarina en Chile y esposa del cantautor Victor Jara. Desde la muerte de este en el golpe militar de 1973, dedicó su vida a exigir justicia.

Arantxa Gurmendi

La actriz donostiarra trabajó en teatro y cine, fue dinamizadora de Ez Dok Amairu y formó parte del grupo de rock Bihurriak. Impulsora de la Lilatlón.

Raquel Welch

Aktore estatubatuarrak film askotan parte hartu zuen, besteak beste, "Duela milioi bat urte" filmean. Ikono sexualtzat hartu zuten. 82 urterekin hil zen.

Iñaki Alkiza

Real Sociedadeko presidentea 1983-1992 artean. Kopa lortu zuen 1987an. Atzerritarrak fitxatzeko atea ireki zuen. Gipuzkoako ahaldun nagusirako EAko hautagaia izan zen.

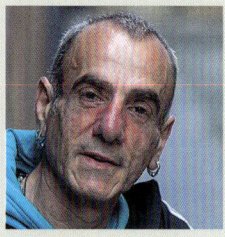

Mikel Martín

Uno de los rostros más conocidos en la defensa de los derechos del colectivo LGTBIQ+ y militante de Alternatiba. En 2005 sufrió una brutal agresión.

Kenzaburo Oe

El escritor japonés murió a los 88 años. Estudió literatura francesa en la Universidad de Tokio y ganó el Premio Nobel de Literatura en 1994.

Jose Antonio Sistiaga

Abangoardiako euskal margolari emankor eta berritzaileenetarikoa izan zen. Artearekiko zaletasuna 6 urte zituela piztu zitzaion. Autodidakta. Parisera bizitzera joan zen 22 urterekin. Izaera figuratiboko lanak egiten hasi bazen ere, abstrakziorantz bilakaera egin zuen. Gaur taldearen bultzatzaileetako bat izan zen 1966an. Bi urte geroago, historiako lehen film luze abstraktua egin zuen, "Ere erera baleibu izik subua aruaren" izenburuaz. Film mutu hau eskuz margotu zuen fotogramaz fotograma.

Gilles Perrault

Nacido en París, cursó estudios políticos y de abogacía, pero decidió dedicarse al periodismo de ensayo e investigación y la literatura. Autor de una treintena de libros. Denunció el nazismo y la represión francesa en Argelia. También se acercó a la causa vasca, hacia la que expuso su comprensión, defensa y solidaridad.

Patxi Izco

Osasunako presidentea izan zen 2002tik 2012ra. Agintaldia ausotu egin zitzaion, bidegabeko jabetzea eta dokumentuak faltsutzea egotzita.

Mary Quant

Diseñadora británica que popularizó la minifalda en los años 60. Fue una innovadora de la moda e hizo accesible al gran público sus diseños.

Javier Zumalde

Primer responsable militar de ETA en 1965. Pronto se desligó de la organización y formó el "Grupo Autónomo de ETA" conocido como "Los cabras".

Matthew Perry

El actor estadounidense se hizo especialmente popular por interpretar a Chandler Bing en la serie "Friends". Tenía 54 años.

Francisco Ibañez

Komikigile eta marrazkilari katalana, gaztelaniazko komikirik ospetsuenetako batzuen egilea, hala nola "Mortadelo y Filemón" edo "13 Rue del Percebe".

Nicolás Redondo

El exsecretario general de la UGT falleció en Madrid a los 95 años. Nació en Barakaldo; muy joven emprendió la militancia sindical, que le costó cárcel y destierro.

Paco Rabanne

Nació en Pasaia en 1934. La guerra obligó a su familia a huir al Estado francés. Estudió arquitectura, pero despuntó como uno de los grandes nombres de la moda.

Rodolfo Ares

Nacido en Ourense, emigró a Bilbo. Maestro industrial. Llegó a la dirección del PSE en 1997. Fue concejal en Bilbo y diputado foral, parlamentario y consejero de Interior.

Sinéad O'Connor

La cantante irlandesa moría a los 56 años, sin que sus allegados especificaran las causas del fallecimiento. Fue una de las grandes voces del pop. Tras pasar por algunas bandas, inició su carrera en solitario con "Nothing compares U 2", que se convirtió en un éxito. Se enfrentó a la Iglesia católica por el abuso a menores. Se posicionó a favor del Sinn Féin. En 2018 se convirtió al islam. En su autobiografía desveló una vida atormentada por abusos, enfermedad y desgracias.

Agustin Ibarrola

Margolari eta eskultore basauriarra 93 urte zituela zendu zen. Haren jarduera artistiko bizia ideologia komunistaren konpromiso politikoarekin uztartu zuen. Diktaduran atxilotu, torturatu eta bi bider espetxeratu zuten. Azken urteetan ETAren aurka agertu zen zenbait plataforma eta alderdien bidez. Lan artistiko ezagunenen artean dago Omako basoan egindakoa.

Josu Unanue

Militante abertzalea eta hiesaren aurkako borrokan erreferentzia, Bermeon zendu zen, 65 urte zituela. EH Bilduren Bizkaiko ahaldun nagusigaia eta Bermeoko alkateordea izan zen.

Santos Iñurrieta

El pintor gasteiztarra falleció a los 73 años en Mallorca. Formó parte del grupo Orain. Destacado miembro de la vanguardia, exploró abstracción y figuración.

Milan Kundera

El escritor checo afincado en París murió a los 94 años. Alineado con la Primavera de Praga, tuvo que exiliarse en París. Autor de "La insoportable levedad del ser".

Shane McGowan

Poeta irlandés y líder de The Pogues, encarnó el espíritu punk a lo largo de su vida. Tenía 65 años en el momento de su fallecimiento.

Miren Basaldua

Militante de Ekologistak Martxan, Alternatiba, Mundubat, EH Bildu, Gorripidea, Steilas y un sinfín de plataformas. Falleció a los 70 años.

Glenda Jackson

87 urterekin hil zen. Zinemako izar bat izan zen 70eko hamarkadan. Bi Oscar irabazi zituen. Diputatu laborista eta Tony Blairren ministroa ere izan zen.

Silvio Berlusconi

Exprimer ministro italiano y magnate de los medios de comunicación, murió a los 86 años. Fundador de Forza Italia. Su carrera estuvo salpicada por escándalos de corrupción.

"Popol" Arranbide

Militante abertzale hendaiarra. Preso ohia, zinegotzia, ABko hautagaia eta euskal kulturaren alde eta borroka sozialentan bere engaiamenduagatik ezaguna.

GARA

Urtekaria 2023